PATRICIA LAGES

[AUTORA DO BESTSELLER "BOLSA BLINDADA"]

O SEGREDO PARA UMA VIDA FINANCEIRA SAUDÁVEL E EQUILIBRADA

ECONOMIA EMOCIONAL

© 2024 por Patricia Lages

1ª edição: novembro de 2024

Revisão de provas: Bruna Gomes Ribeiro
Diagramação e projeto gráfico: Sonia Peticov
Capa: Julio Carvalho
Foto da capa: Wel Calandria
Editor: Aldo Menezes
Coordenador de produção: Mauro Terrengui
Impressão e acabamento: Imprensa da Fé

As opiniões, as interpretações e os conceitos desta obra são de responsabilidade de quem a escreveu e não refletem necessariamente o ponto de vista da Hagnos.

Todos os direitos desta edição reservados à
EDITORA HAGNOS LTDA.
Rua Geraldo Flausino Gomes, 42, conj. 41
CEP 04575-060 — São Paulo, SP
Tel.: (11) 5990-3308

E-mail: editorial@hagnos.com.br | Home page: www.hagnos.com.br

Editora associada à Associação Brasileira de Direitos Reprográficos (ABDR)

Dados Internacionais de Catalogação na Publicação (CIP)

Lages, Patrícia
Economia emocional: o segredo para uma vida financeira saudável e equilibrada / Patrícia Lages. – São Paulo : United Press, 2024.

ISBN 978-85-243-0599-3

1. Finanças pessoais – Sucesso 2. Prosperidade 3. Consumo 4. Comportamento I. Título

24-5120   CDD 332.024

Índices para catálogo sistemático:
1. Finanças pessoais

Angélica Ilacqua CRB-8/7057

DEDICATÓRIA

*Para a minha prima Eloisa Lages, que nos deixou cedo demais.
Este seria mais um dos meus livros que ela leria mais vezes do que qualquer
pessoa para que não houvesse uma vírgula ou um til fora de lugar.*

SUMÁRIO

Prefácio. 9
Introdução 15

PARTE 1: ALINHAMENTO
Desconstrução de mitos, construção de conceitos

1. O mito da mulher perfeita 25
2. Saia da linha, perca a linha e nunca mais ande na linha! 39
3. Sucesso meteórico, fracasso garantido 51
4. A falsa bomba, o peso do fracasso e a palavra alemã que todo mundo entende 71
5. Recolha-se à sua insignificância e não siga a sua paixão 87

PARTE 2: AUTOCONHECIMENTO
Quem é você na fila do banco?

6. Sua mentalidade está pronta para prosperar? . . . 111
7. Tudo começa pela fé 131
8. Prosperidade é questão de escolha 141
9. Conhecimento, ignorância, endividamento e inadimplência 149
10. Há um copo limitando a sua vida. 161

PARTE 3: TRANSFORMAÇÃO
Você em versão atualizada

11. Muito prazer, eu sou você amanhã!. 189
12. Descubra seus talentos dominantes 223
13. Cresça 1% todos os dias 259

Conclusão: O caminho para uma vida financeira
equilibrada 291
Bibliografia 293

PREFÁCIO

Se há uma coisa que vem abalando as estruturas dos relacionamentos mundo afora é o dinheiro. Além de pôr fim a grandes amizades e causar brigas quase irremediáveis entre familiares – principalmente quando se trata da partilha de bens de uma herança –, questões financeiras são o segundo maior motivo de divórcio no mundo, perdendo apenas para a traição.

No Brasil, dados do Instituto Brasileiro de Geografia e Estatística (IBGE), de 2018, apontam que 60% dos divórcios foram causados por problemas financeiros. Neste último aspecto, uma das principais razões dos desajustes que levam duas pessoas que se amam a decidirem viver longe uma da outra é a diferença de objetivos financeiros. Quando o casal não une forças para alcançar objetivos em comum, cada um começa a agir por conta própria e, sabendo que o outro não compartilha dos mesmos sonhos, passam a sonhar sozinhos, gerando um afastamento gradual e contínuo que pode resultar em divórcio, pois como disse Jesus: "Todo reino dividido contra si mesmo ficará deserto, e toda cidade ou casa dividida contra si mesma não subsistirá" (Mateus 12:25).

Porém, o que muitos ainda não entenderam é que esse divórcio, muitas vezes, começa antes mesmo de o casamento acontecer. Não, você não leu errado, mas vale uma breve explicação:

Os problemas que levam um casal a optar pelo divórcio – sejam financeiros ou quaisquer outros – geralmente começam no namoro, quando ambos até percebem os sinais de que as coisas não vão bem, mas escolhem ignorar os fatos e seguir em frente. Aqui vão duas situações comuns que ilustram o conceito.

Maria, 45 anos, trabalhou duro a vida toda para conquistar seu próprio apartamento, seu carro e fazer seu pé de meia. Somente agora encontrou tempo para o amor e viu em João, 32 anos, o seu príncipe encantado. Ela não liga para o fato de seu namorado não parar em emprego algum, não ter conquistado nada na vida, viver endividado e ainda morar com os pais. Quando saem, ela paga tudo, pois é empoderada e independente. Quando decidem ficar em casa, João vai de mala e cuia para o apartamento de Maria, onde passa um fim de semana de rei, com direito a café da manhã, almoço e jantar, TV por assinatura, internet ilimitada e, se ficar entediado, é só pegar o carro de sua amada e dar uma voltinha para espairecer, enquanto ela prepara uma surpresa para quando ele voltar. Segunda de manhã, João pega sua mochila e volta para a casa dos pais com a tranquilidade de quem não precisa pensar em despesas. Maria, apesar de se sentir incomodada, prefere ficar calada. Ela não quer correr o risco de parecer interesseira, muito menos de ficar sozinha. De qualquer forma, Maria acredita que, assim que se casarem, tudo vai mudar e João se tornará o marido responsável e provedor que ela idealizou desde menina.

Enzo acha fofo ver Valentina toda animada postando vídeos de *unboxing* para seus quinhentos seguidores, mostrando os presentes que ele manda com cada vez mais frequência. Tem sido difícil manter o entusiasmo da namorada que, no início, se contentava com flores e chocolates, mas agora quer o *look* igualzinho ao da *influencer* do momento para ir ao restaurante que está bombando nas redes sociais. Ela está ensaiando uma nova dancinha e jura que, dessa vez, vai viralizar e ganhar muito dinheiro. Às vezes, Enzo pensa em contar para Valentina que seu salário de início de carreira não é compatível com todos aqueles gastos, mas ele sabe que ela faria um escândalo e o namoro acabaria ali mesmo. Ele não pode partir o coração de Valentina, pois ela está em busca de seus sonhos. Ela até diz que pretende trabalhar um dia, só que antes, precisa de tempo para decorar o apê que ele vai alugar para ambos morarem juntos. Apesar de ela dizer com orgulho que precisa de dez horas de sono, que detesta tarefas domésticas e que não vai fazer nada até que alguém pague o que ela merece, Enzo acredita que, assim que entrarem nessa "nova fase", ela se tornará a esposa generosa, dedicada e pé no chão que ele sempre sonhou.

Qualquer pessoa que raciocine um pouquinho (só um pouquinho...) concluirá facilmente que o relacionamento de João e Maria, assim como o de Enzo e Valentina, tem tudo para terminar em divórcio. Mas por que, embora esteja tão óbvio, nossos personagens não conseguem ver que, se continuarem assim, estarão fadados ao fracasso amoroso? Porque sentimentos e emoções são capazes de neutralizar a razão.

Nos últimos 35 anos, atendi milhares de Joões, Marias, Enzos e Valentinas em diversos países de quatro continentes. O idioma, a cultura, o grau de instrução e o poder aquisitivo podem ser diferentes, mas todos chegam com corações partidos, sem esperança e com a falsa sensação de que nunca darão certo no amor. Quando sentimentos e emoções alcançam um peso de importância maior do que a razão, as pessoas perdem a capacidade de enxergar o óbvio e passam a conduzir suas vidas na base da tentativa e erro, machucando-se ao longo do caminho e não sabendo como curar suas feridas. Por isso, seja na vida amorosa, na família, na educação dos filhos, nas finanças, no trabalho ou na vida espiritual, o cérebro precisa falar mais alto do que o coração.

Nós, seres humanos, não nascemos para sermos robôs. Somos dotados de sentimentos e emoções que dão sabor às nossas vidas. Porém, assim como na gastronomia o domínio dos temperos e das técnicas de preparo podem transformar alimentos simples em iguarias, o domínio dos sentimentos e emoções trará o equilíbrio necessário para uma vida plena.

Deus nos tem ensinado a fé racional e o amor inteligente, mostrando o quanto Ele anseia que sejamos felizes em todos os sentidos. Ele nos deu todas as ferramentas necessárias para desenvolvermos uma vida de qualidade, mas cabe a nós aprendermos a manejá-las bem, um pouco a cada dia. Este livro lhe trará dicas de como usar algumas das ferramentas que você já tem para conquistar uma vida próspera, muito além da sua conta bancária. Aproveite a leitura e desfrute dos resultados.

RENATO CARDOSO

Conselheiro familiar e matrimonial, escritor, apresentador e palestrante

"A bênção do Senhor é que enriquece; e não traz consigo dores."

PROVÉRBIOS 10:22

INTRODUÇÃO

Numa bela manhã de abril, de um dia que tinha tudo para ser apenas mais um, dirijo em direção à nossa produtora pensando que, finalmente, poderia trabalhar um pouco menos e aproveitar a vida um pouco mais. Alguns anos antes, eu havia deixado minha carreira em *stand by* para me dedicar ao estúdio do meu marido, que tinha grande potencial de crescimento, mas precisava melhorar nas áreas administrativa, financeira e comercial. Assumi essas áreas para que ele pudesse se dedicar exclusivamente à parte artística e, com isso, conseguirmos crescer. O plano deu certo e atingimos nossa melhor fase até então.

Chegando ao estúdio, dou início à rotina de praticamente todos os dias: passo pelas salas do casarão de três andares, cumprimento os funcionários e faço uma parada no estúdio principal para acertar as tarefas do dia com meu marido, que sempre chega mais cedo. Claro que aproveito para fazer um café de cápsula, tecnologia recém-lançada no Brasil. O barulho da máquina faz nossa estagiária aparecer no alto da escada com seus reluzentes olhos azuis: "Paty, tem capuccino?" Chacoalho a caixa cheia e ela desce correndo como uma criança que acaba de ganhar um doce, fazendo a escadaria de peroba-rosa ranger sob seus pés. Não consigo deixar de chamar sua atenção toda vez que ela faz isso: "Devagar, Lys! Vai inventar de cair!" Ela não liga e ainda pula os últimos degraus... Ela ri para não levar outra bronca e eu porque sei que vamos fazer exatamente a mesma coisa amanhã.

Subo para o meu escritório, de onde avisto um afresco de 1954, obra de Samson Flexor (1907–1971). O pintor e muralista, personagem fundamental para o desenvolvimento do abstracionismo brasileiro, havia transformado parte daquela enorme casa em um ateliê de pintura onde, além de seus jovens alunos, recebia artistas como Tarsila do Amaral e Lasar Segall. E eis que, em 2009, depois de meu marido e eu fazermos a loucura de restaurar o casarão abandonado por anos, lá estávamos nós: trabalhando, gerando empregos, fazendo capuccino e correndo pelas escadarias!

Começo o dia de trabalho abrindo as contas que me aguardam sobre a mesa. Entre elas, há um envelope com um laço vermelho e um texto que quase me convence de que eu havia acabado de ganhar 20 mil reais! Incrédula, começo a procurar a "pegadinha" e, para minha decepção, encontro... Apesar de o texto dar a entender que eu realmente havia sido "selecionada" para "receber" aquele valor, tratava-se de um crédito pré-aprovado no cartão do supermercado onde eu havia comprado a máquina de café que era a alegria da estagiária.

Para "ter acesso" ao dinheiro, bastava fazer uma ligação para "desbloquear o crédito" e pagar minhas próximas compras "sem preocupações". A questão é que, ao utilizar o tal crédito, eu teria de arcar com inacreditáveis 18% de juros ao mês. Fico indignada e mando imediatamente um e-mail para minha amiga Cristiane Cardoso. Ela tem um blog com muita audiência e precisa alertar as leitoras para não caírem nessa roubada, penso eu. Anexo fotos do "envelope-bomba", explico porque aquilo é uma tremenda armadilha e finalizo o textão com "se puder escrever sobre isso, seria ótimo!" Passados alguns minutos, recebo a resposta: "Paty, escreve você que eu publico!"

Não era bem aquilo que eu tinha em mente, mas escrevo e mando no dia seguinte. Novamente, passados alguns minutos, ela responde: "Legal! Mas antes de publicar, escreve um texto de apresentação para as leitoras saberem que você vai falar sobre esses assuntos de dinheiro." Fico sem ação, afinal, quem disse que eu

INTRODUÇÃO

tenho "assuntos" para falar sobre dinheiro? Além do mais, estou querendo diminuir o ritmo de trabalho e não vai ser arrumando mais coisas para fazer que eu vou conseguir...

De qualquer forma, acabei comentando o ocorrido com algumas pessoas próximas e me surpreendi ao saber que todos realmente achavam que eu "entendia de dinheiro" e que "ser blogueira" tinha tudo a ver comigo. Sim, eu sempre tive conhecimento financeiro, mas minha autoconfiança nesse tema estava em baixa depois que perdi tudo em um negócio que não deu certo e ainda fiquei com uma dívida imensa. Porém, foi por meio desses conhecimentos financeiros e da prática da fé – aliada à obediência a Deus – que venci aquela situação. Logo, eu podia ensinar às pessoas aquilo que havia funcionado para mim. Depois de ponderar sobre o assunto e pedir direção ao Eterno, resolvi aceitar o desafio e comecei a escrever semanalmente. E não parei mais. Não parei até hoje.

Foram quase dois anos colaborando no blog da Cris até iniciar o meu próprio blog. Em 2013, escrevi meu primeiro livro, *Bolsa blindada*, que se tornou best-seller em apenas três semanas. No ano seguinte, lancei o *Bolsa Blindada 2* e, logo depois, fui convidada a palestrar em Harvard, uma das maiores universidades do mundo, na conferência "Success, the only choice" (Sucesso, a única opção). Foi uma experiência única, um marco na minha carreira.

Desde então, passei a dar entrevistas em emissoras de rádio e televisão, e a escrever para diversos jornais e revistas. Em 2015, surgiu a oportunidade de ter meu próprio quadro no programa Mulheres, da TV Gazeta, apresentado pela querida Cátia Fonseca. Aliás, foi ela quem me convenceu a criar um canal no YouTube e a ser mais ativa nas redes sociais: "YouTube e Instagram, amiga! É isso que vai bombar, Paty. Vai por mim!", dizia ela. E não é que bombou mesmo?

Em abril de 2018, exatamente nove anos depois de ter escrito aquele que seria meu "único post" sobre finanças, eu já havia lançado quatro livros, estava escrevendo o quinto, produzia conteúdo para o blog, para as redes sociais e para o YouTube, viajava pelo

Brasil com palestras e sessões de autógrafo e ainda continuava cuidando da produtora. E quando achei que não havia tempo para mais nada, fui convidada pelo Portal R7 para escrever uma coluna sobre finanças e comportamento. Foi nessa época que entendi definitivamente o sentido da frase: "quando a gente quer, a gente consegue!" Não foi nada fácil "espremer" mais essa tarefa na agenda, mas deu tudo certo.

Lembro-me de um dia em particular, quando estava embarcando de Brasília para São Paulo e não tinha terminado a coluna. Sem ter lugar para me sentar, tive de segurar o laptop com uma mão e digitar com a outra o mais depressa possível. Faltavam poucos minutos para entrar no avião, onde não haveria internet e não teria como subir o texto. Eu precisava de quatro mãos para puxar a mala, mostrar o cartão de embarque e continuar digitando enquanto a fila andava... Terminei o texto quando já estava no *finger* (ponte entre a sala de embarque e o avião) e nem podia acreditar que havia dado tempo!

Ao completar dez anos desse novo desafio e depois de alcançar o status de referência na área de finanças, no fim de 2019, ganhei o melhor de todos os presentes: fazer parte do time de comentaristas do Jornal da Record, onde permaneço até hoje. Desde aquela manhã de abril de 2009 (de um dia que tinha tudo para ser apenas mais um, não fosse o recebimento do envelope de laço vermelho), muita coisa mudou. O casarão do Flexor foi demolido para dar lugar a um empreendimento imobiliário. Antes de os tratores fazerem seu trabalho, conseguimos salvar os degraus de uma das escadarias de peroba-rosa por onde a estagiária que amava capuccino subia e descia correndo. Agora, esses degraus se transformaram em um banco único que meu marido fez com as próprias mãos. A máquina de café de cápsula ainda funciona (e é usada todo santo dia) e a estagiária dos olhos azuis é casada, mãe de duas meninas lindas e vive feliz em Portugal.

Este é meu sexto livro e pudemos construir nosso novo estúdio, onde está "o banco do Flexor". Cresci nas redes sociais, conquistei novos clientes, ganhei prêmios, lancei cursos e criei o Clube da Leitura no YouTube, ao vivo, para preencher as tardes de domingo durante a pandemia de Covid-19. O *lockdown* acabou, mas as lives continuam, pois nossos "leituretes" seguem firmes e fortes no propósito de aprender sempre. Assim é a vida: coisas vão, coisas vêm, mas cabe a nós fazer com que, no final das contas, o balanço seja positivo.

Reviver os últimos 15 anos nestes poucos parágrafos pode até dar a impressão de que tudo aconteceu de forma tranquila, mas *felizmente*, não foi assim. Felizmente, pois são os percalços da vida que nos tiram da zona de conforto, nos obrigam a lidar com as mais variadas emoções e nos ensinam a valorizar tudo o que conquistamos. Aprendi a dar graças por tudo o que vivi e estou vivendo, desde as pequenas lembranças até as grandes conquistas, sem deixar de incluir as perdas. Aprendi que é preciso ter fé para conquistar, mas é preciso ter mais fé ainda para perder, afinal, que mérito há em crer em Deus apenas quando tudo vai bem? A fé verdadeira permanece intacta mesmo quando perdemos e nos faz continuar crendo, perseverando e confiando. O resto é apenas fé emotiva. Essa fé que traz resultados e se mantém firme só pode ser despertada quando aprendemos a colocar a inteligência acima dos sentimentos, a racionalidade acima das emoções e a esperança acima do desespero, do medo e da ansiedade.

O objetivo desta introdução é ilustrar que o *plot twist*, ou seja, a reviravolta que você espera na sua vida pode surgir em um dia comum e da forma mais inesperada possível. E o objetivo deste livro é mostrar que é possível dominar as emoções e fazer escolhas sábias – principalmente em relação à vida financeira, mas não somente – mesmo quando nossos planos são contrariados ou é exigido que sigamos em frente quando só queremos diminuir o ritmo ou até mesmo desistir. Saber dizer não para as emoções sem perder a humanidade é possível e, muitas vezes, necessário. A verdadeira prosperidade não requer que sejamos frias e calculistas, ao contrário, é Deus quem nos faz prosperar para que sejamos alegres e o alegremos também.

Nossa caminhada pela economia emocional começa agora, um passo de cada vez, sem pressa, mas sem parar pelo meio do caminho. Não precisamos ser perfeitas e nem carregar fardos pesados, pois o Senhor é a nossa força e certamente nos guiará. Basta mantermos a mente aberta e fazermos o nosso melhor para, enfim, recebermos do nosso Pai o melhor que Ele tem para nós.

"E o Senhor, teu Deus, fará prosperar muito tudo o que fizeres, o fruto do teu ventre, o fruto dos teus animais e o fruto do teu solo; pois o Senhor voltará a se alegrar em ti, como se alegrou em teus pais, e te fará bem."

DEUTERONÔMIO 30:9

PARTE 1

ALINHAMENTO
Desconstrução de mitos, construção de conceitos

"Meu coração transborda de boas palavras; consagro ao rei o que compus; minha língua é como a pena de um escritor habilidoso."

SALMOS 45:1

O MITO DA MULHER PERFEITA

Platão, um dos maiores pensadores da História, criou uma metáfora em forma de diálogo entre Sócrates, seu mestre na filosofia, e Glauco, seu irmão mais velho e também filósofo. Chamada de Mito da Caverna ou Alegoria da Caverna, na conversa hipotética, Sócrates propõe que Glauco imagine a seguinte situação:

Homens vivendo aprisionados em uma caverna desde que nasceram, sem jamais terem visto a luz do dia. Todos foram posicionados

Fonte: https://creativecommons.org/licenses/by-sa/4.0/

de costas para a entrada, tendo a visão apenas do fundo da caverna e, por estarem presos pelo pescoço por correntes muito fortes, não podiam sair dali. Embora conseguissem ficar de pé, as correntes estavam fixadas em uma parede alta que os impedia de ver o que havia do outro lado. Atrás dessa parede, uma grande fogueira era mantida acessa o tempo todo, de forma que a única visão que os prisioneiros tinham era a projeção de sombras de diversos tipos de objetos que as pessoas que passavam em frente ao fogo erguiam além do muro. Quanto aos sons, os prisioneiros só conseguiam ouvir o eco dos passos e as vozes de quem passava atrás da parede.

Diante desse cenário, Sócrates passa a questionar Glauco sobre as conclusões às quais os prisioneiros chegariam e, durante o diálogo, ambos concordam sobre diversas questões, tais como: ao verem as sombras de diferentes objetos, os homens lhes dariam nomes para que pudessem distinguir umas das outras. Eles também concluíram que os presos acreditariam que os sons que ouvem são produzidos pelas sombras que veem. E por não conhecerem nada além do que lhes aparece no fundo da caverna, ambos os filósofos concordaram que, provavelmente, aqueles homens não acreditariam na existência de qualquer outra coisa além das sombras que desfilavam diante deles.

Sócrates continua a metáfora dizendo que um dos prisioneiros é solto e obrigado a andar pela caverna com as próprias pernas, a ver de perto os objetos inanimados dos quais só conhecia as sombras e a olhar para a luz natural que vinha de fora. Diante dessa experiência, Glauco conclui que o homem se sentiria tão incomodado pelas dores musculares em suas pernas, pelo desconforto da claridade em seus olhos e pela confusão mental ao ver diversos objetos pela primeira vez, que tentaria se refugiar voltando às cadeias onde sempre viveu.

Mas, ao ser impedido de retornar, o homem se vê obrigado a deixar a caverna e a explorar o que há do lado de fora. Ele começa a observar o sol, a água, a natureza e tudo o que aquele novo mundo oferece. Pouco a pouco, o homem passa a entender como as coisas funcionam no mundo exterior; porém, sem ter muito conhecimento, ele leva uma vida pobre, trabalhando como lavrador. Não é nada fácil viver daquela forma, mas ao lembrar-se da escravidão na caverna, o homem percebe que é melhor ser um pobre qualquer desfrutando de liberdade do que ser o mais notável dos prisioneiros.

Nesse momento, o homem resolve voltar à caverna para alertar seus companheiros de que tudo em que acreditam não passa de ilusões e que há um mundo inteiro para além daquela prisão. Porém, ao entrar na escuridão da caverna, o homem – agora acostumado à luz – não consegue enxergar quase nada, fica confuso e não distingue bem o que vê. Enquanto seus olhos vão tentando se acostumar à penumbra, seus companheiros começam a conjecturar que o amigo ficou cego porque deixou a caverna, recebendo uma espécie de castigo, talvez. Diante disso, os prisioneiros resolvem fazer um pacto entre si: se alguém vier soltá-los para obrigá-los a sair da caverna, deverá ser agarrado e morto.

Finalizando a alegoria, Sócrates declara que "nos extremos limites do mundo inteligível está a ideia do bem, a qual só com muito esforço se pode conhecer". A alegoria nos faz concluir que poucos são os que têm disposição para fazer o esforço necessário para alcançar o bem. A maioria *acha* que vive em uma zona de conforto, sem saber que há muito mais aguardando aqueles que têm coragem para conquistar o verdadeiro bem-estar. Na verdade, a maioria das pessoas vive em uma zona de desconforto, mas nem sequer se dão conta disso.

Além dessa pequena reflexão, o Mito da Caverna nos traz inúmeras lições, e uma delas diz respeito ao que vamos chamar de Mito da Mulher Perfeita. No diálogo a seguir, vou fazer as vezes de Sócrates e convido você a representar Glauco. Para isso, peço a sua licença para concluir quais seriam as suas respostas aos seguintes questionamentos:

EU – Imagine, cara amiga, as mulheres vivendo em um ambiente fechado por quatro paredes, onde há uma porta e uma janela. Embora estejam livres de correntes ou qualquer coisa que prive seus movimentos, por vontade própria, elas mantêm a porta sempre trancada e a janela coberta por tecidos, chamados cortinas. Elas buscam uma tal "privacidade". Como ninguém pode vê-las ali dentro, vestem qualquer trapo velho só para sentirem-se confortáveis e fazem um ninho com os cabelos, prendendo-os de qualquer jeito no alto da cabeça. Elas passam horas e horas sentadas ou deitadas em um grande objeto macio e fofinho, que toma boa parte do cômodo. Diante delas, há um aparelho retangular, grande e brilhante que exibe diversos tipos de imagens e emite sons sincronizados com tudo o que se vê. As imagens, os sons e a sequência de exibição são escolhidos e controlados por pessoas que ninguém vê ou sabe quem são. Mas como o aparelho brilhante vem com um dispositivo que permite mudar de uma imagem para outra, as mulheres têm a sensação de que estão no controle.

VOCÊ – Consigo imaginar tudo isso facilmente!

EU – Suponha também que esse aparelho mostre às mulheres imagens perfeitas: cômodos de quatro paredes mais bonitos do que o delas; homens românticos, lindos, bem-sucedidos (ou mesmo malvados e violentos), mas que parecem ser muito melhores do que qualquer um dos que ela já viu pessoalmente; comidas apetitosas que não dão o menor trabalho, pois vêm prontas dentro de saquinhos, latas ou caixas; e, claro, imagens de outras mulheres, mas não como elas. As mulheres do aparelho brilhante não vestem trapos, nem fazem ninhos com os cabelos. Elas já se levantam da cama lindas, seus cabelos são sedosos e com cores que ninguém tem, nem mesmo a própria natureza. As mulheres perfeitas vestem roupas um pouco esquisitas, é verdade. Mas ao aparecerem tantas vezes, acabam despertando o desejo das outras de terem *looks* iguaizinhos. Sem falar que todo e qualquer problema que aparece é resolvido facilmente, de um jeito ou de outro. As mulheres diante do aparelho brilhante parecem ficar hipnotizadas e só pensam nos cômodos bonitos, nos homens ideais, na facilidade das comidas saborosas e em serem lindas, perfeitas e eternamente jovens como as mulheres que aparecem nas imagens.

VOCÊ – Vejo que, apesar de livres, essas mulheres se deixam controlar pelo aparelho brilhante e pelo conforto do objeto macio e fofinho. É estranho, mas posso entender perfeitamente o motivo de fazerem isso.

EU – Mas poderiam, algum dia, essas mulheres perceberem que as imagens do aparelho não são reais e que, em vez de elas estarem no controle, estão sendo controladas?

VOCÊ – Creio que sim! E quando isso acontecer, aposto que perderão o interesse pelo aparelho brilhante...

EU – Verdade. Mas, e se os controladores dos aparelhos notassem esse desinteresse e desenvolvessem algo muito mais interessante: um dispositivo móvel, que caiba na palma da mão e que mostre as imagens que elas tanto gostam, mas em um volume muito maior? E mais: e se além de escolher o que querem ver, elas também pudessem exibir sua própria imagem?

VOCÊ – Deixa eu ver se entendi: elas não precisariam ficar apenas dentro do cômodo e ainda poderiam produzir suas próprias imagens e serem vistas por outras pessoas, assim como as mulheres dos aparelhos brilhantes? Mas e quanto à privacidade que elas tanto buscavam?

EU – Pergunta interessante! Elas teriam de decidir se querem manter sua privacidade, mas viver no anonimato, ou se querem abrir mão da privacidade e serem vistas e admiradas como as mulheres dos aparelhos brilhantes.

VOCÊ – Anonimato ou ser vista e admirada... Acho que, no mínimo, seria interessante sair do anonimato. Até porque, elas estariam no controle ao produzir suas próprias imagens, não é mesmo?

EU – Imagine, então, que para expor sua imagem, essas mulheres precisariam estar sempre lindas como as mulheres dos aparelhos brilhantes, vestir as roupas que elas vestem, ter os cabelos lindos e o corpo "perfeito" como as outras parecem ter, além de viver em um cômodo que pareça tão maravilhoso quanto o delas.

VOCÊ – Nesse caso, o que eu estava achando interessante já não parece tão bom... É como se elas tivessem se livrado de uma armadilha para caírem em outra pior!

EU – Por que você diz isso?

VOCÊ – Porque, apesar de parecer que elas fazem o que querem, estão sendo mais controladas do que antes. E mais: se elas vivem curvadas, olhando para esse tal dispositivo na palma de suas mãos, certamente não estão vendo o que se passa no mundo ao redor.

EU – Entendo. E você também tem a impressão de que elas se sacrificam para serem iguais, quando a graça está em ser diferente?

VOCÊ – Sim. Mas também acho que haverá algumas que sempre vão querer chamar mais atenção do que as outras, então, quando elas perceberem que todas estão iguais, vão mudar sua aparência para algo mais chamativo, que as faça se destacarem de novo.

EU – Sim, você tem razão. O papel dessas mulheres "perfeitas" que querem atenção a todo custo é o de se destacar e influenciar outras, logo, se muitas das "não perfeitas" começam a ficar parecidas demais, elas vão mudar sua aparência, suas roupas, seus cabelos e seus cômodos para ficarem em destaque novamente.

VOCÊ – Nessa guerra por atenção, talvez algumas até fariam coisas para chocar, para deixar todo mundo de queixo caído. Isso poderia até se tornar um ciclo sem fim. Sério! Onde isso iria parar?

EU – Em lugar algum. Seria como andar sem sair do lugar, pois todas as coisas pelas quais as mulheres "não perfeitas" tiveram de fazer para parecerem "perfeitas" passariam a não valer mais nada. Elas desprezariam o que têm e só pensariam em se sacrificar ainda mais para serem iguais às "perfeitas", enquanto as "perfeitas" mudariam o conceito de perfeição e o ciclo recomeçaria.

VOCÊ – Mas, espere um pouco! Considerando tudo isso que você propôs, chego à conclusão de que nem mesmo as mulheres "perfeitas" estão satisfeitas...

EU – Exatamente, mas há mais coisas a serem acrescentadas no nosso diálogo: imagine o que aconteceria se uma dessas mulheres abandonasse seu dispositivo móvel e passasse a viver de acordo com suas próprias ideias. Ela só vestiria o que gosta e lhe cai bem, manteria seu cabelo da forma que lhe agrada, seria grata pelo que possui e, ainda por cima, descobriria que a comida que vem nos saquinhos, caixas e latas não é tão boa quanto parece e ainda prejudica a sua saúde.

VOCÊ – Quase me esqueço de que elas também cobiçavam essas comidas! Mas voltando a essa nova suposição, a mulher que deixaria de ser guiada pelo dispositivo teria muito trabalho pela frente. Veja, ela teria que pensar por conta própria, descobrir sozinha do que gosta, definir o que vai fazer com todo o seu tempo e ainda cozinhar... Muita coisa!

EU – Sim, bastante! Mas você acha que valeria a pena?

VOCÊ – Olha, confesso que, a princípio, dá vontade de voltar para o automático e seguir todo mundo. Mas, pensando melhor, apesar de que elas teriam de fazer muitos sacrifícios, pensar por conta própria e serem responsáveis por suas escolhas, creio que se sentiriam mais felizes. Além do que, deve ser horrível viver sendo uma cópia, quando se pode ser original.

EU – Você chamaria esse novo estilo de vida de liberdade?

VOCÊ – Sim, sem dúvida!

EU – Então, o estilo de vida antigo seria uma espécie de escravidão?

VOCÊ – Colocando dessa forma, sim, seria uma espécie de escravidão. Mas só para ter certeza, vamos consultar o dicionário?

EU – Excelente ideia!

VOCÊ – Diz assim: "escravidão: servidão; sujeição; falta de liberdade". Agora ficou fácil de responder. Sem dúvida, é um tipo de escravidão, já que a pessoa se sujeita ao que os outros ditam.

EU – Uma vez que a mulher "não perfeita", mas livre, se dá conta de que é muito melhor viver dessa forma, você acredita que ela sentiria vontade de abrir os olhos de outras mulheres para que elas também saíssem da escravidão?

VOCÊ – Acredito que ela iria, pelo menos, tentar.

EU – Bem, na nossa suposição, foi exatamente o que ela fez. Primeiro, tentou reunir um grupo de mulheres, mas não conseguiu. Então, ela resolveu mandar uma mensagem através do dispositivo, afinal, elas estão sempre com ele em mãos. Apesar de todas terem recebido, nenhuma se interessou pela proposta de liberdade. Ao contrário, elas mandaram mensagens entre si para falar o quão estranha era aquela conversa e como a aparência da mulher livre estava "esquisita". Todas concluíram que aquele visual diferente e fora de moda era fruto da falta do dispositivo e resolveram firmar um pacto: qualquer pessoa que tentar nos afastar de nossos dispositivos será "cancelada".

QUALQUER SEMELHANÇA NÃO É MERA COINCIDÊNCIA

A esta altura você já entendeu que todas nós estamos, em maior ou menor grau, vivendo essa espécie de "escravidão moderna". Essa é uma teia que enreda cada vez mais mulheres, que vicia, entristece e até adoece. É claro que levar uma vida livre das imposições da sociedade não significa se desfazer da tecnologia, jogar o celular no lixo e voltar para as cavernas (muito menos a caverna de Platão!). O ponto em que quero chegar é que todas nós precisamos entender que não há como vencer esse jogo.

A sociedade moderna tem o objetivo de colocar o maior número de pessoas em uma grande roda dos ratos, na qual todos estarão sempre insatisfeitos, correndo atrás de alguma coisa, mas sem jamais alcançá-la. A ideia de perfeição é fabricada todos os dias por pessoas muito bem pagas. Veja que, por mais que haja guerra, pandemia, crise energética ou seja lá o que for, as indústrias da moda, da beleza e da estética mal se abalam. Quanto mais as coisas pioram, mais as pessoas desejam ilusões e mentiras confortáveis.

Em seu livro *Felicidade: ciência prática para uma vida feliz*, a médica psiquiatra Ana Beatriz Barbosa Silva descreve essa questão da seguinte forma:

> Em uma sociedade materialista, a maioria de nós vive sem ao menos suspeitar o que de fato é a felicidade como algo não palpável. Sem um mínimo de autoconhecimento, perdemos o poder de sermos livres e libertos dos clichês e estereótipos sociais de felicidade, como

a autoexposição, o consumo e tantas outras formas ilusórias. Acabamos por aceitar passivamente o que nos vendem como passaportes infalíveis para o modo 'ter' da felicidade.

Em outras palavras, a sociedade altamente consumista em que vivemos convenceu grande parte das pessoas, principalmente as mulheres, de que não só é necessário ter muitas coisas para alcançar a felicidade, como também é preciso exibir essa felicidade para o maior número de pessoas, o tempo todo. Para isso, as redes sociais funcionam como um "shopping da felicidade", onde cada "lojista" deve transformar seu perfil em uma espécie de vitrine, exibindo seus melhores "produtos" para atrair o maior número de "clientes" — no caso, seguidores que admirem e até invejem seus altos níveis de felicidade.

Navegar pelas redes sociais é como fazer uma viagem pelos mais variados destinos, onde todos parecem estar vivendo o ápice de suas vidas quando, na verdade, os recortes ali exibidos são meros "anúncios classificados", cuja função é vender um produto fictício que jamais será entregue: uma vida perfeita. Apesar de que, no fundo, nós sabemos que quase tudo que muita gente posta não passa de uma representação e de uma busca incessante por autoafirmação, muitas mulheres ainda se deixam enganar.

Sobre essa necessidade de viver cada vez mais em um mundo paralelo e irreal, protelando as tarefas da vida por "falta de tempo", Freud, o criador da psicanálise, explica em uma frase: "As massas nunca tiveram sede de verdade. Elas querem ilusões e não vivem sem elas."

Nossa sociedade está cheia de vícios e, entre eles, o da dependência em *mentiras confortáveis*, daquelas bem fáceis de engolir, mas que agem na nossa mente como os carboidratos agem no nosso corpo: são saborosos, trazem sensação imediata de prazer, mas como não fornecem os valores nutricionais necessários, logo a saciedade passa. Em seguida, quando esses carboidratos se transformam em indesejáveis depósitos de gordura, vem a frustração e, como consequência dela, surge uma necessidade ainda maior de recorrer a eles para ter de volta a sensação de prazer. É um daqueles ciclos totalmente irracionais movidos por sentimentos de amor e ódio, do tipo: eu como para me sentir bem, me sinto mal porque comi; gasto para ficar feliz, fico triste porque gastei; vivo uma relação abusiva porque amo esse homem, odeio esse homem por me fazer viver uma relação abusiva.

Assim como a alimentação saudável é indispensável para um corpo são, fugir das ilusões é essencial para uma mente sã. Sair da caverna e enfrentar a vida real não é fácil, pois há dor, desconforto e muitos desafios. Mas ainda mais difícil é viver debaixo de uma "ditadura da felicidade", onde todas as pessoas parecem ter uma vida perfeita quando, de fato, ninguém tem. A verdade é que nem sempre estaremos felizes, mesmo que todo mundo ao redor pareça estar (ou esteja de fato), assim como nem sempre estaremos com fome, mesmo diante de uma mesa repleta de coisas gostosas.

Todos os seres humanos foram criados como indivíduos autônomos, diversos e com pensamentos e objetivos diferentes. Quando nos deixamos levar por essa sede de ilusão e acreditamos que a felicidade é algo que tem de estar presente em cada segundo da vida – como as pessoas dos dispositivos parecem viver –, desvalorizamos a nós mesmas, abandonamos nossa personalidade e trocamos nossa existência única e ímpar por um molde pré-fabricado barato cuja função é nos deixar iguais a todo mundo. Pior: um molde que nos rebaixa de seres inteligentes e independentes a meras marionetes.

A ordem natural das coisas mostra que colheremos amanhã aquilo que semearmos hoje, portanto, quem vive de plantar ilusões, colherá frutos ilusórios. Financeiramente falando, quem gasta o que não tem para criar uma falsa imagem de prosperidade, além de empobrecer, terá de conviver com a sensação de frustração e o desassossego que as dívidas trazem. Mas é claro que você não ouvirá nada disso da boca da influenciadora digital que jura que a sua pele ficará maravilhosa com o creme que ela está indicando, ainda que ela mesma jamais apareça nas redes sem usar um bom filtro. Você só ouvirá que "precisa" disso e daquilo para ser mais linda, mais ativa, mais produtiva e, portanto, mais feliz.

O que a sociedade está gritando mais alto do que nunca é que você não é a pessoa que deveria ser. A sua pele deveria ser mais lisa, viçosa e jovem; o seu cabelo deveria estar mais volumoso e brilhante; os seus quadris têm de ser mais estreitos para caber naquele jeans tamanho 36 – embora você seja estimulada a comer muito mais do que necessita –, as suas unhas e seus cílios *precisam* ser tão longos e seus dentes tão brancos a ponto de todo mundo notar que não são naturais.

Para a roda do consumismo girar, é preciso fazer você *acreditar* que é infeliz para que, em um segundo momento, você se convença de que precisa comprar algo que a faça *sentir-se* feliz e, para isso, as redes sociais se tornaram imprescindíveis. Para ilustrar, veja o comentário que recebi no meu canal do YouTube:

> Passei a virada do ano de 2022 para 2023 com meus irmãos, minha filha e meu namorado na casa de uma amiga muito simples financeiramente. Fizemos um churrasco com arroz, vinagrete e mandioca cozida. Dançamos, cantamos, rimos e nos divertimos muito. Não queríamos exagerar nos gastos, então foi tudo muito simples. No dia seguinte, resolvi dar uma olhada no Instagram e ver como havia sido a virada de ano dos meus amigos. Cara, a "deprê", o mal-estar e a ansiedade foram instantâneos! Fiquei pensando: 'Meu réveillon foi horrível, eu merecia mais...' Depois voltei a pensar no assunto e percebi o mal e a toxicidade que aquela rede social estava me causando. Nossa amiga que preparou o jantar da virada fez tudo com tanto carinho... não havia nada de errado e eu fui realmente feliz naquele momento. Esse clique na minha mente me abriu os olhos para a tamanha perversidade das redes sociais e acabei desinstalando o aplicativo. Preciso de tempo para me limpar da sujeira psicológica dessas mídias e viver de forma mais leve, simples e verdadeiramente feliz.

Entendi perfeitamente o que a seguidora quis dizer, pois esta não foi a primeira (e nem será a última) mensagem nesses termos.

Mas o que precisamos entender é que as redes sociais são apenas um meio, pois quem cria conteúdo e quem consome conteúdo são as pessoas. Somos nós que interpretamos e tiramos conclusões sobre o que vemos e ouvimos, e somos nós que produzimos as publicações que faremos. Portanto, somos nós que devemos sempre questionar por que seguimos determinadas pessoas, por que esquecemos com tanta facilidade de que estamos vendo um minúsculo recorte de um todo que não vemos e que grande parte nem sequer correspon-de à realidade. Quantos casos já acompanhamos de pessoas que pareciam extremamente felizes com seus corpos, seus casamentos, seus trabalhos e seus lindos apartamentos, até sermos surpreendi-dos com as notícias de mais um procedimento estético, um divórcio conturbado e cheio de intrigas, de crises disso e daquilo por causa da carreira ou ainda que aquela pessoa de vida perfeita foi encon-trada sem vida em seu apartamento maravilhoso.

Diversos estudos e levantamentos apontam que boa parte da sociedade está mentalmente adoecida, com depressão, ansiedade e tantas outras síndromes e transtornos que nem sabíamos que exis-tiam. Muitas delas veem as redes sociais como uma oportunidade de criar uma realidade diferente, de dar vida a personagens mais interessantes do que elas, que falem e façam coisas que elas não têm coragem de falar e fazer e que vivam o que elas não estão sendo capazes de viver. Para elas, não basta ter uma vida comum, elas pre-cisam transbordar felicidade o tempo todo. Cabe a nós termos em mente dois conceitos básicos que ajudam a manter nossa mente lim-pa da "sujeira psicológica dessas mídias", como disse a seguidora:

1. **Todo exagero esconde uma falta** – quando a balança da vida pende mais para um lado do que para outro, natu-ralmente – e até inconscientemente – buscamos o equilíbrio colocando mais peso do outro lado. Quanto maior o desequi-líbrio, maior tem de ser a compensação;
2. **Pessoas satisfeitas consomem menos** – as clínicas de estética não estão lotadas de pessoas de bem com a sua

aparência. A indústria da moda não sobrevive se as pessoas não comprarem a ideia de que suas roupas – ainda que em bom estado e servindo perfeitamente bem – precisam ser trocadas de tempos em tempos. Quanto mais descontentes as pessoas estiverem, mais abertas ao consumo elas estarão.

A realidade pode parecer muito indigesta e sempre haverá mentiras bem mais saborosas e fáceis de digerir. Plantar sonhos e colher ilusões é muito mais atrativo do que plantar sementes verdadeiras, regá-las, adubá-las e esperar o tempo certo da colheita. Porém, é a única forma de se ter uma vida verdadeiramente livre. É preciso deixar essa roda dos ratos e trabalhar para fazer a vida real valer a pena, sempre de acordo com as nossas possibilidades, lutando pelos nossos objetivos com passos firmes e do tamanho da nossa perna. E sem jamais compararmos os nossos bastidores com o palco dos outros. É preciso jamais esquecer de que a mulher perfeita não passa de um mito e que nós deixamos as cavernas milhares de anos atrás.

"Para a liberdade foi que Cristo nos libertou. Portanto, permanecei firmes e não vos sujeiteis novamente a um jugo de escravidão."

GÁLATAS 5:1

SAIA DA LINHA, PERCA A LINHA E NUNCA MAIS ANDE NA LINHA!

"Vê se anda na linha, hein, menininha!" Essa foi uma das frases mais ditas pela minha mãe durante minha infância e adolescência. É claro que a instrução (nesse caso, em tom de ameaça!) era um lembrete de que eu deveria me comportar bem e não fazer nenhuma bobagem. Porém, essa história de "andar na linha" pode acabar nos impedindo de tomar atitudes novas, criativas e disruptivas que são justamente as responsáveis pelas mudanças necessárias para o nosso desenvolvimento pessoal, bem como para o progresso da humanidade.

Para fazer escolhas diferentes das que se esperam de nós – em uma sociedade que tenta nos controlar em todo o tempo e a todo custo – é preciso uma boa dose de ousadia, determinação e coragem, ou seja, é necessário sair da linha.

Em seu livro *O chamado da coragem*, Ryan Holiday afirma que não é possível conquistar qualquer coisa sem coragem. "Nada que valha a pena se alcança sendo covarde", afirma o autor e questiona: "Então por que a bravura é tão escassa?" Arrisco a seguinte resposta: talvez seja porque as pessoas estejam andando demais na linha.

Holiday cita a história de Florence Nightingale (1820-1910), fundadora da enfermagem moderna e pioneira no tratamento de feridos em batalhas, por sua experiência durante a Guerra da Crimeia (1853/1856). Mas antes de mudar a história, Florence teve de sair da linha e fazer escolhas nada ortodoxas para sua época. Filha de uma família muito rica, as únicas coisas que se esperavam dela era que se casasse, tivesse filhos, frequentasse festas e jamais exercesse qualquer tipo de trabalho. Nem mesmo a casa, o marido e os filhos estariam sob seus cuidados, mas sim, de seus inúmeros criados, treinados para seguirem à risca os protocolos que a sociedade vitoriana determinava. Suas realizações e opiniões se resumiriam a uma única palavra: nada.

Em 1837, aos dezesseis anos de idade, Florence ouviu o que Ryan Holiday classificou como "o chamado", uma voz interna que a impelia a fazer algo por conta própria e que realmente fosse útil, como descreveu o autor: "se fazer útil, se comprometer com algo que não se adequava à vida de sua família rica e indolente, algo diferente dos papéis restritivos e decepcionantes disponíveis para as mulheres da época".

Porém, apesar daquele chamado não sair de sua cabeça, as pressões de seus pais para que ela andasse na linha e o controle que a opinião da sociedade impunha sobre sua família a fizeram abandonar a ideia por muito tempo. Ao completar 25 anos de idade, Florence foi convidada a trabalhar como voluntária em um hospital, mas não teve coragem de desagradar sua mãe, que disse preferir que ela se tornasse uma prostituta a se sujeitar a uma função como aquela. Mais uma vez, ela preferiu manter-se na linha e tentar esquecer o chamado.

Mais tarde, aos 32 anos, Florence tomou uma decisão diferente e fez questão de registrar em seu diário: "Não devo esperar nenhuma compreensão ou ajuda deles. Devo pegar algumas coisas, o mínimo que puder, que me permitam viver. Devo *pegá-las*, pois não me serão dadas."

Um ano depois, em 1853, foi declarada a Guerra da Crimeia, na qual Florence se destacou como enfermeira e por montar hospitais de campanha para cuidar dos feridos. Mais tarde, sua dedicação inspirou a criação da Cruz Vermelha e, como destacou Holiday:

"as inovações e seu trabalho pioneiro posterior na sistematização dos cuidados aos doentes e vulneráveis continuam beneficiando todo mundo que esteve em um hospital nos 180 anos desde que ela se desviou do caminho em que tantas pessoas estavam determinadas a intimidá-la a permanecer".

Quando Florence "se desviou do caminho", ou seja, quando saiu da linha e tomou a decisão de fazer o que estava dentro de si, ela teve forças suficientes para quebrar as cordas que a sujeitavam a ser nada mais do que uma marionete. E, claro, pagou o preço. Convivendo em meio a todo tipo de enfermidade, ela contraiu brucelose, doença conhecida como febre da Crimeia, e teve de lidar com as consequências pelo resto da vida. Porém, como a boa educação financeira nos ensina, não existe preço caro ou barato, tudo depende do benefício que se tem. Apesar dos cuidados que sua saúde passou a requerer, Florence viveu quase três vezes mais do que a expectativa de vida à época. Nas primeiras décadas do século 19, a população europeia vivia, em média, até os 33 anos de idade, mas Florence passou dos 90.

ESCOLHAS, RESPONSABILIDADE, CORAGEM E MEDO

Todos nós, seres humanos, fomos criados com um poder capaz de nos levar ao pleno sucesso ou ao profundo fracasso: o livre-arbítrio, ou seja, o poder de fazer nossas próprias escolhas. Ainda que alguns creiam que viemos ao mundo predestinados e que não há nada que possamos fazer para mudar o que supostamente nos espera, a Bíblia é clara ao registrar em diversos momentos a nossa liberdade de escolha. Deus não nos trata como peças inanimadas de um jogo de tabuleiro, movidas de acordo com a vontade do jogador, mas coloca opções diante de nós e nos instrui a fazer as melhores escolhas, esclarecendo as consequências que teremos a depender do que decidirmos, como indicam as passagens a seguir (preste atenção nas palavras destacadas em *itálico*):

> Convoco hoje o céu e a terra como testemunhas contra ti de que coloquei diante de ti a vida e a morte, a bênção e a maldição.

ECONOMIA EMOCIONAL

Portanto, *escolhe* a vida, para que vivas, tu e tua descendência (Deuteronômio 30:19).

Porém, se vos parece mal aos vossos olhos servir ao Senhor, *escolhei* hoje a quem sirvais; se aos deuses a quem serviram vossos pais, que estavam além do rio, ou aos deuses dos amorreus, em cuja terra habitais; porém, eu e a minha casa serviremos ao Senhor (Josué 24:15; ACF).

Não tenhas inveja do homem violento, nem *escolhas* nenhum dos seus caminhos (Provérbios 3:31; ACF).

Porquanto odiaram o conhecimento; e não *preferiram* o temor do Senhor (Provérbios 1:29; ACF).

Se tiveres o cuidado de obedecer aos estatutos e aos juízos que o Senhor ordenou a Moisés acerca de Israel, terás sucesso. Sê forte e corajoso; não temas nem desanimes (1 Crônicas 22:13).

E quanto ao nosso destino, o versículo a seguir mostra que tudo depende das escolhas que fazemos livremente, sem que nem mesmo o próprio Deus nos impeça.

Eu vos destinarei à espada, e vos encurvareis todos à matança; porque não respondestes quando chamei; não ouvistes quando falei, mas fizestes o que era mau aos meus olhos e *escolhestes* aquilo em que eu não tinha prazer (Isaías 65:12).

Sobre o livre-arbítrio, Ryan Holiday recorre mais uma vez ao diário de Florence Nightingale, quando ela percebe, finalmente, que ninguém lhe daria aquilo que precisava, mas ela mesma teria de *tomar* à força. Ele diz: "Embora todos nasçamos dotados de livre-arbítrio, poucos de nós escolhem se apropriar dele" e acrescenta: "Aceitamos as limitações que as outras pessoas impõem, damos ouvidos ao que nos dizem que é viável ou não e, ao revermos as probabilidades, tornamos essas coisas uma verdade efetiva".

A questão é que a liberdade de poder fazer o que quiser traz tantas possibilidades que é muito fácil se sentir desnorteada. Além disso, é bem mais simples fazer o que os outros determinam, pois nos eximimos de qualquer responsabilidade. Se der certo, os méritos serão nossos, e se não der, culparemos as pessoas a quem obedecemos. Quer algo mais confortável do que isso? Como o assunto é complexo, procurei resumir essa dualidade em uma frase:

A leveza da liberdade é acompanhada do peso da responsabilidade.

Enquanto a maioria quer apenas desfrutar da liberdade, poucos são os que aceitam o desafio de assumir a responsabilidade por suas escolhas. E por quê? Porque o peso da responsabilidade não é erguido por força, mas por coragem. Por definição, coragem não é a ausência de medo, mas sim "moral forte perante o perigo, os riscos; bravura, intrepidez; firmeza de espírito para enfrentar situação emocional ou moralmente difícil", de acordo com o Dicionário Oxford. Já para Aristóteles, "coragem é a primeira das qualidades humanas, porque garante todas as outras".

Porém, ter apenas coragem é arriscado demais. É preciso equalizar a balança com uma certa dose do sentimento oposto: o medo. Uma pessoa que não teme a nada fatalmente confundirá intrepidez com estupidez. Ela se colocará em perigo, atentando contra si mesma em situações sem sentido, seja em questões físicas, mentais e até mesmo nos negócios e nas finanças. Talvez você conheça pessoas que arriscaram tudo o que tinham em um negócio que não sabiam como administrar (eu fui essa pessoa), ou que torram dinheiro sem nenhum receio de lhes fazer falta futuramente (talvez você seja essa pessoa). Logo, para completar essa equação é imprescindível acertar na proporção adequada de medo x coragem, cujo resultado será a prudência.

O sucesso nada mais é do que a soma ou a multiplicação de hábitos de sucesso. Quem soma hábitos de sucesso, em algum momento chegará a ele, e quem os multiplica chegará mais rápido. Por outro lado, quem faz o oposto, somando ou multiplicando hábitos de fracasso, cedo ou tarde fracassará. O que dividirá as pessoas entre trilhar o caminho do sucesso ou descer a ladeira do fracasso serão as escolhas que farão, pois mesmo quem permite que terceiros escolham por ela, já fez sua a escolha de não escolher.

O CAMINHO DO SUCESSO

Quando entregamos nosso poder de escolha a quem quer que seja, é como se estivéssemos colocando nas mãos dos outros o controle remoto da nossa vida. Obviamente, quem tem o controle decide o canal a ser sintonizado, o volume, o contraste e o brilho da imagem, e até mesmo a hora de ligar e desligar. Pode parecer confortável, mas é o caminho para o fracasso e a frustração.

A LADEIRA DO FRACASSO

Só quando entendemos que a liberdade para fazer o que quisermos é um dom divino, que precisamos assumir a responsabilidade de nossas escolhas e que é necessário encontrar a proporção certa de coragem e medo para agir com prudência, é que encontramos o caminho para o sucesso em todos os sentidos.

SEJA PRUDENTE, MAS NÃO ANDE NA LINHA!

Antes de partirmos para o próximo capítulo, gostaria de citar os exemplos de dois personagens bíblicos: o rei Davi, que nos ensina sobre a prudência, e a mulher samaritana, que nos mostra o quanto vale a pena não andar na linha.

> E saía Davi aonde quer que Saul o enviasse e conduzia-se com prudência, e Saul o pôs sobre os homens de guerra; e era aceito aos olhos de todo o povo, e até aos olhos dos servos de Saul (1Samuel 18:5, ACF).

Davi já havia sido ungido pelo profeta Samuel para ser rei sobre Israel (1Samuel 16:13), conforme Deus o instruiu. Mas mesmo tendo a unção e sendo um herói de guerra, ou seja, recebendo uma dose muito maior de coragem do que qualquer pessoa comum, ele "conduzia-se com prudência". Isso nos mostra que ainda que tenhamos fé, que saibamos que Deus está conosco, nos protegendo e abençoando, a prudência tem de fazer parte da nossa vida.

Davi não venceu o gigante Golias, seu feito mais conhecido, apenas porque teve coragem, mas sim porque tinha experiências anteriores – quando matou um leão e um urso que tentaram abocanhar as ovelhas de seu pai (1Samuel 17:34-37) – e por sua habilidade com a funda, uma espécie de atiradeira com a qual lançou a pedra fatal.

Ele agiu com fé e sabia que Deus era com ele, mas não foi inconsequente. Foi Davi quem escolheu lutar contra o gigante, ninguém o obrigou; ele assumiu a responsabilidade de descer ao campo de batalha sem armadura ou escudo e agiu com prudência, pois apesar de saber que era habilidoso, não deixou de pedir a direção de Deus. A soma de suas ações de sucesso o conduziram à vitória.

A passagem da mulher samaritana, descrita no capítulo 4 do Evangelho segundo João, é outro exemplo de prudência, mas desta vez, por parte do próprio Senhor Jesus. Na sequência, também aprenderemos com a mulher samaritana a necessidade de quebrarmos certas convenções, ou seja, sairmos da linha.

> Quando, pois, o Senhor soube que os fariseus ouviram dizer que ele, Jesus, fazia e batizava mais discípulos que João (embora Jesus mesmo não batizasse, mas os seus discípulos), saiu da Judeia e foi outra vez para a Galileia (João 4:1-3).

Ao meditar apenas nesse pequeno trecho, imaginando todo o contexto, aprendemos uma lição valiosíssima. Aliás, a leitura da Bíblia jamais deve ser feita com pressa ou para cumprir algum esquema de leitura. Na verdade, não importa o quanto lemos e nem mesmo o quanto decoramos ou conhecemos, mas sim o quanto *praticamos* aquilo que lemos. Por isso, convém fazermos uma oração antes de iniciar a leitura, ainda que seja de um único versículo, pedindo ao Autor da Palavra que nos revele o que precisamos entender.

Meditando nessa passagem, vemos que os religiosos da época, em vez de se empenharem em aprender – tanto com João Batista quanto com Jesus –, estavam mais interessados em criar desavenças e competições inúteis, discutindo entre si sobre quem batizava mais, se Batista ou se Jesus, sendo que Cristo nem sequer batizava.

E qual foi a atitude de Jesus? Ele comprou a briga? Foi tirar satisfações ou tentou dar fim à discussão? Não, nada disso. Mesmo sendo Filho de Deus, ao saber da contenda entre aqueles que deveriam estar ensinando o povo – uma vez que os fariseus eram doutores da Lei –, Ele "saiu da Judeia", ou seja, simplesmente foi embora dali. Jesus poderia ter feito literalmente qualquer coisa, até mesmo mandar um raio na cabeça dos encrenqueiros, mas preferiu partir para outro lugar, em busca de pessoas que tivessem ouvidos para ouvir.

É exatamente isso que também devemos fazer, pois entrar em discussões inúteis é pura perda de tempo. Temos de ser prudentes e usar a inteligência para não entrarmos nesse tipo de confusão, seja pelo motivo que for; afinal de contas, que diferença vai fazer na nossa vida o que as pessoas pensam de nós? Qual o problema de elas discutirem quem ganha mais, quem é mais bem-sucedido, quem tem o carro mais novo, quem se casou ou separou de quem ou, ainda, que a sua bolsa não combina com os seus sapatos?

As redes sociais, muitas vezes, se tornam arenas virtuais, onde as pessoas perdem muito tempo e energia publicando ofensas, xingamentos e agindo com total falta de educação, promovendo todo tipo de selvageria contra pessoas que nem sequer conhecem. Entrar nessas discussões significa se igualar a elas, além de se deixar cair numa espiral que suga qualquer razão, ainda que estejamos certas. Digo por experiência própria: não vale a pena responder, revidar ou tentar explicar o que quer que seja para quem não está a fim de entender. Quando as pessoas estão mais interessadas em discutir, lembre-se do que Jesus fez e saia de perto!

> E era-lhe necessário passar por Samaria (João 4:4).

> Chegou, pois, a Sicar, cidade de Samaria, junto à propriedade que Jacó dera a seu filho José. Havia ali o poço de Jacó. Cansado da viagem, Jesus sentou-se junto ao poço; era cerca da hora sexta. Então, veio uma samaritana tirar água (João 4:5-7a).

Para chegar à Galileia, não era exatamente necessário passar pela cidade de Samaria. Jesus poderia ter feito outro caminho, até porque, os judeus não costumavam passavam por aquela região por não se darem bem com os samaritanos. Mas o Mestre não estava ali para se deixar levar pelos costumes da época, ou seja, não lhe importava a mínima andar na linha e seguir o que sabe-se lá quem instituiu como regra. Jesus fez o que "era necessário" para Ele e nós vamos descobrir o porquê.

Vamos novamente analisar o contexto: a hora sexta, no sistema daquela época, corresponde ao meio-dia de hoje, isso porque a contagem das horas terminava ao pôr do sol (por volta das seis horas da tarde) e recomeçava doze horas depois, às seis da manhã. Portanto, a mulher samaritana costumava ir ao poço no pior horário possível, com o sol a pino e no maior calor do dia, numa região onde geralmente as temperaturas já são elevadas. A tarefa de tirar água era exaustiva e exclusivamente feita pelas mulheres. Elas percorriam grandes distâncias e procuravam carregar o máximo de água possível para realizarem suas tarefas sem ter de repetir o trajeto. Geralmente, faziam isso em grupos, evitando andarem sozinhas, e sempre no fim da tarde, quando a temperatura era mais amena.

Mas a mulher samaritana não andava nessa linha e fazia tudo diferente. Além de ir sozinha, escolheu um momento em que tinha certeza de que não cruzaria com ninguém pelo caminho. Lendo o restante da história – recomendo fortemente que você faça isso assim que terminar este capítulo –, conseguimos imaginar o motivo que a levava a fazer isso. Na conversa entre Jesus e aquela mulher – o que por si só já era uma quebra e tanto no protocolo sociorreligioso da época –, o Mestre pede água para beber e oferece em troca a "água viva", dizendo que aquele que a beber nunca mais terá sede.

A samaritana logo se interessa, pois será ótimo nunca mais ter de voltar ao poço para uma tarefa tão cansativa. Antes de lhe dar a água prometida, Jesus pede que ela chame seu marido, ao que ela responde: "Não tenho marido". Jesus pontua a sinceridade da mulher e deixa claro que sabia bem quem era ela: alguém que já tivera cinco maridos e que, no momento, se relacionava com o sexto, um homem que não era seu marido.

Considerando sua conduta, podemos concluir com certa facilidade que as pessoas que a conheciam, provavelmente a julgavam e a consideravam como uma qualquer. Se nos dias de hoje uma mulher com seis maridos daria o que falar, imagine o escândalo que deve ter sido dois mil anos atrás! Mas assim como Jesus, a mulher preferiu simplesmente se isolar das pessoas do que discutir com elas. Era melhor se desgastar com o calor do que se submeter ao julgamento dos outros.

A mulher samaritana não era uma anciã, pois as idosas já não podiam mais realizar uma tarefa tão pesada. Portanto, seus relacionamentos com tantos homens não deviam ser duradouros. Embora não dessem certo, ela não se dava por vencida, o que demonstra que seu objetivo era ser feliz no amor, ter uma família e poder ser respeitada. Porém, quando Jesus mencionou seu marido, ela não mentiu, preferindo dizer a verdade, mesmo correndo o risco daquele homem se escandalizar. Creio que ela viu algo diferente em Jesus, não só pelo fato de Ele estar em um local onde os judeus nem sequer passavam perto, mas talvez por Ele ter saído da linha ao se dirigir a ela quando isso não era permitido. Ainda mais por estar lhe pedindo um favor numa época em que as mulheres eram consideradas cidadãs de segunda classe.

Quando Jesus viu a sinceridade da samaritana, Ele viu nela o que ninguém via. Aliás, Jesus é Mestre nesse tipo de olhar. Ao contrário da sociedade, Ele vê muito além da superfície e sabe encontrar aquilo que temos de bom, ainda que sejamos fracas, falhas e pecadoras. Jesus certamente ama todas as pessoas, mas Ele atende aquelas que saem da linha, que são sinceras e que não se importam com a opinião dos outras. Portanto, não se limite e nem se guie pelo que os outros pensam de você. Seja sincera consigo mesma e, sobretudo, com Deus, e esteja pronta para receber esse olhar que só Ele tem.

"Mas não se perderá um único cabelo da vossa cabeça."

LUCAS 21:18

SUCESSO METEÓRICO, FRACASSO GARANTIDO

Se você gosta de histórias, este capítulo pode se tornar um dos seus preferidos, pois teremos várias. Algumas, porém (confesso desde já), não terão finais felizes hollywoodianos. Aliás, você já parou para pensar por que gostamos tanto de histórias, sejam em livros, filmes, seriados ou mesmo contadas por alguém? Creio que o que nos atrai nelas é o fato de que, obrigatoriamente, tudo o que se passa durante o enredo vai promover algum tipo de mudança. Às vezes para melhor, às vezes para pior, às vezes uma alteração mais tímida, às vezes uma reviravolta radical. Mas, independentemente da intensidade, nenhuma história termina da mesma forma como começou, até porque, que graça teria? O que nos fascina é o interesse em saber o que vai acontecer na vida daqueles personagens fictícios ou até mesmo como será contada uma história real que já sabemos o final. Haverá cenas que causarão medo, pavor, angústia, ansiedade e até repulsa, mas ainda que pareça algo ruim, tudo isso traz um gostinho especial à experiência. Ainda assim, creio que posso afirmar que a maioria das pessoas prefere as histórias que confortam àquelas que confrontam. Essa é a razão de os finais felizes estarem sempre presentes nas produções mais bem-sucedidas.

Mesmo no caso de filmes de não ficção, como "Titanic" – que retratou uma das tragédias mais dramáticas do século 20 –, a história do casal fictício Jack e Rose trouxe leveza, conforto e, ao mesmo tempo, todo o sobe e desce de emoções que um relacionamento improvável como aquele proporciona. Apesar de toda a tristeza por todas aquelas vidas perdidas, incluindo a de Jack, que daria fim àquele amor arrebatador, James Cameron entregou o tão esperado final feliz. Rose fez o sacrifício de seu amado valer a pena realizando os sonhos que sonharam juntos como se ainda estivessem juntos. Certamente, entre todos os motivos que mantêm a produção de 1997 entre as maiores bilheterias de todos os tempos até hoje, o final reconfortante é um deles.

Embora amemos tanto os finais felizes – mesmo aqueles que jamais aconteceriam na realidade –, as histórias que trazem mudanças significativas para nossas vidas não são as que nos confortam, mas as que nos confrontam. Quando nos deparamos com verdades que colocam espelhos diante de nós, revelando fatos e situações que não queremos encarar, nos sentimos incomodadas e constrangidas. E como ninguém gosta de estar nessa posição, nossa primeira reação costuma ser de afastamento, negação e até repulsa. "Não gostei desse filme", dizemos, e ainda acrescentamos outros defeitos para justificar nossa opinião, omitindo o que, de fato, nos aborreceu. Porém, esses confrontos são imprescindíveis para promover as mudanças necessárias e fazer de nós pessoas melhores. Vou utilizar outra história, desta vez 100% não fictícia, para ilustrar o quanto o conforto pode nos colocar em grandes enrascadas e como o confronto é fundamental para nos livrar delas.

Em 1903, cerca de nove anos antes do naufrágio do Titanic, o italiano Charles Ponzi foi para os Estados Unidos com o sonho de fazer fortuna. Segundo consta, ele teria aportado com apenas US$ 2.50 no bolso – quantia que não chegaria a 100 dólares nos dias de hoje – depois de ter perdido todas as suas economias no trajeto, apostando nas mesas de jogos do navio. Para encurtar o caminho rumo à riqueza, Ponzi começou a aplicar seus primeiros golpes financeiros falsificando cheques. Para não ser pego, ele mudou de nome inúmeras vezes ao longo de vários anos, período em que foi aperfeiçoando seus crimes financeiros. Até que, na década de 1910, o golpista encontrou uma fórmula que, apesar de não ser perfeita, é praticamente irresistível: oferecer às pessoas exatamente aquilo que elas querem ouvir. Ponzi descobriu o poder que as mentiras confortáveis exercem sobre as pessoas e a imensa vantagem que poderia tirar disso, caso soubesse como empregá-las na prática. Assim como ele, havia milhares de pessoas sonhando em enriquecer da noite para o dia, porém, a maioria delas sabia que, para construir sua fortuna, seria preciso trabalhar duro por muitos anos. Mas e se ele desenvolvesse um mecanismo que fizesse as pessoas acreditarem na possibilidade de prosperar rapidamente, sem terem de fazer qualquer esforço, de forma "lícita" e sem nenhum tipo de risco? É claro que ele mesmo não acreditava nisso, afinal, em vez de empregar seus talentos em um trabalho digno, preferiu viver de golpe em golpe. Por outro lado, ele sabia que pessoas comuns, que não vivem de elaborar tramoias mirabolantes para passar os outros para trás, tinham toda a ingenuidade necessária para crer que enriquecer em pouquíssimo tempo é possível.

Obstinado pela ideia, o golpista chegou a um modelo que, de tão convincente, continua fazendo vítimas até hoje: a pirâmide financeira, ou Esquema Ponzi. Ele vendeu a ideia de que, em apenas 45 dias, as pessoas teriam 50% de rentabilidade, e que os mais pacientes que "investissem" por 90 dias, receberiam 100% de retorno. Tudo isso sem ter qualquer tipo de trabalho envolvido. Seu plano era utilizar o dinheiro dos últimos investidores para pagar os primeiros, aproveitando o período de 45 ou 90 dias para captar mais investidores — ou melhor, para fazer mais vítimas. Na prática, ele precisaria manter uma base grande de pessoas entrando com dinheiro todos os dias, usando os recursos dos mais novos para pagar os mais antigos que, em menor número, iam "subindo de nível", fazendo alusão ao formato de uma pirâmide.

Era preciso criar uma narrativa forte, pois toda a operação dependia do poder de convencimento para atrair cada vez mais pessoas. Foi aí que o italiano descobriu que os Correios dos Estados Unidos comercializavam cupons que podiam ser trocados por selos e que esses cupons, na Europa, eram muito mais baratos. Dessa forma, ele passou a usar parte do dinheiro dos investidores para comprar cupons europeus a preços baixos, trocar pelos selos americanos e revendê-los com lucros de até 400%. A história, construída sobre mentiras confortáveis, passou a ser disseminada pelas próprias vítimas que, sem saberem que se tratava de uma fraude, recrutavam parentes e amigos para entrarem no esquema.

Depois de fazer milhares de vítimas, em 1920, Ponzi havia acumulado uma fortuna de 10 milhões de dólares, o que equivaleria hoje a mais de 150 milhões de dólares. Porém, nesse mesmo ano, o jornal *Boston Post* resolveu investigar como era possível pagar remunerações tão acima das oferecidas pelo mercado e contratou um especialista que, por sua vez, descobriu que tudo não passava de um grande golpe. Isso porque, ao diminuir o número de novos investidores, a pirâmide perderia sua base e viria abaixo como um castelo de cartas. O especialista também constatou que a negociação dos selos não passava de narrativa, pois, para bancar os rendimentos prometidos pelo italiano, seriam necessários mais de 160 milhões de cupons, porém, só havia 27 mil em circulação. Com a grande repercussão da matéria, Ponzi foi preso e viu sua própria pirâmide ruir. O trambiqueiro passou vários anos entrando e saindo de prisões em várias cidades americanas, até que resolveu deixar os Estados Unidos e vir morar no Brasil, onde faleceu na miséria, em 1949, vivendo em um abrigo para indigentes.

Embora seja um golpe tão batido, a pirâmide financeira vem resistindo ao teste do tempo, apenas trocando de nome – assim como seu criador fez muitas vezes – e fugindo da imagem triangular, a exemplo das "rodas" entre amigos e das "mandalas da prosperidade" que, por usarem figuras circulares, juram não terem qualquer ligação com o esquema, mesmo funcionando exatamente da mesma forma. No Brasil, desde 1951, esse tipo de esquema configura crime contra a economia popular por meio da Lei 1.521. Mesmo assim, todos os anos, milhares de brasileiros perdem suas suadas economias nessas operações fraudulentas. Ainda que, hoje em dia, o acesso à informação esteja na palma da nossa mão, muitos preferem acreditar na mentira confortável de que é possível ganhar muito dinheiro em um curto período de tempo, sem fazer nada além de convidar mais pessoas para ficarem tão ricas quanto elas acham que ficarão.

Foi dessa maneira que, ao longo de algumas décadas, o Brasil se tornou um campo fértil para uma série de crimes escandalosos, como o das "Fazendas Reunidas Boi Gordo" que, entre as décadas de 1980 e 1990 investiram pesado em mídia, tanto na TV quanto no rádio, prometendo 42% de retorno em apenas 18 meses. Mais audaciosos que o próprio Charles Ponzi, os golpistas justificavam que o lucro exorbitante viria de um suposto negócio promissor: a engorda de gado. Devido ao imenso número de pessoas que entraram no esquema, a pirâmide se sustentou por anos, até que, em 2004, a empresa decretou falência e sumiu do mapa deixando um rombo de quase R$ 4 bilhões no orçamento de milhares de vítimas.

Mais tarde, no início dos anos 2000, tivemos o golpe da "Avestruz Master", que se baseava em uma espécie de *trade* (empresa que intermedia operações comerciais internacionais) e fraudou quase 50 mil pessoas. Assim como os cupons de Ponzi, o número informado de avestruzes era muito superior ao real, e em vez das 600 mil aves que diziam possuir, tinham menos de 38 mil. Depois surgiu a "TelexFree", que chegou a ser patrocinadora do Botafogo, time de futebol do Rio de Janeiro, o que lhe conferiu credibilidade. O dito negócio era baseado em supostas ligações via internet, mas não passava de mais um esquema fraudulento que deixou um prejuízo superior a US$ 3 bilhões em todo o mundo. E para citar apenas um dentre os mais recentes temos a "Unick Forex", que teve seu esquema desmontado em 2019, pela Operação Lamanai. Em 2021, o inquérito foi concluído, e tanto a Polícia Federal quanto o Ministério Público Federal apontam que a empresa que oferecia "investimentos em moedas digitais" deve cerca de R$ 12 bilhões aos que acreditaram em sua falsa proposta.

Mas como um sábio desconhecido afirmou: "é mais fácil enganar as pessoas do que convencê-las de que foram enganadas". Os tempos podem ser outros, mas muitas pessoas ainda querem acreditar que há um caminho rápido e fácil, e que elas fazem parte do seleto grupo de agraciados que terão acesso a esse maravilhoso atalho, do qual o resto da humanidade não é digna o bastante – ou não está "acordada" o bastante – para perceber que se trata da melhor oportunidade de suas vidas.

Em muitos casos, mesmo quando alertadas de que tudo não passa de fantasia (mas que perderão dinheiro de verdade), as pessoas acabam se voltando contra quem as alerta, mostrando que preferem o conforto da mentira ao confronto da verdade. São histórias que promovem mudanças terríveis, sem finais felizes, fazendo até mesmo com que algumas de suas vítimas não consigam mais se reerguer. Por isso, antes de continuar a leitura, devo alertá-la de que o restante do capítulo tratará de temas e histórias confrontantes e nada confortáveis, mas que podem transformar a sua forma de pensar e de agir. Está preparada? Então vamos lá!

TRÊS COISAS DEIXAM O MUNDO DE PERNAS PARA O AR, A QUARTA ENTÃO...

Observe este provérbio escrito pelo rei Salomão, o homem mais sábio de todos os tempos, e perceba que, mesmo parecendo um pouco difícil de entender em um primeiro momento, é algo extremamente atual:

> Por três coisas se alvoroça a terra; e por quatro que não pode suportar: pelo servo quando reina; e pelo tolo quando vive na fartura; pela mulher odiosa, quando é casada; e pela serva, quando fica herdeira da sua senhora (Provérbios 30:21-23).

Partindo do princípio de que, assim como o livro dos Salmos, o de Provérbios também foi inspirado pelo próprio Deus, por que o

Eterno classificaria como algo tão negativo o fato de essas pessoas, aparentemente simples e desprezadas, conquistarem coisas às quais provavelmente jamais teriam acesso? Se em outras passagens da Bíblia Deus promete que os simples, pobres e rejeitados conquistariam prosperidade, riquezas e honras, por que, então, nestes casos seria um problema terrível?

É isso que vamos analisar.

Nesses quatro casos, o que essas pessoas têm em comum? O poder repentino ou improvável. Na época de Salomão, tanto a escravidão quanto os reinos eram transmitidos por hereditariedade. Ou seja, por lei, o filho de um escravo já nascia escravo e só deixaria de sê-lo caso seu senhor lhe concedesse a liberdade. Da mesma forma, os únicos que poderiam ascender ao trono eram os filhos primogênitos dos reis ou, na falta destes, outros sucessores naturais. Além das normas legais, os servos só seriam livres caso fugissem de seus senhores, o que configurava crime, e a ascensão ao trono só não se daria por hereditariedade em caso de usurpação ou de conquista por meio de guerras. Vemos que havia regras rígidas quanto às sucessões e que era praticamente impossível que um servo se tornasse rei, porém, o "reinado" que Salomão menciona pode não ser exatamente o de um rei como ele. Devemos considerar que os escravos eram condicionados desde o nascimento a servir, mas não a serem servidos. Eles não tinham direito a nada e não possuíam qualquer autonomia, nem mesmo sobre seu próprio corpo. Não podiam decidir a que horas iriam dormir ou acordar, o que vestiriam ou comeriam. Servos simplesmente não sabiam o que era tomar uma única decisão própria, logo, se recebessem repentinamente autonomia para "reinar" sobre si mesmos, não saberiam lidar com esse poder e o usariam muito mais para o mal do que para o bem.

Trazendo esse raciocínio para os dias de hoje, um fato que tomou os noticiários nacionais, em 2022, ilustra bem o tipo de "reinado" a que Salomão se refere: a história do ex-futuro-e-atual- -mendigo Givaldo Alves. Sobre esse caso, escrevi um artigo (bem ácido, diga-se de passagem) em minha coluna do R7, cujo título foi, coincidentemente, "Em terra onde a estupidez impera, até mendigo é rei". Vale a pena a leitura para conhecer ou relembrar o caso:

> Em pleno 2022, quando a sociedade diz estar preocupada com a objetificação e a violência contra a mulher, eis que nos deparamos com a idolatria do brasileiro por mais um aproveitador que não precisou apresentar virtude alguma, nem acrescentar qualquer valor ao nosso país, a não ser trazer ainda mais vergonha e indignação.
>
> Givaldo Alves, ex-morador de rua de 48 anos, ficou conhecido pelo "grande e heroico feito" de ter relações sexuais dentro de um carro em plena luz do dia com uma mulher casada, enquanto, ao que tudo indica, ela passava por um surto psicótico. Por suas "qualidades inestimáveis", o ex-sem-teto hoje mora em um hotel de luxo, em Brasília, faz presença "vip" em festas badaladas pelo país, virou garoto-propaganda de operações financeiras prometendo dinheiro fácil e rápido, e foi elevado à posição de "celebridade" no carnaval carioca. Famosos e anônimos na Sapucaí disputavam para tirar fotos ao lado de um indivíduo que só desfruta das benesses da fama graças à estupidez de pessoas que, assim como ele, estão fazendo de tudo para aparecer enquanto essa onda não baixa.
>
> Até o mendigo espertalhão sabe o quanto as pessoas amam uma hipocrisia; logo, para sujeitar os bobocas de plantão, antes de falar à imprensa, o aproveitador da vez pede um minuto de silêncio para as vítimas da guerra e da Covid-19. Quem ousaria não obedecê-lo, não é mesmo? Em seguida, seu "pronunciamento" contém frases como: "Não me arrependo", "sou amante das mulheres", "era uma mão na direção e outra no 'carinho'".
>
> Fato é que o ex-mendigo e atual bobo de uma corte falida, doente e ainda mais boba do que o próprio bufão, expôs abertamente detalhes de momentos íntimos com uma mulher de 33 anos que, após o ocorrido, passou um mês internada em uma clínica psiquiátrica. Fato é que o "amante das mulheres" está sob investigação

por suspeita de estupro, mas quem se importa? Fato é que Sandra Mara, que se envolveu com o mendigo, e seu marido Eduardo Alves, que o agrediu na ocasião, mudaram de endereço para tentar refazer a vida, enquanto o suspeito de um crime hediondo aparece feliz e sorridente, divertindo-se ao lado de pessoas que, igualmente, o usam para terem seus cinco segundos de fama para, em seguida, voltarem ao limbo de suas vidas sem sentido.

Como costuma acontecer, daqui um tempo Givaldo Alves voltará a ser só mais um capítulo do livro das vergonhas do Brasil, enquanto mais uma mulher teve sua intimidade exposta com todo sensacionalismo que tanto agrada a quem não tem nada melhor para fazer com a própria vida. Se este país tem alguma intenção de ser uma nação digna, precisa urgentemente rever seus valores, parar de idolatrar gente vazia e de caráter duvidoso e, definitivamente, deixar a hipocrisia de lado. Mas, por enquanto, "vergonha" é a palavra que define o sentimento em relação ao que estamos vivendo.

O artigo foi publicado em 24 de abril de 2022, quando Givaldo era suspeito de estupro, acusação da qual foi absolvido mais adiante. Naquele momento, também não se sabia que, depois de ter morado em hotel de luxo, ganhado muito dinheiro fazendo publicidade e recebendo cachês para comparecer a festas de gente rica (e estúpida), o ex-sem-teto que "reinou" entre as "celebridades" voltou à mendicância: afundou-se ainda mais no vício do álcool, perdeu tudo e, até onde sabemos, vive novamente nas ruas de Planaltina, no Distrito Federal. A fama e o dinheiro que seu "reinado" repentino lhe rendeu serviram apenas para colocá-lo em um buraco ainda mais fundo.

Sobre o "tolo que vive na fartura", temos inúmeros exemplos de pessoas que, da noite para o dia, ganharam somas vultosas de dinheiro, seja por herança, loteria ou indenizações, mas que não souberam o que fazer com a maior, ou talvez única, oportunidade de suas vidas. Um dos casos mais conhecidos do país foi o de

Antônio Domingos, um baiano que, em 1983, ganhou o equivalente a R$ 32 milhões (valor líquido atualizado em 07/2024) na loteria. Muito pobre, Domingos ganhava um salário mínimo e vivia com a mãe em uma casa própria, porém inacabada. Mas seu maior problema não era a pobreza, e sim, a tolice.

Fazendo um pequeno exercício, vamos ver o que esse montante poderia ter representado na vida de Domingos, imaginando que ele tivesse realizado os sonhos da maioria dos brasileiros que apostam nesse tipo de jogo: comprar um imóvel para si, ajudar a família (no caso dele, a mãe), ter um bom carro, parar de trabalhar e viver dos rendimentos de investimentos.

Pesquisando anúncios de imóveis à venda em bairros nobres de Salvador, encontrei diversas ofertas de casas e apartamentos com 300 m², três suítes e vaga para dois carros por cerca de R$ 500 mil. Digamos que Domingos gastasse R$ 1 milhão comprando dois desses imóveis – um para si e outro para a mãe – e gastasse mais R$ 400 mil para mobiliar e decorar ambos. E que, além disso, usasse mais R$ 600 mil do prêmio para comprar dois carros zero quilômetro.

Para sermos bastante conservadores, vamos imaginar que todos os R$ 30 milhões restantes tivessem sido depositados na poupança (o que está longe de ser a melhor decisão), rendendo 6,17% ao ano. Nesse caso, o rendimento mensal seria de R$ 154 mil, o equivalente a 109 salários-mínimos. Para quem vivia em uma casa inacabada recebendo um salário-mínimo por mês, seria a oportunidade de uma vida extremamente confortável e sem qualquer preocupação financeira. Porém, como Salomão alertou, Domingos não fez nem uma coisa, nem outra.

Em vez disso, ele foi morar sozinho na suíte presidencial de um hotel de luxo em Salvador. Achando que sua fortuna não acabaria nunca, ele nem sequer mandava lavar suas roupas, mas as jogava fora depois de usar. Desperdiçou inúmeros carros e motos, pois quando apresentavam qualquer problema, ainda que fosse um simples pneu furado, ele os largava na rua e comprava outros. Também ficou conhecido por extravagâncias como pagar a conta de todos os clientes nos restaurantes mais caros da capital baiana. Com isso, a fortuna de Domingos durou apenas seis anos. Fazendo as contas, seu gasto médio foi superior a R$ 440 mil por mês, o que representa mais de dez salários-mínimos torrados diariamente.

Sem prévio aviso, ele se viu sem um centavo sequer, sem nenhum bem, sem qualquer qualificação e sem ter onde morar. O ex-milionário voltou a viver com a mãe na mesma casinha inacabada, onde não havia feito uma melhoria sequer e passou a ganhar a vida como flanelinha. A história de Domingos, bem como a de outros ganhadores de grandes somas, ilustra que por mais dinheiro que um tolo possa vir a ter, nunca será o suficiente, pois jamais comprará o que realmente lhe falta: sensatez.

Outro caso que me deixou bastante indignada foi o do sorveteiro Luís Fernando de Arruda que, aos 32 anos de idade, recebeu uma indenização de R$ 71 mil, no início de 2021, em plena pandemia. O morador de Baixo Guandu, cidade a 180 quilômetros de Vitória, Espírito Santo, vivia em uma casa alugada muito simples com a mulher e a filha de pouco mais de um ano. Embora sua ocupação não lhe rendesse nem mesmo um salário-mínimo, Arruda não pensou em investir o dinheiro em um negócio próprio, comprar uma casa (o que era perfeitamente possível em sua cidade) ou tomar qualquer atitude sensata para melhorar de vida. Em vez disso, afirmou em uma entrevista que preferiu ter uma "vida de rei", ainda que por pouquíssimo tempo: "Era churrascada todo dia, a noite toda, com muita bebida e som de qualidade. Enchi a casa com meus amigos e festejamos demais".

Fora as festas, o sorveteiro comprou uma moto e um celular. Porém, como o dinheiro acabou em apenas trinta dias, ele se desfez de tudo: "A moto eu já vendi, o celular também. Não tenho mais nada", disse à reportagem. Diante disso, Arruda voltou a empurrar o velho carrinho de sorvete pelas ruas da cidade para tentar sobreviver com menos de um salário-mínimo por mês.

Já a "mulher odiosa quando é casada" nem precisa de ilustração, pois, como a Bíblia diz: "Toda mulher sábia edifica sua casa, mas a tola a derruba com as próprias mãos" (Provérbios 14:1).

O provérbio é tão forte quanto real, pois a mulher tem um imenso poder de influência dentro de um lar, podendo construí-lo ou destruí-lo com "as próprias mãos", ou seja, sem a colaboração de ninguém. Quando a mulher usa esse poder de forma "odiosa", pode criar inimizades mesmo nas famílias mais unidas, impor um ambiente pesado dentro de casa, desestabilizar marido e filhos e transformar abundância em escassez. Ou seja, esse tipo de mulher pode fazer grandes estragos na vida de muita gente, além de sua própria, mas "a mulher odiosa quando é casada", pode estabelecer um caos ainda maior.

De igual modo, a "serva herdeira da sua senhora", ao receber um poder repentino, sem jamais ter sido preparada para isso, também não saberia como se comportar. Como vimos, escravos nasciam com o único objetivo de servir, sem qualquer possibilidade de mudarem de vida. Quando alguma serva era libertada, geralmente acabava permanecendo na casa de sua senhora e servindo-a, por não ter condições de manter seu sustento por conta própria e pela falta de qualificação para fazer qualquer outra coisa. Ainda que uma senhora generosa, junto com a liberdade, concedesse uma boa quantia, a ex-escrava acabaria levando uma vida modesta pela provável falta de aceitação por parte da sociedade.

Mas o que aconteceria com essa serva, caso herdasse tudo de sua senhora? Ela teria mais do que uma boa condição financeira, pois receberia também o poder que sua senhora tinha. E é aí que mora o perigo.

O que aprendemos com esse provérbio confrontante é que todas nós já tomamos atitudes insensatas e perdulárias. Talvez não tenhamos chegado a tamanho esbanjamento como os personagens que vimos neste capítulo, porém, não precisamos ir tão longe. Provavelmente você conhece pessoas que receberam indenizações trabalhistas, por exemplo, cujo valor poderia ter mudado suas vidas, mas que torraram todo dinheiro em pouco tempo e nem se lembram em quê. Ou quantas vezes recebemos algum tipo de autoridade, mas a usamos mal? Ou ainda, quantas vezes nos prejudicamos por causa de atitudes insensatas mesmo tendo o poder de escolher um caminho melhor? Temos aversão, raiva e nos indignamos com histórias como essas, porque, de certa forma, em maior ou menor grau, acabamos nos reconhecendo nelas. São espelhos que nos trazem à memória, ainda que quase de forma inconsciente, o quanto também desperdiçamos nosso tempo, nossos recursos – sejam financeiros ou outros – e como esnobamos amizades, desmerecemos familiares e agimos de forma reprovável por não sabermos o que fazer com nosso poder de escolha. Verdade é que, quando não damos tempo ao tempo e não investimos na construção da fundação que dá estrutura e estabilidade à nossa própria vida, é como se edificássemos sobre a areia.

> Mas todo aquele que ouve estas minhas palavras e não as põe em prática será comparado a um homem insensato, que edificou sua casa sobre a areia. E a chuva caiu, e os rios se encheram, os ventos sopraram e bateram com força contra aquela casa; e ela caiu; e a sua queda foi grande (Mateus 7: 26-27).

Construir sobre a areia é rápido e bem mais barato, pois pula a etapa demorada e cara de cavar fundo para lançar os alicerces. Logo surgem as paredes, o teto, os acabamentos e todos veem claramente o avanço da construção. Já quem escolhe edificar sobre a rocha, gasta muito tempo e dinheiro em algo que não é atrativo aos olhos, afinal de contas, investir recursos para cavar buracos parece algo sem o menor cabimento, totalmente dispensável e que só gente maluca faria. Quem compara as duas obras tende a acreditar que aquele que construiu mais rápido é mais bem preparado do que o outro que ainda está lançando os fundamentos. Só mais adiante, quando os ventos e as tempestades da vida vierem sobre as construções é que será público e notório que quem escolheu o caminho mais difícil obteve o melhor resultado. Enquanto isso não acontece, quem escolhe o caminho fácil se apoia na falsa sensação de que está arrebentando.

O funcionário que é indolente, que chega atrasado, mente e engana os clientes, que enrola para terminar qualquer tarefa e só trabalha quando pressionado é visto como o "esperto", o sujeito que "se dá bem", o malandro de quem todo mundo gosta, pois acaba sendo aquele "cara legal" que encobre os erros de todos para que ninguém descubra os seus. Por outro lado, o funcionário que se empenha, que chega cedo e sai tarde, que trabalha com a verdade e em tudo dá o seu melhor é tido como um otário, nada além de um mero puxa-saco. Os colegas de trabalho, ao verem que aquele que pratica a lei do mínimo esforço recebe o mesmo salário (ou até mais) do que o outro que dá tudo de si, tendem a copiar qual conduta? Não é uma pergunta difícil de responder.

Nós temos um talento muito grande em detectar rapidamente a falta de apoio por parte das pessoas quando queremos iniciar algo novo, quer seja estudar, fazer exercícios físicos, investir em um negócio próprio ou apenas ter uma atividade de renda extra nas horas vagas. Porém, quase nunca temos a mesma velocidade de percepção quando nós desencorajamos as pessoas de fazerem os sacrifícios necessários para alcançarem aquilo que almejam. Quem nunca disse a um amigo ou parente coisas como: "Você não está cansado de tanto estudar, não? Por que não sai um pouco, vai ver gente, se divertir?" Ou algo do tipo: "Pra que você fica aí se matando nesse trabalho? Daqui a pouco o seu chefe te dá um pé no traseiro e já era! Não vale a pena, acorda!" Desculpe por mais essa verdade incômoda, mas preciso alertar que ainda teremos mais...

*   *   *

Em uma sexta-feira, minha irmã e eu fomos visitar uma amiga dela que eu conhecia apenas de vista. Ao chegarmos lá, vimos seu filho de oito anos fazendo a lição de casa e eu fui logo puxar conversa, querendo saber o que ele estava aprendendo. O menino respondeu que estava fazendo a tarefa de matemática e que tinha de entregar na segunda-feira a sequência de 1 a 100 em números romanos, mas que ele já havia terminado. A mãe, do outro lado da sala, gritou: "Parabéns, filho, muito bem!" Satisfeito, ele me mostrou orgulhosamente o caderno. Com a sutileza de um paquiderme, exclamei:

"Ué, mas você pulou de dez em dez! Veja: está escrito para completar a sequência dos 100 primeiros números em algarismos romanos, está vendo aqui? Não é de dez em dez!" Meio contrariado, o menino perguntou: "Então, tá errado, tia?" Caindo na real de que eu estava na casa de uma quase desconhecida, que ninguém havia me chamado na conversa e que minha irmã já estava com a cara queimando feito um pimentão, tentei amenizar o estrago respondendo que não estava errado, mas apenas incompleto, e que ele tinha dois dias inteiros para terminar a tarefa. Nesse momento, a mãe protestou indignada: "Ah, não! Essa professora é doida... fazer o menino escrever 100 números com oito anos de idade? Negativo!" Dirigindo-se à criança, ela disse: "Pode deixar assim, filho! Se ela reclamar, você responde que não entendeu. E se ela insistir, você fala o que a tia disse, não tá errado, só tá incompleto. Agora vai jogar o seu videogame, tá, meu amor?" Voltando-se para mim, ela encerrou o assunto: "Essas tarefas não valem ponto, então pra que fazer o menino se matar? Vamos tomar um cafezinho?"

É óbvio que essa mãe não tinha a menor intenção de deseducar o próprio filho. Ela apenas queria poupá-lo do trabalho e vê-lo mais feliz e satisfeito brincando com seu jogo preferido. Mas mesmo com a melhor das intenções, ela havia acabado de ensinar péssimas lições ao menino: trapacear, justificar um erro com uma desculpa e preocupar-se somente com as tarefas que valiam nota. Aos oito aninhos de idade, aquela criança aprendeu a empregar a lei do mínimo esforço e a ver que, através dela, podia trocar o que deveria fazer pelo que queria fazer. Triste!

E é assim, sem perceber, que nós também fazemos coisas desse tipo, cheias de "boas intenções", querendo poupar as pessoas de seus esforços ou talvez porque isso faz parte da nossa cultura por algum motivo irracional. Mas a grande questão é: por que não fazemos o contrário? Por que não incentivamos as pessoas a se sacrificarem pelo que querem? Por que não as encorajamos a serem uma das poucas que escolhem passar pela porta estreita, ainda que a maioria siga pelo caminho fácil, da porteira larga, por onde passa tanto o boi quanto a boiada toda? Quem sabe seja porque, lá no fundo, até mesmo de forma inconsciente, cada uma de nós tenhamos essa tendência a crer que há atalhos para o sucesso, que conquistar coisas grandes da noite para o dia seria algo excelente e que não vale a pena se esforçar *todos os dias* por algo que, *um dia*, cairá no nosso colo.

Há inúmeros exemplos de que o sucesso meteórico é a receita quase que infalível para o fracasso e isso se dá por um simples motivo: existe uma ordem natural para tudo na vida, e quando a ignoramos ou desrespeitamos, colhemos seus amargos frutos. Assim como ninguém em seu juízo perfeito alimenta um bebê de colo com uma feijoada ou entrega a chave do carro a uma criança de seis anos, nós também temos de ter consciência de que é preciso dar tempo ao tempo. Não se trata de afirmar ou reforçar a crença de que o poder é algo ruim e que corrompe as pessoas, mas sim, de que precisamos de tempo e orientação para aprendermos a lidar com ele. Para tratar desse assunto, vou recorrer ao trecho de uma aula da filósofa Lúcia Helena Galvão, realizada em 2014, e que pode ser encontrada na íntegra, no canal Nova Acrópole Brasil, no YouTube, sob o título: "Vontade – O poder humano de transformação". Nela, Galvão explica que o poder não corrompe e que dizer isso é "uma boa oportunidade de terceirizar a culpa", e completa: "Como imaginar Deus sem poder, um deus débil? Para que serve um deus débil? Percebem que o poder é o atributo por excelência de Deus e que se nos aproximamos dele, ficamos cada vez mais poderosos? Poder é poder ser, é poder fazer, é poder construir. Agora, dependendo de quem está no volante, pode ser também o poder de não ser, destruir, violar. Depende de quem está no volante. E a culpa é do motorista ou do volante? Vocês já viram alguém multar o volante? Seria bom multar o volante, e não a mim, que conduzo! Feliz ou infelizmente, o Detran não compartilha dessa filosofia de vida. Então, o poder não corrompe. Poder é atributo divino por excelência. E o homem que cresce evidentemente se potencializa. Pode construir a si próprio e ao mundo, pode transformar, é um fator de soma na sua vida e na dos demais. É um absurdo dizer que poder corrompe, porque isso nos faz débeis."

Logo, vemos que o poder é mais do que simplesmente bom, pois é algo divino e que nos fortalece. Então, por que deveríamos nos afastar do poder, nos poupando dos sacrifícios necessários e ainda por cima passando adiante essa cultura irracional de que não precisamos e nem devemos nos esforçar todos os dias, bastando esperar pelo dia em que seremos agraciados com uma "fortuna repentina"? Isso servirá apenas para nos tornar débeis, fracas e dependentes. Na sociedade hipócrita em que vivemos, muito se fala em empoderamento, principalmente em relação às mulheres. Porém, ao mesmo tempo que a sociedade diz que as mulheres são "poderosas", grita aos quatro ventos palavras de ordem como: "empodere uma mulher". Ora, por que nós precisamos de alguém para nos "empoderar"? Será que não somos capazes de conquistar o que queremos por méritos próprios? Por que nos dizem uma coisa, mas nos tratam de forma totalmente diferente, como se fôssemos vítimas ou pessoas tão débeis a ponto de não termos como progredir sem a assistência de terceiros? No que realmente querem nos fazer acreditar? E por que toda essa pressão, com ventos e tempestades vindas de todos os lados, sobre nós, mulheres? Não seria por causa do nosso poder de persuasão e do quanto nós difundiríamos as ideias que estão tentando incutir nas nossas mentes nos últimos tempos? Se acreditarmos que precisamos de que alguém nos "empodere", difundiremos esse conceito sem pé nem cabeça, enquanto passamos a esperar pelo empoderamento que "alguém" terá de nos dar.

A professora Lúcia Helena Galvão chama esse fenômeno de "ode à debilidade" e nos adverte a ter cautela: "Cuidado com essa canção que o mundo entoa pelos quatro cantos hoje em dia. Nós fazemos uma ode: quanto mais débil e mais esperto, mais se dá bem sem fazer esforço, essa é a meta. Esta institucionalização da debilidade, o comodismo, a mediocridade e a falta de compromisso vai gerar uma consequência cruel", afirma a filósofa, e completa com um exemplo pedagógico: "Os debilitados moralmente, os marginais, têm uma determinação fora do comum. E o homem de bem? [Vive segundo] a lei do menor esforço. Vocês sabem com que idade as crianças começam a trabalhar para o crime organizado? Com sete, oito anos. Viram 'aviãozinho' para entregar droga. É uma disciplina que têm de ter uma eficiência fora do comum. É horrível isso que fazem com as crianças, mas essa disciplina, essa eficiência, não vai fazê-las mais fortes do que o adolescente de classe média que só sabe ficar na frente da televisão apertando botão? [Não vai fazê-la] mais capaz de sobreviver a uma situação dura? Disciplina, eficiência, ordem, capacidade de preponderar sobre as circunstâncias vai fazendo com que esse grupo se potencialize. E a lei do menor esforço vai fazendo com que o outro se debilite. Se se enfrentam esses dois grupos: o garoto de classe média que não quer fazer nada e o garoto que foi criado para suportar qualquer adversidade, o que daria isso?"

A questão do poder e de saber usá-lo de forma positiva gira em torno do preparo para lidarmos com ele. Preparo esse que, na nossa cultura, infelizmente está sendo negligenciado. Somos incentivadas o tempo todo a nos conduzirmos pela lei do mínimo esforço, a acreditar que os espertalhões é que se dão bem e que somos meras vítimas de tudo e de todos. E enquanto nos colocamos nessa posição passiva, esperando que o sucesso meteórico caia no nosso colo, nos colocamos em perigo, nos tornamos presas fáceis nas mãos de enganadores e acreditamos em conceitos errados que nos levam a caminhos errados. Precisamos entender que o nosso sucesso, assim como o nosso fracasso, está nas nossas mãos, que temos poder de escolha e que nossa vontade é soberana. É necessário abandonar a ideia de que é possível cortar caminho, esquecer do "jeitinho brasileiro" e arregaçar as mangas para fazer o que temos de fazer. Se queremos de fato sermos bem-sucedidas a longo prazo, é imperativo compreender que o sucesso meteórico serve apenas para garantir enormes fracassos, por mais que isso possa parecer impossível ou improvável.

Lembre-se de que grandes conquistas levam tempo para tornarem-se realidade, pois elas são a somatória de pequenas escolhas, assim como uma montanha que, por mais alta que seja, é feita das mesmas partículas minúsculas de solo de uma pequena elevação. A diferença é que a maior e mais alta possui um número imensamente maior. Se a pequena elevação olhar a grande montanha com desdém, crendo que, ao ser chamativa e majestosa é digna de desprezo e deveria sofrer uma erosão tal que a destruísse pouco a pouco, qual será o destino dessa pequena elevação? A grandeza, o sucesso, a prosperidade? Obviamente que não. Ela apenas estará fadada a ser nada mais do que um montinho de terra seca e infértil. Você e eu até podemos ser essa pequena elevação, mas se queremos ser uma grande montanha, precisamos pensar e agir de forma diferente das demais elevações. Por mais desconfortável e confrontante que seja este conselho, leve-o a sério: trabalhe duro e incansavelmente para reunir as suas minúsculas partículas de solo e, de acordo com o seu esforço e no tempo certo, você terá construído a sua montanha.

"Quem cultiva a sua terra terá fartura de comida, mas quem vai atrás de fantasias não tem juízo."

PROVÉRBIOS 12:11

4

A FALSA BOMBA, O PESO DO FRACASSO E A PALAVRA ALEMÃ QUE TODO MUNDO ENTENDE

Até um tempo atrás eu pensava que unanimidade de gostos era algo totalmente inexistente. Isso porque, para todas as coisas que existem na face da Terra, sempre haveria pessoas que gostam e pessoas que não gostam. Não podemos dizer, por exemplo, que todo mundo gosta mais do dia do que da noite, ou prefere o verão ao inverno. Não dá nem mesmo para dizer que todo mundo ama chocolate e odeia coentro. Talvez seja por isso que dizemos que gosto não se discute e o provérbio português "há gosto para tudo" faz parte do nosso vocabulário. Mas será mesmo?

Certo dia, meu marido e eu estávamos caminhando pelo Bosque de Chapultepec, na Cidade do México, quando nos deparamos com uma situação inusitada. Um homem se dirigiu a um local de grande circulação, colocou uma sacola no chão e se afastou. Eu, que estava sossegada comendo algodão doce enquanto meu marido fotografava uns esquilos, saí imediatamente do modo "turista brasileira" e entrei no modo "alerta-máximo-israelense". Quando eu já estava me preparando para gritar "bomba!" – em volume suficiente para ser ouvida até no Canadá –, o homem se reaproximou da sacola e começou a tirar dela vários objetos. Saiu tanta coisa de lá de dentro que a sacola mais parecia o barril do Chaves, o que me pareceu muito mais engraçado do que suspeito. Ufa!

O homem armou um cavalete, colocou sobre ele uma maleta e esticou uns fios elétricos que foram ligados a uma espécie de gerador de energia. Por mais que – agora sim – parecesse que ele ia mandar Chapultepec pelos ares, aquele negócio esquisito não era uma bomba, mas uma máquina de choque. Sim, querida leitora, alguém que devia estar com muito tempo livre usou suas faculdades mentais para inventar uma máquina de choque, e com um detalhe: que coubesse numa maleta portátil. Uma espécie de *delivery* de descarga elétrica!

Não demorou muito e um círculo de pessoas ruidosas se formou ao redor da maleta eletrizada, com uns perguntando aos outros quem seria o primeiro a levar um choque. E eu, que achava que já tinha visto de tudo, fiquei perplexa ao testemunhar pessoas literalmente pagando para serem eletrocutadas! Até meu marido largou os esquilos para assistir aos marmanjos fazendo altas caretas enquanto pediam para aumentar a intensidade da descarga: "*más fuerte, más fuerte, andele!*"

Desde esse dia – além de comprovar que não há limites para o empreendedorismo –, *quase* me convenci de que realmente há gosto para tudo nessa vida. Mas quase, e vou explicar o porquê. Fazendo algumas pesquisas para um artigo sobre comportamento, me deparei com diversos estudos listando os maiores medos dos seres humanos. Entre eles está a fobia social que, basicamente, é o medo de passar vergonha em público. E foi aí que encontrei o que penso ser uma unanimidade de gosto, pois nunca conheci ninguém que gostasse de passar vergonha.

Segundo o Dicionário Oxford, vergonha é o "sentimento de insegurança causado por medo do ridículo e do julgamento dos outros; timidez, acanhamento, recato, decoro. Desonra que ultraja, humilha; opróbrio." Você conhece alguém que goste de viver esse tipo de experiência? Acho que não!

Nós passamos a vida tentando nos poupar de situações vergonhosas, que nos causem constrangimento ou qualquer tipo de humilhação pública. Prova disso é que a fobia social, que aparece entre os cinco maiores medos da humanidade, chega a figurar entre os três primeiros, dependendo do estudo. Inclusive, há quem tema mais ser envergonhado do que morrer, e digo isso por experiência própria!

No meu primeiro livro, *Bolsa blindada*, lançado em 2013, conto minha jornada de superendividada a especialista em finanças pessoais. Para resumir, no ano 2000, abri uma loja de lingerie no Brás, polo de comércio atacadista na região central de São Paulo. Nove meses depois, eu havia adquirido uma dívida superior a 150 mil dólares e vi minha vida virar de cabeça para baixo. Boa parte das dívidas eram dolarizadas, o que era comum na época, e os demais débitos tinham tantos juros que eu cheguei a pensar que jamais conseguiria sair daquela situação. Mas como não há nada tão ruim que não possa piorar, fui informada que, se eu não pagasse as dívidas de aluguel e condomínio da loja (que ficava em um shopping), meu fiador perderia o imóvel dado como garantia. E, para arruinar de vez o que já estava péssimo, a fiadora era a minha mãe e o imóvel em questão era uma vila particular com cinco casas onde morava praticamente toda nossa família. Como eu iria enfrentar a vergonha de ser a responsável por mandar, de uma só vez, quase dez pessoas para debaixo da ponte? Foi aí que planejei detalhadamente minha própria morte, pois eu estava com mais medo da vergonha do que de morrer. Mas, graças ao Eterno e às suas sagradas orientações, nunca executei esse plano e, depois de muito trabalho e perseverança, tudo entrou nos eixos (convido você a ler toda a história no meu primeiro best-seller).

Infelizmente, esse pensamento que rondou a minha mente por semanas não acometeu apenas a mim. Alguns anos depois de eu já ter pagado todas as dívidas (o que levou 11 meses e 20 dias), soube da triste história de um sul-coreano que vendeu o único imóvel da família em Seul e veio com mulher e filhos para o Brasil investir na construção de um estacionamento. Sem conhecer muito das leis do município (e caindo na conversa de maus profissionais), a obra tinha diversas irregularidades e foi embargada pela prefeitura. Com muito dinheiro empatado, sem poder se desfazer do imóvel, sem saber quando (ou se) a obra seria liberada e pressionado pela vergonha de ter colocado a família naquela situação, ele acabou tirando a própria vida.

O caso repercutiu bastante pela região – a mesma onde eu havia aberto minha loja – e acendeu um alerta entre os demais comerciantes. Porém, o que ninguém esperava é que, pouco tempo depois, a prefeitura reavaliou o caso e liberou a retomada da obra. Desestruturada pela morte do marido e não mais querendo viver no Brasil, a viúva vendeu o terreno para o primeiro interessado e voltou com os filhos para o seu país. Uma tragédia irreparável causada pela fobia da vergonha de ter de lidar com um fracasso retumbante.

Mas o que me chamou a atenção foi ver outro sentimento tomar conta de várias pessoas que se inteiravam da história do sul-coreano, algo que os alemães chamam de "*schadenfreude*". Se você jogar no Google, verá que trata-se de um sentimento de alegria ou satisfação pelos infortúnios dos outros, aquela sensação de contentamento ao ver as pessoas se dando mal. Essa "alegria maliciosa" é bem parecida com algo que dez em cada dez pessoas não querem assumir que sentem: inveja.

Aqueles que dizem que nunca sentiram inveja na vida provavelmente estão mentindo. Estou incluindo a palavra "provavelmente" apenas por uma questão de não conhecer as mais de oito bilhões de pessoas que vivem em nosso planeta e não ter nenhum dado científico que me permita afirmar categoricamente que todos estariam mentindo. Porém, o que a ciência afirma é que a inveja é inerente a todo ser humano, e tem mais: a inveja dói. Literalmente.

Um estudo desenvolvido em 2009 pelo Instituto Nacional de Ciência Radiológica de Tóquio, no Japão, aponta que a inveja dos bens materiais, do *status* ou das qualidades dos outros – como um casamento feliz, filhos educados, beleza ou inteligência – ativa a mesma área cerebral que processa a sensação de dor física. Portanto, se você chama a inveja de dor de cotovelo, errado não está!

E se esse sentimento nada nobre nos causa dor, ao vermos a pessoa invejada passar por um revés, como um divórcio, a perda de um bem, desemprego ou qualquer coisa negativa que seja, a "*schadenfreude*" pode tomar conta de nós. Testemunhar a pessoa de vida "perfeita" se dando mal proporciona um certo conforto ao invejoso, uma espécie de recompensa, sentimento que mais uma vez a ciência comprova, pois, nesse caso, a área ativada do cérebro é a mesma que produz prazer e alegria.

Quando falamos em trilhar o caminho da prosperidade, é preciso entender que a inveja é um obstáculo imenso e que, enquanto não for tirada do caminho, vai atrasar a chegada ao destino. No Brasil, temos uma cultura muito nociva que quase sempre vê os ricos e bem-sucedidos como pessoas inescrupulosas, sem caráter e exploradoras. Isso está muito mais ligado à inveja do que à realidade, afinal de contas, riqueza e pobreza não têm nada a ver com caráter. Assim como não podemos dizer que todo pobre é honesto, também não podemos dizer que todo rico é desonesto.

Infelizmente, nosso país está mergulhado há décadas (quiçá séculos) em uma guerra de classes totalmente irracional promovida principalmente por maus políticos. Enquanto eles praticam todo tipo de corrupção que afunda o país, colocam a culpa no empresariado, que é justamente o que sustenta o país. Essa cortina de fumaça perdura há tanto tempo que essa ideia equivocada já está enraizada na mente de muita gente. Mas como seremos prósperas se em vez de admirarmos quem alcançou a prosperidade preferimos nos render à inveja? E como seremos bem-sucedidas se em vez de nos alegrarmos com o sucesso dos outros preferimos vê-los na rua da amargura para nos sentirmos recompensadas pela mesquinha "*schadenfreude*"?

Sendo uma pessoa que já viveu altos e baixos, posso afirmar que percebi muito mais alegria nas pessoas quando perdi tudo do que quando saí da lama. Com um detalhe extremamente triste: as pessoas que mais se alegraram com a minha derrota foram as que estavam mais perto de mim. Foi da boca de pessoas do meu círculo mais íntimo de amizade que saíram comentários do tipo:

- "Quem dá o passo maior do que a perna acaba assim!"
- "Eu sabia que isso não ia dar em nada!"
- "Se achava melhor do que todo mundo, olha aí o que deu. Bem-feito!"
- "Menina mais arrogante... tem que se ferrar mesmo. Acho pouco!"
- "Vamos ver se agora baixa essa crista e para de cantar de galo!"

Mas não pense que isso aconteceu por eu ter me cercado de gente má. Eu simplesmente me cerquei de gente comum, como eu e você. Eram pessoas que frequentavam a minha casa quando eu tinha dinheiro (para tirarem uma casquinha), que me convidavam para todas as festas (para ganharem bons presentes) e que me chamavam toda semana para ir a um restaurante novo (para que eu bancasse a conta). As mesmas pessoas que me elogiavam pela frente, foram as que me difamaram pelas costas, espalhando boatos sobre a minha situação. Mesmo sabendo que as dívidas foram contraídas por inexperiência e má administração, algumas pessoas criaram versões fantasiosas, dizendo que as dívidas eram de drogas, que eu havia me metido com bandidos e que elas "foram obrigadas" a se afastarem de mim.

Na época senti muita raiva e uma vontade enorme que acontecesse o mesmo com cada uma delas, que perdessem tudo, fossem difamadas e ficassem tão sozinhas quanto elas haviam me deixado. Também passei a nutrir inveja dos demais comerciantes que se mantinham de pé, que lucravam com seus negócios, moravam em boas casas, compravam os melhores carros. Eu me perguntava: "por que eles têm tudo enquanto eu, uma pessoa tão boa, estou passando pela pior situação da minha vida?"

No fundo, eu queria que os outros também quebrassem para que eu pudesse me confortar com a ideia de que não fui só eu que errei. Seria tão mais fácil ver todo mundo falindo para poder colocar a culpa – que era minha – sobre outras coisas e pessoas... Mas nada disso aconteceu e, a cada dia, eu sentia mais inveja de quem se dava bem nos negócios. Quanto mais as pessoas próximas a mim prosperavam, mais eu queria que elas sofressem uma reviravolta e terminassem como eu. Ou ainda pior!

Até que "caiu a ficha" e percebi que eu era exatamente igual àquelas pessoas que se alegraram com o meu fracasso e que desejaram ardentemente que eu nunca mais saísse do buraco. Foi aí que, mesmo sem conhecer ainda o termo "*schadenfreude*", entendi que aquelas emoções negativas prejudicavam a mim mesma, além do que, eu não era a pessoa "tão boa" que pensava ser. Diante desse espelho que mostrou o ser horrível que eu estava me tornando, resolvi limpar meu coração e mudar completamente meus pensamentos.

Há pessoas que creem que não é possível perdoar por não sentirem vontade de perdoar. Elas ficam esperando o dia em que, do nada, surja em seu coração o desejo ardente de perdoar a quem lhes fez mal. Porém, o perdão não é algo que acontece quando se tem vontade, mas sim, quando se decide. Isso mesmo: o perdão não nasce de um sentimento, ele nasce de uma decisão. Quando você acorda de manhã sem a menor vontade de trabalhar e ainda percebe que está um tremendo temporal lá fora, o que você faz? Vira para o lado e volta a dormir? Claro que não! Embora você sinta cada célula do seu corpo gritando para continuar na cama, você ignora a sua própria vontade – até porque tem boletos para pagar – e toma a decisão de jogar as cobertas para o alto e se levantar de uma vez. Com o perdão é a mesma coisa. Ainda que você tenha todos os motivos do mundo para sentir raiva, rancor, mágoa e querer que a pessoa receba o "troco" pelo que lhe fez, *decida* perdoar. Não é fácil, mas é possível.

Quando os maus pensamentos aparecerem e você desejar o pior para aquela pessoa, faça exatamente o oposto. Quando sentir que a mágoa está querendo colocar as asinhas de fora, corte-as imediatamente. Quando vierem falar mal da pessoa, destaque o que ela tem de bom ou, melhor ainda, saia de perto para não se deixar contaminar. Aprendi que a melhor forma de se livrar desse sentimento mesquinho e vergonhoso é fazer uma oração por aqueles que nos desejam o mal. Essa, aliás, é a essência do cristianismo descrita nas palavras de Jesus:

> Ouviste que foi dito: Amarás o teu próximo e odiarás o teu inimigo. Eu, porém, vos digo: Amai os vossos inimigos e orai pelos que vos perseguem; para que vos torneis filhos do vosso Pai que está no céu; porque Ele faz nascer o sol sobre maus e bons e faz chover sobre justos e injustos. Pois, se amardes quem vos ama, que recompensa tereis? Os publicanos também não fazem o mesmo? Sede, pois, perfeitos, assim como perfeito é o vosso Pai celestial (Mateus 5:43-48).

Em outras palavras, amar a quem nos ama é moleza. Não é necessário ser um cristão ou uma boa pessoa para isso, pois até o pior de todos os seres humanos sabe amar a quem o ama. Não basta apenas nos colocarmos em uma posição neutra, do tipo "não gosto, nem desgosto, sou indiferente", mas devemos ir além e orar pelas pessoas que nos fizeram mal. E não se trata de uma oração para que elas sejam castigadas, ou como alguns dizem, para que "Deus pese a mão sobre elas". Trata-se de um pedido sincero para que o Eterno lhes faça o bem, como o apóstolo Paulo nos ensina: "Não te deixes vencer pelo mal, mas vence o mal com o bem" (Romanos 12:21).

Além de ser impossível vencer o mal com o mal, se realmente queremos nos tornar filhas do Altíssimo, devemos nos esforçar para sermos "perfeitas" como Ele é. Não para sermos perfeitas por jamais sentirmos inveja ou aquela pontinha de alegria quando alguém se dá mal – afinal, é inevitável que esse tipo de pensamento apareça –, mas para nos esforçarmos em não permitir que esse mal tome conta de nós. Como disse Martinho Lutero: "Não podemos impedir que os pássaros voem sobre as nossas cabeças, mas podemos impedir que eles façam ninhos sobre elas. Assim também não podemos nos livrar de sermos tentados, mas podemos lutar para não cairmos em tentações." De novo: não estamos falando de uma decisão fácil, e é exatamente por isso que cada vez menos pessoas estão dispostas a perdoar. Porém, foi essa limpeza que tirou um peso enorme dos meus ombros e me fez respirar aliviada, mesmo estando ainda cheia de dívidas e de problemas para resolver.

Esse assunto é de extrema importância quando falamos em prosperidade, pois como já vimos, ela não virá da noite para o dia (graças a Deus por isso!); logo, como teremos de percorrer um longo e árduo caminho, não é uma boa ideia tentar fazer isso carregando esse peso morto. Devemos admirar as pessoas bem-sucedidas, nos alegrarmos com as conquistas de quem está à nossa volta e, sempre que possível, procurarmos aprender com elas. Pessoas genuinamente prósperas (não aquelas que apenas têm dinheiro) costumam ser generosas em dividir suas experiências com quem esteja disposto a aprender. Hoje em dia é comum ver pessoas bem-sucedidas − que poderiam estar investindo seu tempo em qualquer outra coisa − produzindo conteúdo de qualidade e disponibilizando gratuitamente na internet. Muitas vezes, uma simples dica vinda de pessoas experientes pode nos livrar de grandes dores de cabeça, de perder dinheiro ou nos ajudar a encurtar algum caminho (no bom sentido), nos fazendo ganhar um tempo precioso.

Se você não se livrar do pensamento de que não dá para ser próspero sendo honesto e que ricos são pessoas de má índole, o seu subconsciente vai sabotar a sua jornada. Inconscientemente você vai afastar a prosperidade de si mesma e isso não tem nada a ver com misticismo ou crenças irracionais. Isso tem a ver com o seu cérebro trabalhando para livrar você de algo ruim. Para entender isso na prática, aqui vão três exemplos de autossabotagem bastante comuns que prejudicam as finanças de qualquer pessoa que alimenta crenças equivocadas sobre a riqueza.

1. "Não consigo parar de comprar!"

Numa terça-feira, fui a um shopping tarde da noite para comprar uma blusa que teria de usar em um determinado trabalho no dia seguinte. Como precisava ser exatamente da cor da logomarca do cliente − e eu não tinha nenhuma peça naquele tom −, tive de sair às pressas para procurar. Feliz por ter encontrado, fui rapidamente para a fila do caixa, pois a loja já estava para fechar.

No caixa ao lado, uma moça toda esbaforida contava sua saga para chegar à loja: "Menina, vim correndo do trabalho, morrendo de medo de não dar tempo de chegar! Eu ganhei esse cartão-presente e escolhi essas peças aqui!" A atendente respondeu que ela poderia ter ido qualquer outro dia, pois o cartão tinha validade de um ano, mas a cliente disse que "não estava aguentando" e que tinha que "resolver" aquilo logo de uma vez.

Depois de passar a compra, a atendente informou que havia sobrado um crédito de R$ 22. Nessa hora, em vez de a cliente ficar feliz, ela se esbaforiu ainda mais: "Como assim? Mas agora vocês estão fechando! Como eu vou fazer pra gastar isso?" Calmamente, a atendente explicou novamente que o cartão valia por doze meses, portanto, ela não precisava comprar naquele instante. Mesmo assim, a cliente começou a buscar freneticamente algum produto daquele valor nos corredores que ficam ao redor da fila do caixa. Ao encontrar um creme para as mãos que custava 16 reais, ela bufou aliviada e entregou para a atendente dizendo: "Vou levar dois, passa dez reais nesse outro cartão e eu já acabo com isso!" Você percebe como era nítida a necessidade de se "livrar" daquele dinheiro como se fosse um vírus que a deixaria doente?

Baseada não só nesse comportamento, mas também na observação de situações similares e em diversos atendimentos que já prestei, arrisco dizer que ela, ainda que inconscientemente, tinha alguma crença ou sentimento negativo em relação ao dinheiro. Provavelmente, foi essa negatividade que a impeliu a sair correndo do trabalho para encontrar a loja aberta e poder se livrar logo aquele problema enorme que era ter ganhado um crédito. Ficar carregando "aquilo" por longos doze meses era algo impensável para ela, como se alguém tivesse lhe colocado um fardo pesadíssimo sobre as costas e precisasse tirar aquilo de sobre si.

Se você é uma pessoa que só para de comprar quando o dinheiro acaba, provavelmente isso vem de uma ação involuntária movida pelo seu subconsciente que entende aquilo como algo nocivo e quer que você se afaste da "ameaça" o mais rápido possível.

2. "Estou sempre sem dinheiro, ele some das minhas mãos!"

Quando ouço alguém dizer que está sempre sem dinheiro, peço que me responda honestamente se isso se dá porque seu salário é baixo. Por incrível que pareça, na maior parte das vezes, a pessoa reconhece que esse não é o problema. Algumas, inclusive, dizem conhecer pessoas que, embora ganhem menos, conseguem conquistar coisas que elas, mesmo com uma renda maior, não conseguem.

São pessoas que não têm um salário ruim, mas que quando param para pensar em todos os valores que já passaram por suas mãos, se entristecem ao perceber que não sabem o que fizeram com o dinheiro. Geralmente elas não têm nenhum bem de valor e, independentemente de quanto ganhem, parece que o dinheiro simplesmente desaparece sem deixar rastros. Nesse tipo de situação, a autossabotagem inclui uma outra crença extremamente nociva: a falta de merecimento.

Conheci uma pessoa – que vou chamar de Amanda – que havia tido uma infância muito difícil financeiramente falando. Ainda bem pequena, Amanda ficava sozinha em casa enquanto sua mãe saía para trabalhar. A menina passava todo tipo de necessidade e, por causa do salário da mãe mal dar para o aluguel, ambas viviam da caridade de terceiros.

Ainda criança, alguém disse a Amanda que toda aquela dificuldade era causada por um "carma" e que, em uma vida passada, ela havia sido uma pessoa muito rica e má, que humilhava os pobres e desprezava quem vivia de caridade. Por isso, na vida atual, Amanda precisava passar por uma "purificação", sentindo a pobreza na pele para poder ter uma vida melhor na próxima encarnação. Não vou entrar no mérito religioso da questão, mas sim, sobre como um único pensamento pode travar a vida de alguém. Sendo assim, peço que você mantenha a mente aberta durante o desenrolar da história.

Já na adolescência, depois de engravidar do namorado, Amanda prometeu a si mesma que não dependeria da ajuda de ninguém e que daria uma vida totalmente diferente para a filha. Para que a menina não ficasse sozinha, ela trabalhava em casa fazendo bordados e saía vendendo de porta em porta, sempre com a bebê no colo. Depois de vários dias seguidos sem vender nada e já sem ter o que comer, Amanda decidiu que não iria embora sem levar comida para casa – nem que fosse um pacote de macarrão instantâneo – e foi oferecer seus bordados no farol. Ao abordar uma senhora em um carro de luxo, Amanda ficou surpresa ao ver que ela baixou o vidro para ver o trabalho de perto. Depois de comprar duas peças, a mulher entregou o cartão de sua loja, pedindo que Amanda levasse mais amostras na manhã seguinte.

Amanda virou a noite preparando mais bordados e, logo cedo, estava na porta da loja. Vendo o trabalho primoroso, a mulher fez uma grande encomenda e, percebendo sua necessidade, adiantou o pagamento para a compra dos materiais. Estreitando a parceria e fornecendo os bordados em quantidade, Amanda teve de comprar mais máquinas e contratar outras bordadeiras.

Mais tarde, ela abriu sua própria loja e, passados dez anos, conquistou mais quatro filiais, comprou um ótimo apartamento e alguns carros. Porém, aquela palavra recebida na infância não saía de sua cabeça e ela se via pensando: "não posso ficar rica, preciso me 'purificar' ou minha próxima vida será um horror". Quanto mais Amanda prosperava, mais temia a vida futura e, para se purificar, passou a tomar atitudes que colocaram os negócios e sua própria integridade física em jogo.

Ela fazia caridade por meio de doações muito acima do que suas condições financeiras permitiam, gastava altas somas de dinheiro comprando coisas para os outros, mas quase nunca para si mesma, e ainda começou a praticar automutilação, cortando braços e pernas como punição por insistir em ter o que "não deveria ter". Amanda chegou até mesmo a se arranhar com as próprias unhas quando não tinha à mão nada com que se cortar.

Apesar de ter mudado completamente sua conta bancária, Amanda não havia mudado a sua forma de pensar. Querendo se ver livre do "carma", ela passou a gastar muito dinheiro comprando absolutamente qualquer coisa que via pela frente e, dessa forma, endividou-se, veio a perder todos os bens, inclusive as cinco lojas, e voltou a trabalhar com bordados.

No fundo, ela acreditava que a perda de tudo o que havia conquistado lhe traria paz de espírito ou, como lhe haviam dito "purificação". Infelizmente não foi o que aconteceu e, para se livrar daquele pensamento, Amanda teve de recorrer a ajuda profissional e espiritual. Até hoje ela luta para não voltar aos maus hábitos e vem fazendo pequenos progressos a cada dia.

3. "É só sobrar qualquer dinheirinho na minha conta que logo aparece alguma coisa que me faz gastar!"

Esse tipo de situação acontece com pessoas que não aprenderam a viver com dinheiro. Todas as vezes que eu digo para alguém que é necessário aprender a viver com dinheiro, a pessoa ri e devolve: "Como é que eu vou aprender a viver com dinheiro se eu nunca tenho dinheiro?" Na verdade, o pensamento está invertido, ou seja, a pessoa nunca tem dinheiro porque não sabe viver na companhia dele.

Vou usar como exemplo um comentário que recebi no Instagram que dizia o seguinte:

> Segui o seu conselho e comecei a fazer minha reserva de emergência. Só que a lava-louça pifou e tive de comprar outra imediatamente. Fiquei sem nenhum centavo e agora que fui ao médico, entrei numa dívida porque não dava para empurrar o tratamento para frente. É sempre assim! O que eu faço pra isso mudar?

Como costumo fazer, respondi com outra pergunta: "Por que você 'teve' de comprar outra máquina imediatamente, sendo que não se trata de um eletrodoméstico de primeira necessidade?" A resposta: "Porque eu tinha o dinheiro". O que gerou outras perguntas da minha parte: "Mas não era uma reserva de emergência? Você acredita que a compra imediata da lava-louça era uma emergência? Você não pensou em chamar um técnico para ver se tinha conserto?" É claro que não se tratava de uma emergência e nem sequer passou pela cabeça daquela pessoa que a máquina poderia ter sido consertada, afinal de contas, ela "tinha o dinheiro".

Aprender a viver com dinheiro não é esperar que um dia você não tenha nenhum contratempo que a faça gastar. Ao contrário, sempre vai haver algo para trocar, melhorar, ou que simplesmente você queira ter. Esse negócio de "ter" de comprar é uma "obrigação" da qual precisamos nos livrar se queremos ser prósperas.

Considere a hipótese de que você estivesse vivendo em um mundo onde não houvesse cartão de crédito, nenhum tipo de parcelamento e zero possibilidade de fazer fiado, e que a única forma possível de comprar qualquer coisa fosse à vista e em dinheiro vivo. O que você faria quando algo quebrasse na sua casa e você não tivesse dinheiro? Você não teria como comprar, óbvio. A única maneira seria se virar sem aquilo, economizar e, antes de sair comprando outra, ver se haveria conserto para, assim, gastar o mínimo possível. Pois bem, era dessa forma que os seus avós viviam poucas décadas atrás, ainda que pareça ser algo da época dos antigos maias e astecas!

É preciso aprender a viver com dinheiro e a fazer escolhas que o mantenha perto de nós. Uma frase que aprendi muito cedo ilustra bem o que isso significa:

> *"Compre como se fosse pobre e*
> *venda como se fosse rico."*

Uma pessoa pobre que vai com dinheiro contado ao supermercado não sai jogando tudo o que vê pela frente dentro do carrinho. Ela olha o preço de tudo, compara pesos e tamanhos, pondera entre o que é mais necessário e faz a conta para ter certeza de que tem a quantia certa para não passar vergonha no caixa. E é assim que todas nós devemos fazer nossas compras: com um orçamento definido, pesquisando preços e fazendo as escolhas mais vantajosas, como se aquele fosse o único dinheiro que temos na conta. Temos de entender que *poder comprar* não significa *ter de comprar*. É essa chavinha que precisa ser virada na cabeça de quem não consegue manter o dinheiro nas mãos, pois é assim que as pessoas mais abastadas raciocinam.

Agora imagine uma pessoa rica e que não esteja precisando de dinheiro. Por que ela sairia por aí vendendo suas coisas a qualquer preço? Não teria o menor sentido, não é mesmo? Essa pessoa só venderia algo se recebesse uma excelente oferta, ou seja, uma proposta vantajosa financeiramente.

Já o pobre, quando pensa em vender algo é porque necessita urgentemente do valor, por isso, vai acabar vendendo por qualquer preço ao primeiro que aparecer.

Diante de tudo que você acaba de ler, fica claro que educação financeira não é uma ciência exata, mas sim, uma ciência humana, onde muitas vezes não fazemos o que *sabemos* que é melhor, mas o que *nos faz sentir* melhor. Por isso, não adianta simplesmente fazer uma planilha de controle ou tentar implementar boas práticas financeiras, por mais eficiente que sejam, sem antes entendermos que é preciso mudar nossa forma de pensar. Há quem acredite que a tão famosa "mudança de *mindset*" não passa de papo de *coach*, mas essa é, sem sombra de dúvida, a base para a construção de uma vida financeira próspera e bem-sucedida.

Se você se identificou com alguma dessas situações, saiba que isso é apenas um reflexo do comportamento, da fala e das atitudes da maioria das pessoas. Por isso é tão necessário desconstruir esses conceitos equivocados para construir as novas bases que sustentarão a vida de qualidade que devemos ter. Mas ainda há mais um muro a ser demolido antes de começarmos a reconstrução das nossas novas crenças que gerarão novos pensamentos e atitudes para que, finalmente, venhamos alcançar a prosperidade que tanto almejamos. O próximo capítulo traz mais verdades que abalarão as estruturas da mediocridade. Você está pronta?

"A pessoa que acha que sabe alguma coisa ainda não tem a sabedoria de que precisa."

1 CORÍNTIOS 8:2

5

RECOLHA-SE À SUA INSIGNIFICÂNCIA E NÃO SIGA A SUA PAIXÃO

O título deste capítulo pode ter deixado você um tanto confusa, mas trata-se de mais um daqueles mitos que precisam ser desconstruídos para que você possa construir um comportamento coerente partindo de uma mentalidade próspera em todos os sentidos. Embora este capítulo traga vários exemplos e histórias diferentes, ao terminar a leitura você se dará conta de que tudo se refere à mesma coisa: alertar você a não tomar atitudes sobre bases infundadas.

Entre os diversos males da sociedade moderna, um deles é, sem dúvida, a visão rasa. Com o aumento inimaginável do acesso a todo tipo de informação, muitos têm opiniões formadas sobre tudo, porém, quase sempre, com base em nada. Os "leitores de manchetes" – sem saber que títulos de matérias se prestam bem mais a desinformar e manipular do que a qualquer outra coisa – creem que estão tirando suas próprias conclusões sobre os mais diversos assuntos quando, na verdade, estão sendo conduzidos e induzidos a uma mentalidade subserviente ao *establishment*, ou seja, levados a pensar de acordo com os interesses de uma pequena elite que controla toda a massa. E nessa *cultura da visão rasa*, boa parte do que *achamos*, raramente é. A história a seguir deixará as coisas mais claras.

Gosto muito de viajar de avião e passar por todo ritual que a experiência envolve, porém, quando se é um passageiro frequente, há coisas que podem fazer a viagem perder um pouco de seus encantos. E uma delas é quando as pessoas se recusam a cumprir regras, o que, por vezes, atrasa a vida de todos os demais passageiros e complica o trabalho da tripulação. Como neste caso, onde a simples instrução "retorne o encosto da poltrona para a posição vertical" deu início a uma discussão acalorada.

— Por que eu tenho que subir o encosto da poltrona? — questiona o passageiro em um tom de voz tão alto que até quem está do outro lado da aeronave pode ouvir.

— Senhor, para pousos e decolagens é preciso que todos cumpram os procedimentos de segurança — responde rapidamente a comissária, que ainda precisa checar dezenas de assentos antes do pouso.

— Mas que diferença faz? Que diferença faz, *senhora*? — pergunta o homem com desdém, levantando ainda mais a voz.

A comissária continua a checagem com cordialidade, mas sem responder às provocações do passageiro, que continua:

— Ei, eu tô falando com você! Ficou surda de repente? Que diferença faz, *senhora*?

Ela segue impassível, com um sorriso no rosto, cumprindo a checagem padrão. Porém, o passageiro se levanta decidido a criar caso.

— Você *se acha*, né, mocinha? Só porque usa um 'uniformezinho' fica aí dando ordens... Você não passa de uma garçonete, sabia? Garçonete! Servidora de amendoim!

Com educação e paciência, mas com firmeza nas palavras, a comissária finalmente se volta para ele e responde:

— Senhor, são normas para garantir a segurança de todos, inclusive a sua. Por gentileza, sente-se, afivele o cinto de segurança e retorne o encosto da poltrona.

Ele a imita como uma criança mimada, se senta, mas continua com a poltrona reclinada. Nesse momento, um comissário de bíceps avantajados se aproxima, pede licença ao passageiro brigão, destrava a poltrona com uma das mãos e com a outra empurra o encosto para a posição vertical. O pequeno solavanco e a presença do comissário "bombadão" *acalmam* o homem instantaneamente e ele resolve ficar quietinho.

* * *

Quando parecia que a tranquilidade reinaria até o fim do voo, um zunzunzum ganha força, pois os demais passageiros começam a se dividir: alguns apoiam o comportamento dos comissários; outros acham que o viajante rebelde tem razão, pois, na opinião deles, não custava nada deixar o homem em paz, porque *um* assento reclinado não faria a menor diferença; outro grupo crê que, embora o homem tenha desacatado e ofendido a comissária, cliente é cliente e sempre tem razão; e uma última leva acusa o comissário de machismo por ter defendido a colega que, segundo diziam, podia muito bem ter resolvido tudo sozinha.

Mas a questão é que, a forma como narrei a história dá vários indícios sobre a minha opinião a respeito desse imbróglio e, provavelmente, fez você pender para o mesmo lado que escolhi. Isso serve como exemplo de que não existe imparcialidade em praticamente nada. A maioria das matérias "jornalísticas" de hoje são feitas para conduzir a opinião pública de acordo com os interesses de quem as produz. O mesmo acontece nos filmes, nas músicas e em tudo mais. Por isso, não esteja tão certa de que as suas opiniões são *suas* mesmo, ainda mais quando se ouve apenas um lado da história. A sociedade é conduzida a pensar como pensa, a comprar como compra, a falar como fala. Vá a um salão de beleza e observe se não se parece mais com uma linha de produção, onde homens e mulheres saem dali com cortes de cabelo parecidos, tintura em tons muito próximos, unhas pintadas das mesmas cores e lixadas nos mesmos formatos, e por aí vai. As clínicas de estética e de cirurgia plástica, então... As mulheres (e agora os homens também) saem dos consultórios com a mesma cara, a mesma expressão estática, o mesmo corpo, todos iguais. Esse efeito manada pode ser observado em tudo, pois em cada área da vida há alguém estabelecendo o que todos farão, o que comprarão, que carro terão, como suas casas serão, que roupas vestirão e até como falarão. Esse é o poder da influência que a mídia usa e abusa há muito tempo para guiar o pensamento e comportamento de todos. Sem exceção.

Voltando à visão rasa e ao exemplo de que aquilo que *achamos* raramente é, preciso dizer que a minha opinião, assim como a sua, a respeito do bate-boca na aeronave, é absolutamente irrelevante. Isso porque o que interessa de fato é o *que* está correto e não *quem* está correto. As paixões nos levam a escolher o lado de *alguém*, enquanto a razão nos leva a entender o *que* está certo, sem tomar partido com base em sentimentos e emoções, ou seja, sem apoiarmos alguém de quem gostamos, mesmo que esteja errado, e critiquemos quem não gostamos, ainda que esteja certo. As minhas emoções naquele momento penderam para os comissários simplesmente porque a má educação e os gritos daquele homem me irritaram profundamente. Porém, para analisar a situação racionalmente, era preciso ir além da superfície, então, como o assunto me pareceu interessante, fui pesquisar as normas de segurança da aviação para dar fim a achismos e partidarismos. Vi que todas as aeronaves passam por diversos e exaustivos testes de segurança, sendo um deles a evacuação total dos passageiros em até 90 segundos. Para simular a situação, são abertas apenas metade das saídas de emergência, pois o avião pode, por exemplo, pousar (ou cair) ao lado de uma montanha ou de algo que obstrua uma de suas laterais. Durante o teste, as companhias oferecem dinheiro às primeiras pessoas que saírem do avião com o objetivo de promover o mesmo tumulto que aconteceria em um momento de pânico, onde o "salve-se quem puder" tomaria conta da maioria. A observação do comportamento dos passageiros nessa situação de extremo estresse ajuda as empresas a criarem mecanismos e normas para controlar o caos e salvar o máximo de pessoas possível.

Diante disso, imagine como seria a evacuação de centenas de pessoas apavoradas se os encostos das poltronas estivessem reclinados, as mesinhas destravadas e diversas bolsas e mochilas espalhadas pelo chão. Fica claro que, em caso de evacuação, todas as medidas de desobstrução farão muita diferença, podendo significar vida ou morte. Além disso, estar com a poltrona na vertical protege a coluna do passageiro em caso de uma aceleração brusca ou de qualquer impacto. Portanto, ainda que pareça exagero ou implicância, trata-se de normas necessárias para salvaguardar a vida das pessoas, quer elas gostem ou não, concordem ou não, entendam ou não. E se apenas um passageiro não respeitar as regras, outros poderão ser prejudicados. Logo, o que precisamos fazer quando não temos a informação correta ou não entendemos os porquês das coisas é controlarmos as emoções, *nos recolhermos à nossa insignificância* e obedecermos quem está no comando. Aquele homem poderia até ser o rei da cocada preta ou alguém que não esteja acostumado a obedecer regras, mas ali ele era somente um passageiro que, como todos, precisava fazer a sua parte para o bem comum, não importando sua opinião. Aliás, o mundo seria um lugar bem melhor se as pessoas entendessem que não precisam opinar sobre tudo e não opinassem sobre o que não entendem. Em vez disso, os que menos entendem são os que mais opinam e quem disse isso não foram as vozes da minha cabeça, mas dois psicólogos e pesquisadores americanos como veremos a seguir.

EFEITO DUNNING-KRUGER: IGNORÂNCIA EM ALTA, HABILIDADES EM BAIXA

David Dunning e Justin Kruger conduziram diversos estudos que culminaram no chamado Efeito Dunning-Kruger, que afirma que *pessoas com menos conhecimento sobre um assunto tendem a acreditar que sabem mais do que outros.* Curiosamente, o que despertou o interesse dos psicólogos sobre o assunto foi a burrice homérica de dois ladrões de banco, nos Estados Unidos. Aperte o cinto para não cair da poltrona...

Após praticar alguns roubos sem jamais ter sido pego pela polícia, McArthur Wheeler sentiu-se confiante o suficiente para elevar seus crimes a outro patamar: ele assaltaria não apenas um, mas dois grandes bancos americanos, em Pittsburgh, na Pensilvânia. Até aí, nenhuma novidade, afinal todo bandido precisa de uma dose extra de autoconfiança, mas Wheeler foi além. Sua confiança não estava apoiada apenas na impunidade dos crimes anteriores ou na sorte, e sim na teoria absurda de que suco de limão o tornaria invisível. Sim, você leu direito: o sujeito acreditou que suco de limão tinha o poder de tornar seu rosto invisível. Mas não pense que a ideia veio do nada, afinal de contas, toda imbecilidade se baseia em algum argumento convincente (ainda que totalmente estúpido). Wheeler chegou a essa "brilhante" conclusão depois de saber que, no passado, as pessoas utilizavam suco de limão como tinta invisível em cartas confidenciais, o que, de fato, funciona. Se você espremer limão em um copo, molhar um pincel e escrever em um dos lados de uma folha de papel, as palavras desaparecerão assim que o líquido secar. Para ler, basta passar o verso do papel com o ferro quente.

Diante disso, Wheeler decidiu espalhar suco de limão no rosto e fotografar a si mesmo usando uma câmera Polaroid a fim de saber se o líquido o deixaria invisível. Não se tem a menor ideia de como ele chegou a esse "raciocínio", mas a questão é que ao fazer a tal *selfie*, ele teve "certeza" de que havia encontrado a fórmula do crime perfeito. Isso porque, apesar de ter queimado a pele e causado uma baita irritação nos olhos durante o experimento, sua imagem não foi registrada pela câmera. Ninguém soube explicar exatamente o que aconteceu, mas aventou-se as possibilidades de que o filme estivesse com defeito, que a proximidade do flash pudesse ter prejudicado o processo de revelação instantânea ou que ele tivesse dado muito azar mesmo. Fato é que o bandido tolo ou azarado (ou ambos os adjetivos) achou que era um mestre do crime por ter em mãos a "prova" de sua teoria "genial". E como o efeito Dunning-Kruger afirma que *a ignorância gera confiança com mais frequência do que o conhecimento*, Wheeler conseguiu facilmente convencer seu comparsa, Clifton Earl Johnson, a participar dos assaltos utilizando a técnica "infalível". Ambos estavam tão confiantes de que seus rostos ficariam invisíveis para as câmeras de segurança que nem sequer se deram ao trabalho de usar máscaras ou qualquer tipo de disfarce.

* * *

Movidos pela burrice, quer dizer, pela certeza de terem o plano perfeito, eis que em 6 de janeiro de 1995, ambos assaltaram dois bancos na área de Greater Pittsburgh de cara lavada — nesse caso, lavada com suco de limão. O resultado é que os dois foram facilmente identificados e presos poucos dias depois. Mas por mais surreal que o caso seja, o que mais chamou a atenção das autoridades foi a surpresa de Wheeler ao saber que a polícia o identificou pelas imagens das câmeras de segurança. "Não é possível, eu passei limão em mim mesmo! Eu passei limão em mim mesmo!", repetia o ex-gênio-agora-presidiário com perplexidade.

Foi a partir dessa trapalhada absurda que os dois psicólogos passaram a estudar o que leva algumas pessoas a superestimarem suas habilidades a ponto de não perceberem a própria ignorância. Os resultados dos diversos testes práticos desenvolvidos pelos estudiosos apontaram que os indivíduos que demonstraram maior confiança em seus conhecimentos foram os que tiveram os piores desempenhos e que as pessoas que obtiveram melhores resultados apresentavam menos autoconfiança. Ou seja, quem sabia menos acreditava que sabia mais, enquanto quem realmente sabia achava que não sabia o suficiente. A conclusão dos estudos é que há um *viés cognitivo* em que pessoas incompetentes tendem a *supervalorizar suas poucas habilidades*, enquanto as mais competentes *subestimam suas reais capacidades*. Basicamente é o mesmo conceito estoico "só sei que nada sei", que destaca a importância do pensamento crítico e da conscientização da própria ignorância.

Ainda que a história dos assaltantes ou que o efeito Dunning--Kruger sejam novidades para você, a vivência de situações similares, principalmente nas redes sociais, com certeza não é. Quantas vezes você já se deparou com críticas ou comentários simplistas sobre temas complexos, feitos por pessoas totalmente leigas, mas que acreditam ter pleno conhecimento do que estão falando? Medicina, astronomia, legislação, ciência, política internacional e tantos assuntos profundos são reduzidos a meros bate-bocas de superficialidade chocante entre pessoas que creem piamente em teses estapafúrdias que as fazem sentirem-se verdadeiras *experts*.

David Dunning afirma que: "Talvez na mais cruel ironia, o que as pessoas tendem a ignorar é a extensão da sua própria ignorância: onde começa, onde termina e todo o espaço que ocupa no meio." Ou seja, nossa ignorância pode até ser invisível aos nossos próprios olhos, mas sempre estará estampada em nosso comportamento e nas nossas palavras. Por isso, precisamos implementar algumas "normas de segurança" para não sermos vítimas de nós mesmas e, na medida do possível, escaparmos da manipulação que nos cerca dia e noite. Aqui vão algumas:

1. **Não opinar sobre o que não sabe** – lembre-se de que não sabemos tudo, portanto, não é possível que tenhamos opiniões sobre tudo;

2. **Fugir das paixões e dos partidarismos** – as emoções nos enganam facilmente, principalmente quando nos fazem acreditar que um lado estará sempre certo, enquanto o outro estará sempre errado;

3. **Buscar a justiça** – quando não conhecemos todos os lados da história, a probabilidade de tomarmos posições ou decisões injustas é enorme;

4. **Não ser precipitada** – quando não temos bases sólidas para apoiar nossas conclusões, devemos buscá-las antes de qualquer coisa, não importando se a informação confirma o que gostaríamos que fosse verdade ou se prova que estamos erradas. Lembre-se: não importa *quem*, importa o *quê*;

5. **Abandonar a superficialidade** – não seja uma leitora de manchetes se não quiser ser uma pessoa altamente manipulável. Use seu pensamento crítico para analisar aonde aquele texto pretende chegar;

6. **Escolher as lutas** – não vale a pena comprarmos brigas irrelevantes. Batalhas sem sentido sempre rendem dores de cabeça, decepções e muito arrependimento;

7. **Desenvolver a autocrítica** – pessoas que se acham geniais, geralmente não são, mas carecem de autocrítica. A autoavaliação na medida certa pode nos livrar de muitos problemas.

REGRA DE OURO: EQUILÍBRIO É A PALAVRA-CHAVE

Em tudo na vida devemos buscar o equilíbrio, por isso é importante desenvolver um olhar analítico e sem extremismos, como no exemplo a seguir, considerando nossas "normas de segurança".

1. **Opiniões** – não é porque você não precisa opinar sobre tudo que não pode opinar sobre nada. Se você tem o conhecimento (e vale a pena), opine, pois se apenas se calar, se tornará invisível sem nem precisar de suco de limão!

2. **Paixões e partidarismos** – quando valores e virtudes estão em jogo, mantenha-se firme nas suas convicções, pois trata-se de coisas inegociáveis;

3. **Justiça** – sempre correremos o risco de sermos injustas, por isso, quando acontecer, devemos reconhecer e nos desculpar, sem jamais justificar erros ou responsabilizar terceiros. O justo não se justifica;

4. **Precipitação** – equilibre o *timing*: não se precipite, mas não seja indecisa ou morosa demais;

5. **Superficialidade x aprofundamento** – assuntos irrelevantes merecem zero atenção. Aprofunde-se em assuntos que valham a pena. Poupe-se!

6. **Escolha de lutas** – como dizem: a vida na Terra é uma guerra, por isso, não devemos nos abster de lutar nossas batalhas, mas não devemos transformar tudo em um conflito sem fim;

7. **Autocrítica** – na medida certa, ela nos faz crescer, mas em demasia acabará nos bloqueando. Autocrítica, sim; perfeição, não.

Anote no espaço a seguir como você implementará essas regras no seu dia a dia e estabeleça outras que possam ajudá-la a se posicionar melhor no meio em que vive. Procure não pular este exercício antes de prosseguir com a leitura.

SINTO MUITO, MAS PRECISAMOS FALAR SOBRE ISSO...

Sabe aquela pessoa que chama a sua atenção quando você dá um fora e fala coisas um tanto quanto desagradáveis – que ninguém tem coragem de dizer –, mas que você *precisa* ouvir? Se você tem alguém assim na sua vida, agradeça a Deus todos os dias, pois o que caracteriza a verdadeira amizade é fazer o que tiver de ser feito para que você cresça e evolua. Já aqueles que morrem de medo de desagradar estão mais preocupados com eles mesmos do que com você, por isso preferem se calar mesmo diante de situações que possam lhe prejudicar. Pessoas assim podem parecer as melhores companhias, porém, elas jamais farão qualquer esforço para tentar lhe impedir de errar. Quem você prefere ter ao seu lado? Uma vez que você chegou até aqui é porque está disposta a trabalhar o seu emocional para alcançar a prosperidade e, para mim, isso é sinal de que você prefere a verdade indigesta à mentira fácil de digerir. Então, lá vai!

O americano Mike Rowe é conhecido mundialmente pela série de TV "Dirty Jobs" (Trabalhos Sujos), do canal Discovery, onde realiza os piores trabalhos do mundo, de repugnantes a perigosos. Nas diversas temporadas do programa, ele enfrentou cavernas abarrotadas de morcegos, limpou estradas depois de acidentes fatais, coletou urina de cervos, inseminou vacas, revestiu bueiros, entrou em estações de esgotos, além de outras funções que ninguém gostaria de fazer. Rowe também é escritor, produtor e um dos colaboradores da Prager University (www.prageru.com), organização americana independente que produz conteúdo educacional sob o ponto de vista conservador. Um dos vídeos mais acessados de Rowe na plataforma é o "The Dirty Truth" (A Verdade Suja), que tem tudo a ver com esta nossa conversa. Em apenas cinco minutos, o apresentador explica por que o conselho "siga a sua paixão" é um dos piores que existem. Desde que assisti esse vídeo, publicado em 2016, percebi o quanto é importante analisarmos os ditados populares racionalmente, pois grande parte deles apenas incute conceitos errados em nossas mentes, nos levando a tomar atitudes que podem atrasar – e muito – a nossa vida. Por isso, faço questão de dividir essa visão com você.

Em sua análise, Rowe conta que todas as vezes que assiste à premiação do Oscar, se encolhe no sofá ao ouvir os ganhadores, com troféu em mãos, aconselhando a audiência a nunca desistir de seus sonhos e jamais dar ouvidos a quem diga que não são capazes de realizá-los. Apesar de entender a importância da persistência e o valor do encorajamento, ele faz um contraponto interessante quando diz que esse tipo de afirmação – vinda de astros e estrelas da indústria cinematográfica – não passa de uma fala que desconstrói o segredo que as levaram ao sucesso. Ele ainda provoca: "Essas pessoas nunca assistiram *American Idol*?"

* * *

O programa de calouros (cuja versão brasileira – Ídolos – teve duas temporadas no SBT e cinco na Record TV) atrai todos os anos milhares de pessoas que sonham em se tornar o próximo ídolo americano. Todos acreditam que têm potencial para chegar lá, mas na verdade, boa parte deles não tem o talento necessário nem mesmo para passar na audição. O mais curioso nesse tipo de *reality show* não é ver pessoas totalmente desafinadas e sem noção do ridículo sendo rejeitadas logo de cara, mas sim, observar como elas se mostram totalmente surpresas com a desclassificação. Algumas chegam a entrar em pânico ao perceberem que sua *paixão* não tem nada a ver com suas habilidades. Provavelmente elas foram encorajadas a perseguirem seus *sonhos* para serem felizes, mas ao contrário disso, acabaram dando de cara com a maior decepção de suas vidas. E as perguntas que me vêm à mente são: será que essas pessoas não tinham nem sequer um amigo para lhes dizer a verdade e poupá-las do vexame em rede nacional? Ou até tiveram, mas desprezaram, preferindo seguir o conselho das celebridades de Hollywood?

O portador das "verdades sujas" destaca que nossos *hobbies* podem e devem ser baseados em nossas paixões, pois não temos obrigação de sermos *experts* no que fazemos nos momentos de lazer. Porém, quando se trata do nosso ganha-pão, não devemos esquecer de uma dura, mas necessária verdade: ser apaixonado por algo não significa ser bom o bastante naquilo. Para ele, o emprego dos sonhos não passa disso: um sonho; e por mais que os sonhos possam impulsionar as pessoas a buscarem algo melhor, eles também podem privá-las de desenvolverem uma paixão genuína pelo trabalho que já têm. Isso porque a felicidade na vida profissional tem muito pouco a ver com o trabalho propriamente dito e muito mais com nossos talentos, habilidades e aptidões.

Rowe conta que no "Dirty Jobs", entrevistou um homem que ficou milionário em um ramo que ninguém jamais teria o *sonho* de trabalhar: limpeza de fossas sépticas. Contando o segredo de seu sucesso, o homem disse: "Olhei à minha volta, vi o que todo mundo estava querendo fazer e fui exatamente para o lado oposto. Tornei-me bom no meu trabalho, comecei a prosperar e um dia percebi que estava apaixonado pelo cocô dos outros!" Esse homem, assim como tantos outros que exercem profissões nada apaixonantes, preferiu seguir a *oportunidade*, tornou-se próspero, realizou seus sonhos pessoais com a fortuna que construiu e passou a amar seu trabalho.

No Brasil, temos um número incontável de jovens e adultos diplomados, apaixonados por suas profissões, mas que estão batendo cabeça por uma vaga em uma das pouquíssimas corporações de grande porte. Segundo o Boletim do 1° Quadrimestre de 2024 do Governo Federal, o país tinha 21.738.420 empresas ativas, sendo 93,6% microempresas ou empresas de pequeno porte e apenas 6,4% de médio ou grande porte. Ou seja, o "emprego dos sonhos", com altos salários, salas espaçosas e uma ampla carteira de benefícios não passará de sonho para a maioria dos diplomados apaixonados. Por outro lado, há uma quantidade enorme de oportunidades de negócio em áreas que quase ninguém quer atuar. Mesmo com um alto nível de desemprego, o Brasil carece de mão-de-obra em uma série de segmentos financeiramente lucrativos. É como aquele "meme" que circula de vez em quando nas redes sociais: "Você acha que pedreiro é pobre até pedir um orçamento e descobrir que o pobre é você!" Mas quem *sonha* em ser pedreiro nos dias de hoje? Como será esse mercado daqui alguns anos se hoje já está dificílimo encontrar um bom profissional nessa área?

Como disse Rowe, quando as pessoas estão focadas em seguir sonhos, acabam perdendo a capacidade de analisar suas verdadeiras habilidades. Elas querem ser famosas como fulano e bem-sucedidas como beltrano, mas esquecem de olhar para si mesmas, para o que elas têm a oferecer e para as oportunidades que podem estar diante de seus olhos. Em vez disso, gastam um tempo precioso insistindo em lutar por uma vaga no *American Idol* da vida, sem perceber que as chances são mínimas e seus talentos são outros. Daí surge outra questão: como identificar se devemos abrir mão de algo ou lutar por algo? Vou usar como exemplo o meu fotógrafo preferido, Wel Calandria, que não por acaso é meu marido. Ele é uma pessoa muito talentosa, do tipo que tudo o que faz, faz bem-feito (inclusive cozinhar!) e, justamente por isso, teve dificuldades para encontrar seu caminho. Ele começou estudando música, depois partiu para agronomia, mecânica, engenharia civil, até que se encantou pela fotografia. Decidido a se tornar fotógrafo profissional, montou um portfólio com suas melhores fotos e batalhou para apresentá-lo à diretoria do antigo Estúdio Abril, em busca de uma vaga de estágio. Naquela época, essa era praticamente a única forma de ingressar na profissão, pois não havia faculdade de fotografia no Brasil e ele não tinha condições financeiras para estudar no exterior. Mas eis que finalmente o tão sonhado dia chegou e ele conseguiu apresentar seu trabalho para ninguém mais, ninguém menos que Pedro Martinelli, um dos profissionais mais importantes do fotojornalismo brasileiro e que, naquela época, era diretor do Estúdio Abril. Porém, para sua total decepção, Martinelli disse com todas as letras que seu portfólio era vergonhoso e disparou à queima-roupa: "Rapaz, é melhor você fazer outra coisa na vida. Vai criar galinhas". Ele saiu totalmente desnorteado daquela entrevista, pois não havia perdido apenas uma oportunidade de emprego, mas sim, todas as chances de realizar os sonhos que idealizou para si. Isso porque, depois da morte do pai, sua família voltou para o interior de São Paulo, mas ele decidiu ficar sozinho na capital porque tinha "certeza" de que se manteria com o salário do estágio. Agora, ele não tinha ideia de como processaria a informação de que não tinha o menor talento para exercer a profissão de seus sonhos...

Depois de esfriar a cabeça, ele resolveu abrir o portfólio no qual investiu muito tempo e dinheiro e, com um olhar mais crítico e menos emocional, percebeu que Pedro Martinelli estava coberto de razão. Aquele era realmente um portfólio vergonhoso... Nessa hora, ele se viu diante de duas alternativas: criar galinhas (ou fazer qualquer outra coisa na vida) ou levar a fotografia a sério e estudar muito para *desenvolver* o talento necessário. Felizmente, ele escolheu a segunda opção e, mais tarde, conseguiu uma vaga de assistente em um estúdio fotográfico em São Paulo. Foi aí que ele viu que, ao contrário do que sonhava, fotografar é a última das tarefas de um assistente. Seu trabalho diário não era nada apaixonante: limpar, atender telefone, dar assistência aos clientes, fazer café, comprar materiais, levar filmes para revelar, pintar, montar e desmontar cenários e carregar muito peso de um lado para outro. Ele aprendeu na prática o que é ter um estúdio fotográfico e percebeu que não bastava apenas saber fotografar, pois se ele quisesse ser bem-sucedido naquela carreira, teria de se apaixonar por todo o processo. E foi isso que aconteceu.

Anos depois, já com um bom portfólio, ele foi à melhor escola de artes de São Paulo tentar uma bolsa de estudos, já que a mensalidade era impagável. Porém, mais uma vez, ele foi pego totalmente de surpresa e saiu desnorteado... Ao analisar seu trabalho, a direção pensou que ele estava ali em busca de uma vaga de professor e como gostaram muito do que viram, o contrataram. Ele simplesmente não podia acreditar que sua tentativa de estudar de graça se transformou em um emprego remunerado! Aliás, você percebe aqui uma confirmação do efeito Dunning-Kruger? Quando ele achava que era um bom fotógrafo, estava longe disso, e quando pensou que ainda tinha muito que estudar, já tinha condições de ensinar. Até hoje, com mais de 35 anos de profissão, diversas exposições, premiações, dois livros lançados e muitos clientes satisfeitos, ele continua estudando e se atualizando. A paixão virou amor e ele se sente feliz com a escolha que fez, ainda que tenha sido bem mais difícil do que pensava.

Esse é um exemplo de que sempre que tivermos de tomar decisões sobre coisas que podem mudar completamente o rumo da nossa vida, devemos ter a mente aberta para discernir com clareza quando vale a pena perseverar e insistir e quando é hora de reconhecer que é preciso partir para outra. Não há dúvida de que nossos sonhos são coisas dificílimas de serem avaliadas, pois envolvem sentimentos e emoções que, como vimos, podem neutralizar a razão e nos atrapalhar imensamente. Porém, é por meio do raciocínio inteligente que encontramos as melhores respostas. Eu mesma sempre sonhei em ser dentista e não tinha a menor dúvida de que seguiria essa carreira, pois além de fascinada pelo estudo da anatomia da cabeça e do pescoço, tinha bastante habilidade com as mãos, o que me fazia pensar que manusear os instrumentais seria tranquilo para mim. Até que um dia, estando em um consultório, parei para pensar friamente como seria se eu trabalhasse ali, no lugar da dentista que estava me atendendo. Ela era um pouco mais velha do que eu e, enquanto fazia um molde dos meus dentes, contava um pouco da sua rotina: na maior parte do tempo, ela prospectava clientes e fazia trabalhos administrativos, pois ainda não tinha condições de pagar uma secretária; havia dias em que não atendia nenhum paciente e, quando atendia, ficava falando sozinha – afinal, ninguém consegue conversar de boca aberta, não é mesmo? Além disso, boa parte dos pacientes não entendia nada do que ela explicava, reclamava do preço, achava quase tudo desnecessário e, às vezes, sumia no meio do tratamento, voltando muito tempo depois para reclamar de dor. Saí dali pensando que, por mais que eu tivesse passado os últimos doze anos sonhando em ser dentista, aquela profissão não era para mim... Não por causa das reclamações e perrengues daquela dentista, mas porque me dei conta de que a *comunicação* era algo extremamente importante para mim, principalmente a escrita, e isso naquela função era praticamente inexistente.

Eu já estava trabalhando na TV e tendo a oportunidade de redigir planos de patrocínio dos programas para o departamento comercial. Eu simplesmente amava escrever e tinha algum talento com as palavras, então, o que eu faria dentro de um consultório? Por algum tempo fiquei bem decepcionada comigo mesma por ter demorado tanto para entender que estava sonhando um sonho inadequado e que teria de recomeçar até encontrar outro sonho para sonhar. Comecei a achar que estava muito atrasada por ter perdido tempo idealizando uma profissão que não tinha nada a ver comigo, e só quando desisti da ideia de que profissão é sonho pude perceber que eu já estava seguindo uma carreira que me deixava feliz. Foi aí que entendi que valia a pena investir na minha realidade e parar de sonhar. E, hoje, aqui estou eu, às duas da manhã, depois de ter trabalhado o dia todo, escrevendo este capítulo, feliz da vida, enquanto meu marido aparece de vez em quando na porta do escritório para perguntar se "falta muito ainda". Falta muito, sim! Afinal, quando fazemos o que amamos temos ânimo de sobra para escrever mais um livro, criar mais um projeto e até abrir mão de algumas horinhas de sono. Sim, ainda falta muita coisa que quero fazer! Quando entendemos que o melhor sonho é aquele que acontece com os olhos bem abertos, tudo ganha um novo significado e as forças se renovam. Por isso, não siga os seus sonhos e nem as suas paixões. Siga os seus talentos, aprecie cada um deles e use-os para construir sobre fundações sólidas como a rocha, e não sobre emoções instáveis como a areia.

Talvez, neste momento, você perceba que não sabe exatamente o que fazer com seus talentos para conquistar seus objetivos. Você deseja prosperar e até se imagina aonde quer chegar, mas acha que seus planos estão demorando demais para acontecer e isso a faz duvidar de que eles irão se realizar. Quem sabe você olhe para os lados e não veja qualquer indício de mudança e nem tenha ideia de como reverter a sua situação atual. Mas saiba que isso não significa que seus sonhos se acabaram e muito menos que a sua realidade será assim para sempre. Se você perseverar e se mantiver firme, fazendo o que tiver de fazer sem deixar de crer e confiar mesmo que a vida tome um rumo totalmente contrário ao que você pensa, Deus tem poder suficiente para mover céus e Terra, se preciso for, para fazer as coisas acontecerem. Talvez os "nãos" que você ouviu até aqui tenham causado tanta desilusão que seja difícil acreditar nisso, ou talvez os "sins" que lhe disseram a tenham levado a lugares diferentes do que esperava ir. Porém, aqui vai um feixe de luz para clarear esses pensamentos sombrios: a vida não é feita apenas de sins e nãos, mas também de uma terceira opção que veremos a seguir.

SIM, NÃO OU AINDA NÃO?

Nada melhor do que voltar ao passado para entender o presente e planejar o futuro. Por isso, vamos dar um passeio entre os anos 30 e 63 d.C., através do livro de Atos dos Apóstolos, que registra o trabalho missionário da Igreja Primitiva. Atos descreve de forma abrangente os papéis de Pedro, que focou na evangelização dos judeus, e de Paulo, que focou na evangelização dos gentios, ou seja, dos não judeus, fora de Jerusalém. Viajando para várias partes do mundo, Paulo ampliou extraordinariamente o alcance da Igreja de Jesus, mas também colecionou muitos desafetos. Juntamente com seus amigos – Barnabé, João Marcos, Silas, Lucas (autor do livro de Atos), entre de outros –, Paulo teve de enfrentar as pressões dos grupos mais poderosos da época: os religiosos e os políticos que, para impedir o avanço da Igreja, os espancavam, açoitavam, apedrejavam e prendiam constantemente, mesmo sem terem cometido crime algum.

Por causa das conspirações dos religiosos, Paulo foi levado diversas vezes diante das autoridades, e sempre aproveitava a oportunidade para contar seu testemunho de vida e pregar o Evangelho. Em um de seus julgamentos, em Jerusalém, a fúria de seus acusadores foi tão violenta que o tribuno (espécie de mediador entre o povo e as autoridades) mandou recolher Paulo em uma fortaleza para evitar que o matassem. No cárcere, o Senhor Jesus apareceu para confortá-lo, dizendo que ele seria levado a Roma, onde também deveria contar seu testemunho (Atos 23:10-11). Ou seja, *ainda não* era hora de Paulo ser libertado.

Mais tarde, Paulo ficou preso em Cesareia e foi levado para ser julgado por Félix, governador romano. Sem achar qualquer coisa que justificasse sua prisão, ele chegou a pensar em soltá-lo, mas temendo desagradar os judeus, manteve-o na prisão mesmo sem motivo. E como políticos oportunistas e corruptos não são uma exclusividade do nosso tempo, Félix chamava Paulo constantemente para conversar, não porque se interessasse pela mensagem do

Evangelho, mas esperando que ele lhe desse dinheiro em troca da liberdade. Como isso não aconteceu, o apóstolo permaneceu preso por mais dois anos, até que Félix, acusado de corrupção e abuso de poder, foi substituído por Pórcio Festo.

Aproveitando a chegada do novo governador, os religiosos pediram que ele enviasse Paulo para ser julgado em Jerusalém, mas isso não passava de uma armação para o matarem durante a viagem. Mesmo sem saber das intenções dos judeus, Festo decidiu que o julgaria ali mesmo, em Cesareia, onde Paulo teve a oportunidade de testemunhar diante dele, bem como, mais tarde, diante do rei Agripa. Como nenhum dos dois acharam nele qualquer culpa, estavam dispostos a soltá-lo, porém, Paulo sabia que o plano de Deus não era que ele fosse solto, mas sim, levado para Roma, onde deveria testemunhar diante de César, o imperador romano. Por isso, sem que ninguém entendesse suas razões, Paulo fez o impensável e, em vez de aproveitar para se livrar da prisão, apelou para César. Por esta razão, ele *ainda não* seria libertado, mas teria de voltar à prisão e aguardar sua transferência para Roma (Atos 23:12 a 26:32).

A partir do capítulo 27, o livro narra a transferência de Paulo para a Itália, juntamente com outros presos, sob os cuidados de um centurião (líder militar de cem soldados) chamado Júlio. O centurião mantinha um relacionamento cordial e respeitoso com Paulo e, em algumas paradas durante a viagem, permitia que ele visitasse seus amigos e recebesse deles suprimentos. A certa altura, devido a condições desfavoráveis, a navegação foi ficando muito perigosa, até que Paulo os advertiu:

> Senhores, vejo que a viagem trará avaria e muita perda, não só para a carga do navio, mas também para a vida de todos nós. Mas o centurião [Júlio] dava mais crédito ao piloto e ao dono do navio do que ao que Paulo dizia. E como o porto não era próprio para passar o inverno, a maioria deles foi da opinião que de lá seguissem viagem para ver se de algum modo podiam chegar ao porto de Fenice, em Creta, voltado para o sudoeste e nordeste, para ali passarem o inverno (Atos 27:10-12).

Veja que por mais que Paulo soubesse que chegaria em Roma são e salvo, afinal, o próprio Jesus lhe havia dito, ele teve sensibilidade suficiente para entender que aquela tempestade que se aproximava mostrava que, por alguma razão, *ainda não* era hora de seguir viagem. E por mais que eles não estivessem em um lugar apropriado para passar os incômodos meses de inverno, era preferível enfrentar isso do que correr o risco de ver todas as 276 pessoas a bordo perderem a vida no mar. A questão é que, como diz a passagem, ninguém deu ouvidos a Paulo, ainda mais quando, logo em seguida, um vento ameno começou a soprar, fazendo com que todos concluíssem que não havia ameaça alguma (27:13). O centurião mandou seguir viagem, mas não muito depois, o navio foi violentamente atingido por fortes tempestades durante tantos dias que todos perderam as esperanças de salvação. E lá estava Paulo, para dar testemunho do Deus vivo e levar uma palavra de ânimo aos que já haviam se entregado à morte:

> E, havendo muito que não se comia, então Paulo, pondo-se em pé no meio deles, disse: Fora, na verdade, razoável, ó senhores, ter-me ouvido a mim e não partir de Creta, e assim, evitariam este incômodo e esta perda. Mas agora vos admoesto a que tenhais bom ânimo, porque não se perderá a vida de nenhum de vós, somente o navio. Porque esta mesma noite me apareceu o anjo de Deus, de quem eu sou, e a quem sirvo, esteve comigo, dizendo: Paulo, não temas; importa que sejas apresentado a César, e eis que Deus te deu todos quantos navegam contigo. Portanto, ó senhores, tende bom ânimo, porque creio em Deus, que há de acontecer assim como me foi dito. É, contudo, necessário irmos dar numa ilha (Atos 27:21-26).

Duas semanas depois, o navio chegou próximo à ilha que Paulo dissera, porém, com medo de que os prisioneiros fugissem a nado, os soldados pensaram em matar todos eles, o que incluiria o próprio Paulo. Mas como a Palavra de Deus não volta vazia (Isaías 55:11), Júlio, o centurião os convenceu a abandonarem a ideia e, desta forma, a embarcação encalhou em Malta e todos foram salvos. Já em terra firme, todos foram bem recebidos pelos habitantes da ilha e, ao se sentarem ao redor de uma fogueira, Paulo foi mordido por uma cobra peçonhenta. Todos aguardavam pelo pior, afirmando que certamente ele era um homicida, já que havia se salvado do naufrágio, mas agora morreria por causa da víbora. Ao contrário do que se esperava, o apóstolo não sofreu nem mesmo um incômodo e todos passaram a vê-lo com admiração. Durante os três meses que estiveram na ilha, Paulo curou várias pessoas e testemunhou a respeito do Deus vivo até que, finalmente, partiram dali e chegaram a Roma, onde ele esteve em prisão domiciliar por dois anos, ensinando a Palavra a todos que se chegavam a ele.

Mas o que tudo isso tem a ver com você? Muita coisa! Quem de nós nunca se sentiu injustiçada, perseguida e com a impressão de que Deus nos abandonou? Paulo estava preso pelo "crime" de dar testemunho de Jesus e, ainda por cima, o próprio Jesus aparece para ele na prisão, mas em vez de soltá-lo, anuncia que ele continuará preso... Não é essa a impressão que temos em alguns momentos da vida, quando pensamos: "será que Jesus não está vendo o que estou passando? Será que Ele não se importa com todo o meu sofrimento? Até quando Ele vai permitir essa situação?" Nossas queixas não têm nenhuma resposta, nem sim, nem não. "O que significa tudo isso?", questionamos repetidamente, mas só ouvimos o silêncio.

Querida leitora, esse é apenas o momento do *ainda não*. Nenhuma de nós gosta de passar por ele, mas é nele que Deus se manifesta, que nos usa como testemunho e nos aperfeiçoa nas nossas fraquezas. É nessa hora que vivemos grandes experiências e construímos uma história de superação por meio da nossa fé. Se você está vivendo uma situação difícil e não está entendendo nada, não se preocupe, apenas creia que você irá vencer. Pode ser que o dia da sua vitória *ainda não* seja hoje ou amanhã, mas certamente ele chegará e você vai entender o porquê de ter passado por tudo o que passou. Tenha sempre em mente que há o momento do sim, do não e do ainda não, e se você tiver sensibilidade para identificar cada um deles e mantiver sua fé em alta, com toda certeza será bem-sucedida em todos os seus caminhos.

"Confia ao Senhor as tuas obras, e teus pensamentos serão estabelecidos."

PROVÉRBIOS 16:3

PARTE 2

AUTOCONHECIMENTO
Quem é você na fila do banco?

6

SUA MENTALIDADE ESTÁ PRONTA PARA PROSPERAR?

Sempre que faço essa pergunta a alguém, ouço uma de duas respostas: "sim" ou "acho que sim". Mas na verdade, a maioria das pessoas confunde o *desejo* de prosperar com ter uma mentalidade pronta para prosperar. Por isso, chegou a hora de você fazer as malas e partir para o destino mais prazeroso que você poderia ir: uma viagem rumo ao autoconhecimento! Quer dizer, na verdade *prazeroso* não é bem a palavra... Bem que eu queria usar uma analogia mais convidativa, mas essa da viagem não é a mais adequada para o que vamos fazer agora. O que mais representa o nosso próximo tópico é uma faxina mesmo. E daquelas!

Sabe aquele quartinho da bagunça que você vai jogando tudo quanto é coisa para, *quando sobrar tempo*, colocar as bugigangas em ordem? Pois bem, agora é o momento de tirar tudo lá de dentro, olhar item por item, descartar o que não faz mais sentido e deixar só o que realmente presta. Aí sim, você terá condições de limpar, organizar e transformar aquele cômodo vergonhoso que você morre de medo de que alguém entre e se depare com todo aquele lixo. Ah! E não pense que esta será apenas mais uma limpeza e que daqui a pouco o quartinho ficará lotado de novo. Negativo! Nós vamos acabar de vez com essa ideia furada de que é preciso ter um lugar para jogar cacarecos. Sabe por quê? Porque bagunça não se organiza, tralha não se guarda, tranqueira não se acumula. Nesse novo espaço só haverá lugar para coisas boas, úteis e que a ajudem a crescer. Preciso dizer que esse "quartinho da bagunça" é o seu cérebro?

Imagine ter uma casa linda, limpa, confortável e muito bem decorada, mas permitir que alguém entre na sua sala de estar e despeje uma caçamba de entulho sobre seu tapete persa. Seria absurdo! Você jamais permitiria isso, não é mesmo? Então, qual é o sentido em permitir que seu cérebro seja inundado de lixo todos os dias? Palavras negativas, conceitos sem pé nem cabeça e notícias horrorosas vão tomando um espaço que não deveria jamais ser deles. Insultos e injustiças que vamos colecionando − e que podem se transformar em mágoas −, traumas e medos que vão se acumulando − e que podem bloquear nosso crescimento −, fatos tristes e situações difíceis que passamos − e que em vez de nos fortalecer, nos entristecem. E, para além dos fatores externos que podem nos prejudicar, nossa mente também produz − por conta própria − pensamentos negativos que nos afundam ainda mais. E embora pareça uma batalha perdida manter esse "quartinho" limpo, lembre-se das palavras de Martinho Lutero: "Você não pode impedir que um passarinho pouse em sua cabeça, mas pode impedir que faça ninho". Isso significa que precisamos enxotá-lo assim que ele pousar, porque se deixarmos para depois, teremos de lidar com uma ninhada. Devemos manter nosso cérebro "limpo" desse tipo de pensamento, substituindo-o imediatamente por aquilo que deve ocupar a nossa mente, como ensina a Palavra de Deus:

> Finalmente, irmãos, tudo o que for verdadeiro, tudo o que for nobre, tudo o que for correto, tudo o que for puro, tudo o que for amável, tudo o que for de boa fama, se houver algo de excelente ou digno de louvor, pensem nessas coisas (Filipenses 4:8).

Essa máquina maravilhosa que é o nosso cérebro pode armazenar um sem-fim de boas memórias, elaborar soluções para os nossos problemas, processar informações de um jeito surpreendente e criar coisas tão incríveis que nós mesmas nos admiramos com sua imensa capacidade. O seu cérebro é a sua maior riqueza – no que se refere ao corpo físico –, pois você depende dele para entender o mundo ao seu redor e tomar suas decisões. Até mesmo a fé precisa do cérebro como seu aliado, pois fé sem inteligência vira fanatismo e inteligência sem fé vira prepotência. Aliás, Deus fala conosco em nossas mentes e não em nossos corações, afinal, se não *entendermos* o que Ele diz, como o amaremos? Quando alguém escolhe o que vai cursar em uma faculdade, pode optar pelo que mais ama, porém, ao chegar lá, terá de estudar com a cabeça e não com o coração, concorda? Mais adiante, veremos que todos os nossos sentimentos e emoções surgem das nossas crenças, de como processamos as informações e como interpretamos o mundo ao nosso redor. Isso é muito interessante e tenho certeza de que vai "virar uma chavinha" importante na sua cabeça.

Mas antes, precisamos entender que, infelizmente, estamos vivendo em uma época onde cada vez mais pessoas têm preguiça de pensar, o que, invariavelmente, faz com que haja um aumento da dependência da opinião de terceiros. Afinal, quem não pensa por si mesmo vai precisar de alguém que faça isso. E esse é o maior de todos os desperdícios: desprezar um tesouro inestimável para depender das migalhas dos outros. E por mais que isso não faça o menor sentido, é assim que muita gente tem vivido.

Para explicar um pouco do valor dessa máquina maravilhosa, vou recorrer ao educador que, na minha opinião, deveria ser o patrono da educação brasileira: Pierluigi Piazzi, ou professor Pier, como era chamado por seus mais de 100 mil alunos e por outros milhares que, mesmo depois de seu falecimento, continuam se beneficiando de seus métodos de estudo. Pier nasceu na Itália, mas chegou ao Brasil em 1954, aos 11 anos de idade, e nunca mais foi embora. Durante sua trajetória, foi garçom, confeiteiro, motorista, topógrafo, tratorista e químico, mas foi lecionando física que encontrou seu propósito de vida. Quem assiste a uma de suas aulas – e, graças a Deus, há várias disponíveis na internet – percebe logo de cara seu talento ímpar como educador. Seus livros são uma fonte preciosa de conhecimento e, para mim, um material permanente de consulta. Para se ter uma ideia do quanto ele era visionário, na última atualização de seu livro *Aprendendo inteligência* – feita em 2014, um ano antes de sua morte –, Pier inseriu três observações que, de tão importantes, merecem ser citadas aqui.

1. TECNOLOGIA E EMBURRECIMENTO

> *"O consumismo desvairado criou uma falsa sensação de que a tecnologia (tablets, redes sociais, celulares com acesso à internet etc.) estaria ajudando a melhorar o nível intelectual de jovens e crianças, quando, na realidade, está produzindo um emburrecimento assustador."*

Pier já fazia esse alerta desde o final dos anos 2000, com a popularização da terceira geração de redes sem fio, quando os celulares começaram a se transformar em smartphones. No final de 2023 – décadas depois de o professor ter levantado a questão –, o Ministério da Educação da Suécia decidiu voltar a usar livros impressos em sala de aula por concluir que o uso de materiais 100% digitais fez com que o desempenho dos alunos caísse drasticamente. De país com um dos melhores sistemas educacionais do mundo, a ministra da Educação chegou a afirmar que a Suécia corria o risco de "criar uma geração de analfabetos funcionais". Abordei esse assunto no artigo a seguir, fazendo um contraponto com a educação brasileira e a importância de ler livros físicos.

Alunos suecos usam livros impressos pela primeira vez para não se tornarem analfabetos funcionais – Pioneira na educação 100% digital, Suécia vê nota de estudantes despencar e atribui mau desempenho à tecnologia

Desde 2023, o governo da Suécia tem se preocupado com a queda acentuada no desempenho dos alunos em relação à interpretação de texto. A má classificação dos suecos no Estudo Internacional de Progresso (PIRLS) – exame que avalia o nível de leitura

– fez com que o Ministério da Educação suspendesse o programa educacional 100% digital implantado de forma pioneira no país.

Pela primeira vez, alunos suecos estão utilizando livros impressos em sala de aula, revertendo o processo de digitalização total que, ao longo dos últimos 15 anos, trocou livros e cadernos por computadores, tablets, aplicativos e outros dispositivos tecnológicos. Segundo a ministra da Educação, Lotta Edholm, se os livros não fossem reintroduzidos à rotina escolar, o país estaria "em risco de criar uma geração de analfabetos funcionais".

Além do resultado do PIRLS, a Suécia se baseia em evidências científicas que apontam a digitalização como causa do mau desempenho dos alunos. Edholm afirmou que "todas as pesquisas sobre o cérebro das crianças mostram que o ensino baseado em telas não é benéfico." Em nota, o Ministério da Educação reconheceu a crise de interpretação de texto nas escolas e afirmou que livros têm "vantagens que nenhum tablet pode substituir".

Em razão disso, o governo prevê investir, até 2025, cerca de 150 milhões de euros – mais de R$ 808 milhões – em um programa de reintrodução de livros impressos e a redução do uso de telas para recuperar a habilidade de interpretação de texto dos alunos.

Analfabetismo funcional no Brasil

De acordo com a Pesquisa Nacional por Amostra de Domicílios Contínua (PNAD) de 2022 – primeiro estudo feito pós-pandemia –, mais de 9 milhões de brasileiros acima dos 15 anos de idade eram analfabetos, ou seja, não tinham a habilidade de ler e escrever.

Porém, quando se trata de analfabetismo funcional, o Brasil atinge níveis ainda mais assustadores. Segundo o Instituto Paulo Montenegro (IPM), responsável pelo Indicador de Alfabetismo Funcional (Inaf), cerca de 28% dos brasileiros são analfabetos funcionais.

Para o Inaf, são considerados analfabetos funcionais as pessoas que dominam apenas as noções básicas de leitura e escrita. Ainda de acordo com o indicador, apenas 6% dos estudantes que concluem a 4ª série do Ensino Fundamental são realmente alfabetizados.

Durante a pandemia, o número de crianças de 6 e 7 anos de idade não alfabetizadas aumentou 66,3%, de acordo com a nota técnica "Impactos da Pandemia na Alfabetização de Crianças", divulgada pela organização Todos pela Educação. Entre 2019 e 2021, o analfabetismo nessa faixa etária mais que dobrou, passando de 1,4 milhão para 2,4 milhões.

Só se aprende a ler, lendo

A aversão dos brasileiros à leitura começa desde a escola. Uma das razões pode estar no fato de que vários títulos de leitura obrigatória não têm qualquer aderência com os interesses dos alunos. Particularmente, eu jamais teria desenvolvido o amor pela leitura se dependesse dos livros indicados pela escola. Minha biblioteca pessoal possui atualmente cerca de mil livros, dos quais apenas doze estão entre as leituras obrigatórias que, depois de adulta, tentei ler novamente para descobrir por que os odiei tanto na época escolar. Porém, ao fazê-lo, só percebi que hoje os odeio ainda mais...

É importante entender que, mais importante do que despertar o interesse das crianças por livros, é preciso despertar nelas o prazer de ler. Eu jamais teria lido tantos livros – nem muito menos escrito cinco *best-sellers* – se não o fizesse por prazer. E a melhor forma de incentivar a leitura é oferecer à criança livros com assuntos que lhe sejam interessantes. Com um detalhe importantíssimo: que os pais estejam atentos aos conteúdos da literatura que oferecem, pois nem tudo o que parece bom e inofensivo, de fato é.

Assim como só se aprende a andar, andando, só se aprende a ler, lendo. Lembrando que a leitura não se trata apenas de dar sons às sílabas, mas sim, desenvolver a compreensão sobre aquilo que se lê. Afinal de contas, que autonomia as pessoas terão se dependerem de terceiros para lhes "traduzir" textos simples ou para estarem seguros do significado das cláusulas de um contrato?

O verdadeiro empoderamento só acontece quando as pessoas são capazes de desenvolver sua própria inteligência, seu senso crítico e suas habilidades para avaliar escolhas e tomar decisões. E depender somente do ensino formal e do que o Estado paternalista brasileiro oferece não é, nem de longe, a melhor das escolhas.[1]

2. USO IRRESPONSÁVEL DE DROGAS LÍCITAS

"O uso desvairado e irresponsável de drogas, tipo Ritalina, para resolver problemas que deveriam ser resolvidos por terapia de família. O famoso TDAH (Transtorno de Déficit de Atenção e Hiperatividade) não é um distúrbio neurológico, mas comportamental (falta de organização e horários na vida da criança e do jovem)."

Mais de dez anos depois deste segundo alerta do professor Pier, o Jornal da USP (Universidade de São Paulo) publicou a matéria "Pesquisadoras alertam para equívocos em diagnósticos de TDAH em crianças – Especialista aponta para o uso excessivo de medicamentos no tratamento do TDAH e defende um cuidado com intervenções psicossociais". Nela, a neurologista Alicia Coraspe, do Hospital das Clínicas da Faculdade de Medicina de Ribeirão Preto (HC-FMRP) da USP, afirma que: "As mudanças no estilo de vida, como o aumento do uso de telas e conteúdos digitais mais curtos, juntamente com a rotina agitada dos pais, que têm menos tempo para os filhos, têm levado mais famílias a consultórios médicos questionando a possibilidade desse diagnóstico".

Segundo a matéria, a doutora em Psicologia pela Faculdade de Filosofia, Ciências e Letras de Ribeirão Preto (FFCLRP) da USP, Anaísa Leal Barbosa Abrahão, se preocupa com a banalização do diagnóstico do TDAH e alerta para falsos positivos. "Realizamos uma pesquisa na USP, em 2022, e ao avaliarmos 43 crianças com diagnóstico médico de TDAH, apenas três preencheram os critérios ao serem submetidas a escalas específicas." A pesquisadora também chama a atenção para o uso generalizado de metilfenidato

---

[1]Artigo publicado em 28/02/2024, coluna Patricia Lages, Portal R7.

(princípio ativo da Ritalina), um dos principais medicamentos usados no tratamento: "Dos 43 participantes, a maioria fazia uso desse medicamento, sem apresentar melhorias significativas nos sintomas principais do transtorno ou nos problemas de comportamento relatados por familiares e professores", declarou.

Como crianças e jovens terão um bom desempenho escolar tomando um medicamento de que não precisam e que, segundo informações do fabricante, pode causar tonturas, sonolência, visão embaçada, alucinações e outras reações adversas como comprometimento da concentração e falta de atenção? Não estou demonizando o medicamento em si, pois é claro que há situações em que o uso é indicado, ainda que os efeitos colaterais possam trazer desconfortos. Mas a questão é que a Ritalina está sendo vista por muitos como se fosse pastilha para dor de garganta, já que "todo mundo está tomando".

A coisa fica ainda pior quando estudantes, empresários e trabalhadores que querem "turbinar" sua produtividade recorrem ao uso indiscriminado do metilfenidato sem considerar os prejuízos a si mesmos, bem como a terceiros. Segundo o site Exame Toxicológico, de um centro de toxicologia forense e ocupacional, "a Ritalina tem sido usada por motoristas que precisam ficar alertas durante longos períodos de tempo, como em viagens longas ou no trabalho. No entanto, é importante ressaltar que *o uso da Ritalina por motoristas que não têm prescrição médica é considerado ilegal e pode representar riscos à segurança no trânsito,* além de possíveis efeitos colaterais e dependência."

Não podemos achar normal que médicos tratem seus pacientes como clientes e que façam suas vontades desde que paguem suas consultas. E não podemos achar normal que pais troquem a disciplina e seu dever de educar por "pílulas mágicas" que, como o próprio nome diz, não existem. Não devemos normalizar o inaceitável, como diz a passagem: "E não vos conformeis com este mundo, mas transformai-vos pela renovação do vosso entendimento, para que experimenteis qual seja a boa, agradável e perfeita vontade de Deus" (Romanos 12:2).

3. FALTA DE INCENTIVO À LEITURA

O terceiro alerta do professor Pier está ligado à leitura: "Infelizmente, nosso sistema escolar se tornou um incentivador do ódio à leitura, empurrando goela abaixo obras pedantes e absurdamente chatas (em nome da chamada 'boa literatura') com o pretexto de que 'cai no vertibular'". Trarei, uma vez mais, um artigo que publiquei no R7 sobre esta questão. Vale a leitura para complementar a ideia.

> **Diga-me quem são teus heróis e te direi quem serás** – Que tipo de pessoa deveria inspirar os alunos brasileiros e levá-los a amar a leitura? A escola está no caminho certo?
>
> Imagine um homem malicioso, manipulador, invejoso, malandro e extremamente preguiçoso. Um indivíduo sem caráter que adora abusar de mulheres e cujo primeiro envolvimento sexual foi com a esposa de seu irmão. Mais tarde, esse homem se apaixona por uma mulher e a violenta no meio da mata. O filho nascido do estupro sofre maus-tratos por parte do pai desde o nascimento e não resiste. Por fim, o bordão que não sai de sua boca é "Ai, que preguiça!" e seu objetivo de vida é encontrar um amuleto que lhe dê tudo sem que tenha de fazer qualquer esforço.
>
> Como você classificaria esse homem? Você diria que ele é um exemplo a ser seguido? Você obrigaria seus filhos a lerem sua história e apoiaria que a escola o apresentasse como um fiel representante da cultura brasileira?
>
> Se você teve uma infância e adolescência de sorte, provavelmente não sabe de quem estou falando, mas esse é Macunaíma, personagem do livro homônimo de Mário de Andrade, que recebeu os títulos de "herói de nossa gente" e "herói sem nenhum caráter". A obra, de 1928, está entre as leituras obrigatórias há décadas, tanto no Ensino Fundamental como no pré-vestibular.
>
> A justificativa da maioria dos críticos literários para que tal personagem seja o "herói de nossa gente" seriam suas "semelhanças"

com o povo brasileiro. Mas, será que essas são as características com as quais queremos nos identificar? É esse tipo de caráter que queremos normalizar e usar como referência cultural desde cedo?

A riqueza da escrita, o domínio da língua portuguesa, a habilidade narrativa e a qualidade literária da obra são inquestionáveis, mas a obrigatoriedade da leitura para crianças e adolescentes deveria ser repensada. Afinal de contas, no que a veneração a um personagem sem qualquer virtude contribui positivamente para a formação do caráter de leitores tão jovens?

Aliás, onde estão as feministas e os "estudiosos" que querem reescrever e ressignificar tudo e qualquer coisa diante da forma como são descritos o estupro da única mulher que Macunaíma "amou" e a morte de seu filho? Os crimes são amenizados e normalizados numa narrativa muita bem escrita e reiterada ao longo dos anos por diversos críticos literários, a exemplo da análise feita pelo site Brasil Escola:

"Macunaíma conheceu Ci e, apesar da resistência da Mãe do Mato, deu um jeito de "brincar" com ela. Aproximadamente seis meses depois, Ci teve um filho do herói. O 'pecurrucho tinha cabeça chata e Macunaíma inda a achatava mais batendo nela todos os dias' e falando para a criança: 'Meu filho, cresce depressa pra você ir pra São Paulo ganhar muito dinheiro'. O menino acabou morrendo."

Se esse é o tipo de herói que queremos, então não há nada a fazer. Mas se queremos deixar de sermos vistos como um povo malandro, preguiçoso e que tem um "jeitinho" para tudo, há muito o que fazer. E não é de hoje.[1]

VOCÊ TEM UMA FORTUNA DE R$ 45 MILHÕES

Mais um exemplo do homem visionário que o professor Pier foi é o fato de que, há mais de 30 anos, ele já havia introduzido Inteligência Artificial como disciplina de seu curso de Engenharia da

---

[1] Artigo publicado em 21/03/2024, coluna Patricia Lages, Portal R7.

Computação. Em uma das aulas, seus alunos resolveram fazer um cálculo para descobrir o valor da capacidade do córtex humano comparando-o aos computadores de última geração disponíveis na época. Chegou-se à conclusão de que seriam necessários cerca de 15 mil computadores ligados em uma única rede para simular, aproximadamente, o que o córtex humano é capaz de fazer.

No início de 2024, fiz uma tentativa de atualizar os valores calculados pelos alunos do velho Pier e, multiplicando os 15 mil computadores pelo preço médio de um dos modelos mais comuns (R$ 3.000), chegamos à estimativa de que o seu cérebro vale, no mínimo, R$ 45 milhões. Sim, no mínimo, afinal de contas, você pode ter uma ideia que lhe renda uma fortuna bem maior do que essa!

Mas se nós, em vez de usarmos nossa capacidade, bombardearmos nossos cérebros com medicamentos desnecessários, e os reduzirmos a meros "quartinhos da bagunça" para armazenar quinquilharias, não chegaremos nem perto do que poderíamos ser e fazer. Por isso, chegou a hora da arrumação! Arregace as mangas, calce as luvas e as botas de borracha e esteja preparada para enfrentar a poeira, as teias de aranha e até as baratas voadoras que estiverem se aproveitando da confusão. É, amiga, eu sei que até a mais corajosa das pessoas grita pela mãe quando a barata voa, mas respire fundo e vá com tudo!

* * *

Para começarmos essa limpeza profunda, com requintes de higienização hospitalar, convido você a fazer o teste a seguir que desenvolvi com o intuito de ajudá-la a entender *quem é você na fila do banco*, ou seja, como estão suas crenças, pensamentos e emoções em relação ao dinheiro, pois são eles que irão pautar as suas ações e, em consequência, seus resultados. Vamos lá?

TESTE DE MENTALIDADE PRÓSPERA[1]

Assinale apenas uma resposta de cada questão. Invista o tempo que for preciso para analisar todas as opções e escolha a que mais se aproximar da sua forma de crer, pensar, sentir e agir (e não a que lhe pareça "correta"). O objetivo é que você entenda como está a sua mentalidade e, a partir daí, possa trabalhar para fazer os ajustes necessários. Mas atenção: há perguntas que podem ser piores do que uma barata voadora (se é que isso é possível!), porém, o processo é importante para que você perceba os pontos que precisam ser mudados para que a prosperidade se torne uma realidade na sua vida.

1. **Qual destas crenças expressa melhor a sua forma de pensar?**
   a) Há pessoas que não nasceram para lidar com dinheiro, por isso, sempre serão pobres.
   b) Enquanto as oportunidades não forem iguais para todos, poucos prosperarão.
   c) As pessoas que têm mais oportunidades, têm mais facilidades para prosperar.
   d) Hábitos de sucesso trarão sucesso a qualquer pessoa que os praticar consistentemente.

2. **Qual destes ditados populares expressa melhor a sua forma de pensar?**
   a) Quem nasceu para tostão nunca terá um milhão.
   b) Quem trabalha não tem tempo para ganhar dinheiro.
   c) Quem tudo quer, nada tem.
   d) De grão em grão a galinha enche o papo.

3. **Qual destes pensamentos expressa melhor a sua forma de pensar?**

---

[1]Este teste não tem caráter de pesquisa clínica, acadêmica ou oficial.

a) Todo rico é desonesto.

b) Dinheiro é a raiz de todos os males.

c) Dinheiro pode mudar o caráter das pessoas.

d) Dinheiro não muda as pessoas, apenas potencializa o que elas já são.

4. Qual destas sentenças expressa melhor a sua forma de pensar?

a) Filho de rico, rico será, filho de pobre, pobre será.

b) Funcionários enriquecem os patrões e patrões lucram com a pobreza de seus funcionários.

c) Até acredito que uma pessoa pobre possa mudar de vida, mas isso será dificílimo.

d) Quem quer faz, quem não quer, dá desculpas.

5. Você toma conhecimento de que uma pessoa de origem pobre mudou de vida e está prosperando. Qual destes pensamentos vem logo à sua cabeça?

a) *Essa história está mal contada!* – Deve ser algum esquema ilegal ou que prejudique outras pessoas.

b) *Já vi esse filme e não tem final feliz!* – A mudança de classe social trará problemas no casamento, na família e com os amigos.

c) *Logo, logo, perde tudo!* – A riqueza não vai durar na mão dessa pessoa.

d) *Se ela pode, eu posso também!* – Você redobra os ânimos ao ver que alguém conseguiu o que você está buscando.

6. Uma pessoa cheia de dívidas aparece com um carrão novo. Qual destes pensamentos vem logo à sua cabeça?

a) Está certa ela! O banco rouba dos outros, então tem mais é que levar calote!

b) Quem dá golpes nos outros é que se dá bem.

c) Tem gente que faz de tudo para impressionar os outros...

d) Espero que ela acorde para a vida.

ECONOMIA EMOCIONAL

7. **Quando você se esforça, mas não vê os resultados que gostaria, seja na carreira ou nas finanças, qual destes pensamentos vem logo à sua cabeça?**

a) Eu sabia que não ia dar certo! Não importa o que eu faça, nada irá mudar.

b) Parece que só eu não consigo! Qual é o meu problema?

c) Chego a desanimar, mas preciso continuar porque não tenho escolha.

d) Vou em frente, pois cedo ou tarde meus esforços renderão bons frutos.

Se você trabalha em regime CLT, responda à questão 8A. Se é empreendedora, responda à questão 8B.

8A. Você não está contente com seu trabalho CLT e a razão é:

a) Sou constantemente injustiçada.

b) As pessoas não gostam de mim e me prejudicam, fazendo fofoca, intriga, boicote etc.

c) Ninguém me ajuda nem tem paciência para ensinar. Como é que vou aprender?

d) Meu descontentamento é porque quero crescer, mas vou trabalhar para isso.

8B. Você não está contente com seu negócio e a razão é:

a) Enfrento concorrências desleais.

b) Os clientes não entendem minha proposta e reclamam demais.

c) Preciso de orientação, mas ninguém está disposto a me ajudar.

d) Falta alguma coisa para deslanchar de vez, mas ainda não descobri o que é.

9. **Você toma conhecimento de que uma pessoa rica perdeu sua fortuna. Qual destes pensamentos vem logo à sua cabeça?**

a) Aqui se faz, aqui se paga.

b) Agora vai aprender a ser humilde.

c) Não foi o primeiro e nem será o último.

d) Vai enriquecer novamente porque já aprendeu o caminho.

10. Você vê pessoas viajando, frequentando bons restaurantes e fazendo compras nas redes sociais, enquanto o seu dinheiro mal dá para pagar as contas. Como você se sente?

a) Revoltada porque parece que nunca chegará a minha vez.

b) Triste e deprimida.

c) Chateada, mas essas coisas são só para quem pode mesmo.

d) Anoto as dicas mais legais para aproveitar quando eu puder ir.

11. Ao ver um colega de trabalho ou um concorrente com um desempenho melhor do que o seu, como você se sente?

a) Enciumada. Torço para que se dê mal, pois mesmo sabendo que é errado, não consigo evitar.

b) Chateada. Eu é que deveria estar no lugar dele.

c) Indiferente. Ele que siga em frente, eu vou ficar na minha.

d) Desconfortável. Preciso me esforçar mais para superar meu próprio desempenho.

12. Você conta seus projetos para seu namorado/noivo/ marido, uma amiga ou um familiar, mas a pessoa joga um balde de água fria. Como você se sente?

a) Magoada. Nunca vou me esquecer dessa atitude.

b) Vingativa. Quando precisar de mim, vou dar o troco.

c) Desanimada. Sem apoio é melhor desistir.

d) Reflexiva. Se tivesse apoio seria ótimo, mas acredito nas minhas ideias e vou em frente.

13. Você já pensou em tirar seu projeto do papel, mas não foi em frente porque...

a) Só quem tem capital consegue abrir o próprio negócio, sem dinheiro não há condições.

b) Começar pequeno é muita desvantagem, não dá para concorrer.

c) Este país não tem futuro, prefiro ficar na minha.

d) Percebeu que ainda falta algo, mas não desistiu da ideia.

14. Quando o assunto é investir em qualificação profissional, qual destes pensamentos vem logo à sua cabeça?

a) Não vejo vantagem porque as melhores vagas são preenchidas por parentes e amigos.

b) Não tenho tempo para mais nada, já faço coisas demais.

c) Só faço se for de graça.

d) Invisto no que meu orçamento permite e se não tenho condições, busco informações gratuitas.

Se você trabalha em regime CLT, responda à questão 15A. Se é empreendedora, responda à questão 15B.

15A. Quando precisa de um aumento de salário, você:

a) Procura outro emprego porque se a empresa lhe valorizasse já teria lhe oferecido.

b) Diz que as coisas aumentaram e o salário não é mais suficiente para pagar as contas.

c) Espera que a empresa tome a iniciativa porque você não vai pedir.

d) Negocia destacando a importância do seu trabalho para a empresa, baseada em resultados reais.

15B. Quando precisa aumentar seus preços, você:

a) Reajusta e já deixa claro que o cliente que reclamar vai ter de comprar em outro lugar.

b) Justifica que tudo está subindo e você também tem contas a pagar.

SUA MENTALIDADE ESTÁ PRONTA PARA PROSPERAR?

c) Procura não aumentar porque sempre acha que vai perder clientes.

d) Faz os reajustes necessários e, se houver resistência dos clientes, destaca as vantagens que só você oferece.

16. Quando recebe um dinheiro extra (bônus, presente inesperado etc.) ou tem um lucro acima da média, você:

a) Realiza um desejo seu mesmo que tenha dívidas, pois é um dinheiro que você não estava contando.

b) Geralmente gasta rápido, nem percebe que o dinheiro acabou e depois se arrepende.

c) Usa para pagar dívidas, pois sempre está no vermelho.

d) Guarda, pois é um dinheiro que você não estava contando.

17. Quando precisa comprar algo que está acima do seu orçamento, você:

a) Compra no cartão, mesmo sabendo que não terá como pagar.

b) Diz que se for esperar caber no orçamento, não comprará nada.

c) Parcela a perder de vista e depois dá um jeito de pagar.

d) Espera até encontrar opções que caibam no bolso ou junta o valor, ainda que seja sacrificante ficar sem.

18. Sobre descontos, sua opinião é:

a) Pedir desconto é coisa de gente mesquinha.

b) Morro de vergonha, não peço.

c) Não peço porque vão pensar que sou pobre.

d) Desconto não se pede, se negocia e isso é perfeitamente normal em transações de compra e venda.

19. Sobre poupar para o futuro, sua opinião é:

a) Guardar dinheiro hoje para gastar com doença amanhã não é para mim.

b) Neste país é impossível guardar dinheiro.

c) Quando sobrar eu guardo, mas não poupo porque nunca sobra.

d) Todos os meses procuro poupar um valor, ainda que falhe de vez em quando.

20. Sobre investimentos, sua opinião é:

a) Não compensa, nem perco tempo.

b) Quando eu tiver uma renda maior vou começar a investir.

c) Tenho medo, não sei investir.

d) Invisto e procuro estudar sobre o assunto.

Calcule sua pontuação, considerando que:

Respostas A valem zero.

Respostas B valem 1 ponto.

Respostas C valem 2 pontos.

Respostas D valem 3 pontos.

Confira o seu resultado:

De 0 a 7 pontos – Mentalidade limitante

Seu conjunto de crenças, sua forma de pensar sobre prosperidade e a maneira negativa como processa suas emoções estão limitando o seu potencial. Você terá de rever seus conceitos, livrar-se dos mitos que têm impedido o seu crescimento e passar a acreditar que prosperar não só é possível, como é algo que está ao seu alcance. Acredite na força da perseverança e não desanime com os pequenos começos. Acredite no processo, pois é ele que trará os resultados. Um grande ponto positivo é a sua honestidade, pois só uma pessoa sincera assumiria opiniões tão controversas. Sua sinceridade demonstra que você está aberta a mudanças e isso fará toda a diferença na sua transformação. Mantenha-se comprometida em trabalhar a sua mentalidade e você terá um futuro promissor!

De 8 a 15 pontos – Mentalidade preponderante

Você crê, pensa e sente como a maioria dos brasileiros. Talvez você não tenha percebido o quanto a cultura mediana do nosso país tem influenciado você e o quanto isso pode prejudicar a sua vida financeira e profissional. Você deve se libertar dos mitos que os conceitos equivocados criam e parar de se preocupar em concordar com o que a maioria pensa. Não se conforme com pouco e nem se deixe vencer pela lei do mínimo esforço. Lembre-se que se melhorar 1% a cada dia, seu progresso será enorme e, em breve, você verá que todo sacrifício valeu a pena. Seu sucesso depende de você e essa é uma ótima notícia!

Acima de 16 pontos – Mentalidade conforme

Você está à frente da maioria das pessoas e sabe disso. Talvez você esteja em uma posição confortável, pois, apesar de não ter chegado aonde gostaria de estar, há muita gente que daria tudo para estar no seu lugar. Cuidado para que esse conforto não vire comodismo e você se perca no meio do processo. Aproveite a vantagem que tem e não pare de evoluir. Busque melhorar em tudo, pois o segredo está em não ser vítima de si mesma. Alegre-se por este resultado e que ele sirva como combustível para chegar ainda mais longe!

Agora que você já tem um panorama sobre o que a prosperidade representa na sua vida e uma ideia do que precisa trabalhar para alinhar a sua mentalidade, é imprescindível saber como fazer isso. E é exatamente o que veremos nos próximos capítulos que, prometo, não haverá mais nenhuma barata voadora!

"Ora, a fé é a certeza de coisas que se esperam, a convicção de fatos que se não veem."

HEBREUS 11:1

7

TUDO COMEÇA PELA FÉ

Diferentemente do que algumas pessoas podem pensar, a fé genuína não tem nada a ver com religião. A passagem do livro de Hebreus deixa claro que fé é *certeza*, é *convicção*, ou seja, fé não é algo de propriedade da igreja A, B ou C, fé não é opinião ou possibilidade, fé não é emoção ou sentimento e, acima de tudo, fé é o contrário de dúvida. Podemos dizer que há dois tipos de fé: a natural, que é inata, e a sobrenatural, que precisa ser desenvolvida.

A fé natural é aquela que todos nós possuímos e usamos tão automaticamente que nem sequer notamos: acordamos pela manhã e ficamos de pé porque cremos que as nossas pernas nos sustentarão, andamos porque cremos que não vamos cair e saímos de casa porque cremos que não iremos sofrer um acidente pelo meio do caminho. A fé natural crê no que vê, no que conhece e no que a experiência de vida de cada um provou e comprovou.

Já a fé sobrenatural nos leva a crer no que esperamos que aconteça, em coisas que nem sequer existem, mas que, para nós, já foram concebidas. É uma espécie de gravidez, onde "geramos" algo por meio de uma crença e, apesar de não estarmos vendo, tocando ou sentindo, temos plena convicção de que, no momento certo, daremos à luz. Esta é a razão de a fé sobrenatural não ter nada a ver com sentimentos, pois se dependermos de *sentir* algo para crer, não se trata mais de fé, a exemplo do que Jesus disse a Tomé, que só creu em sua ressurreição depois de vê-lo com os próprios olhos e tocá-lo com as próprias mãos: "Porque me viu, você creu? Bem-aventurados os que não viram e creram" (João 20:29).

O exercício da fé sobrenatural – quando cremos no que não vemos – faz de nós pessoas bem-aventuradas, ou seja, felizes. Já aqueles que não têm essa fé vivem cheios de dúvidas, indecisos e dependentes da opinião de terceiros para tomar decisões. Como ser feliz dessa maneira? Mas a fé tem seus segredos: apesar de ter poder para mover montanhas mesmo sendo do tamanho de um grão de mostarda (Mateus 17:20), ela tem obrigatoriamente de ser pura. A fé perde totalmente sua eficácia quando diluída em dúvida, mesmo que em uma proporção aparentemente insignificante: 0,01% de dúvida é o suficiente para neutralizar 99,99% de fé.

ONDE HÁ FÉ HÁ CERTEZA, SE HÁ DÚVIDA NÃO HÁ FÉ

Por outro lado, há pessoas de têm muita fé, mas que, apesar disso, não veem resultados positivos em suas vidas. Isso porque elas podem estar usando a ferramenta certa da forma errada, por exemplo, crendo em coisas negativas em vez de crer em coisas positivas. Sabe aquelas pessoas que acreditam tanto que tudo vai dar errado que, no fim das contas, até o que já estava certo acaba realmente dando errado? Não se trata de "atrair negatividade" ou qualquer tipo de superstição, mas sim, da reação em cadeia que nossas crenças causam em nós, como mostra a ilustração:

TUDO COMEÇA PELA FÉ

Nossas crenças se transformam em pensamentos, nossos pensamentos provocam emoções, nossas emoções afetam nossas ações e nossas ações são responsáveis pelos nossos resultados. Por isso, se cremos em coisas boas, nossos pensamentos serão bons. Se nossos pensamentos forem bons, gerarão emoções positivas. Emoções positivas serão uma boa influência para nossas ações. E quando tomamos boas atitudes, a tendência é obtermos bons resultados. Agora vamos inverter o circuito? Nossos resultados vêm das nossas ações. Nossas ações são diretamente influenciadas pelas nossas emoções, logo, se nossas emoções forem ruins, nossas ações também serão. Essas emoções vêm dos nossos pensamentos que, por sua vez, surgem a partir do que cremos. É por isso que tudo começa pela fé: se você crê que pode, você pode, e se crê que não pode, você não pode. Esse circuito de reação em cadeia nos faz entender por que é tão importante ter uma *mentalidade próspera*, ou seja, ter um conjunto de crenças que encherão nossos pensamentos de conceitos relacionados à prosperidade, produzindo emoções que facilitarão as ações necessárias para obter resultados prósperos.

Mas se, ao contrário disso, você crer que jamais enriquecerá, sua mente entenderá que você *é* pobre, pois é nisso que você acredita. Essa crença produzirá pensamentos de conformismo, aceitação e até mesmo comodismo, afinal de contas, o seu cérebro concluirá que se você já é o *acredita ser*, não é preciso fazer mais nada. Esse tipo de pensamento gerará emoções inerentes à pobreza, como: sentimento de impotência (por não ter condições de fazer o que os outros fazem); desesperança (pela falta de perspectivas), complexo de inferioridade (por ter "direito" apenas ao que ninguém quer) e até mesmo medo e ansiedade, por não saber se no futuro terá dinheiro, pelo menos, para suprir suas necessidades. É por isso que tantas pessoas que abrem um negócio dizem: "eu não quero ficar rica, só quero poder pagar minhas continhas, ter minhas coisinhas." Esses pensamentos e emoções de limitar-se ao mínimo gerarão atitudes de escassez, afinal, quem acha que só merece o mínimo e ainda teme que se desejar algo além vai acabar ficando até mesmo sem o básico, estará mais do que satisfeita se tiver uma casinha, um carrinho, um pratinho de arroz com feijão e uma carninha de vez em quando. Por mais que ela até tenha vontade de crescer e progredir, suas crenças baseadas numa vida no limite da escassez irão impedi-la de tomar as atitudes necessárias para crescer. Essa também é a razão de muitas empreendedoras não conseguirem precificar corretamente seus produtos e até justificarem que, se cobrarem o justo, nenhum cliente vai pagar. Enquanto isso, seu concorrente – que não impõe essas limitações a si mesmo – vende pelo preço certo e lucra sem o menor problema.

A verdade é que não adianta ensinar as melhores técnicas de precificação para quem crê que prosperar é *errado*, pois a própria pessoa vai se boicotar, seja baixando o preço por conta própria, dando descontos que ninguém pediu, aceitando parcelamentos que comprometem todo seu fluxo de caixa e achando que tomar calote faz parte do negócio. Há, inclusive, quem creia que o prejuízo seja uma espécie de purificação, achando que se perdeu aqui, vai ganhar ali. Mas desde quando são as perdas que trazem ganhos? Isso não passa de crendice sem qualquer fundamento, pois a perda traz prejuízos e o *universo* (ou seja lá no que for que a pessoa creia) não vai *recompensar* o perdedor só porque ele perdeu. Se fosse assim, quanto mais perdêssemos, mais ganharíamos. Percebe como esse tipo de crença não faz o menor sentido?

O mesmo ocorre com quem trabalha duro numa empresa, vê os outros sendo promovidos, mas ela mesma não sai do lugar. Ela pode até começar a criar justificativas para si mesma, dizendo que não cresce porque é vítima de injustiça, que as pessoas não gostam dela, que a perseguem etc. Mas na verdade, quando a pessoa crê que a riqueza não é para ela, inconscientemente vai dar todos os indícios de que aquilo que ela tem já está de bom tamanho. Essa mensagem é transmitida com tanta frequência que, muitas vezes, nem passa pela cabeça dos gestores que ela gostaria de ser promovida ou que espera um aumento de salário. Ao contrário, seus superiores até se surpreendem ao saberem de seu descontentamento, pois ela deu tantos indícios de que se acha inferior e vive tão conformada e acomodada com tudo que ninguém esperava aquela reação. Veja que isso pode acontecer com trabalhadores diligentes e competentes, mas que, ao não acreditarem que podem prosperar, as demais pessoas também a verão através do mesmo espelho.

Por fim, essas atitudes de escassez, baixa autoestima, conformismo etc. trarão os devidos resultados — no caso, apenas a perpetuação da pobreza. A falta de entendimento dessa reação em cadeia faz as pessoas se afundarem cada vez mais, pois apesar de até tentarem mudar sua situação, ao perceberem que não conseguem, acabam reafirmando crenças negativas como as que vimos no Teste de Mentalidade Próspera:

"Quem nasce pobre morre pobre."

"Pobre só consegue ter as coisas fazendo dívida."

"Quem trabalha não tem tempo de ganhar dinheiro."

"Investir é coisa de rico."

Por mais que alguém explique para uma pessoa endividada o que é preciso fazer para sair das dívidas, se ela acredita que "pobre sempre vai viver endividado", não verá sentido em seguir os passos, por mais simples que sejam, pois, como vimos, sua própria mente irá sabotá-la.

Certa vez, depois de dar uma palestra sobre fluxo de caixa para pequenas empreendedoras, a organizadora do evento e líder do grupo disse que seu maior problema eram os juros do cheque especial, que levavam boa parte de seu faturamento, deixando-a sem dinheiro em caixa, o que a obrigava a passar o mês usando novamente o limite da conta. Lembro-me bem desse caso: o limite era R$ 3 mil, e a taxa de juros, 20% ao mês. Na prática acontecia o seguinte: ela usava 100% do limite todos os meses e, no dia que seu único cliente depositava o pagamento de R$ 3.800, o limite era coberto, os juros de R$ 667,31 eram descontados e ela ficava com um saldo de pouco mais de R$ 130. No mesmo dia, ela já entrava no cheque especial novamente, pois pagava todas as contas – que somavam cerca de R$ 2.400 mil –, mais a fatura do cartão do supermercado, de cerca de R$ 600, e sacava os R$ 130 restantes para as pequenas despesas do dia a dia, como passagens de ônibus, metrô, padaria etc. No mês seguinte, tudo se repetia. Por trabalhar muito e nunca ter dinheiro para nada, a "solução" que ela encontrou foi *dispensar* aquele único cliente, pois tomava muito do seu tempo, para conseguir atender mais clientes, aumentar o faturamento e sair daquela roda dos ratos.

Diante daquela ideia sem pé nem cabeça, percebi que seria necessário dizer o óbvio: "você precisa se livrar da dívida, não da sua única fonte de renda!" Expliquei que uma das opções seria fazer um empréstimo pessoal, com uma taxa de juros bem menor, o que resultaria em uma parcela de R$ 300 durante um ano. A partir do mês seguinte ela já teria R$ 367 a mais no orçamento e, ao fim dos doze meses, não deveria mais nada. Como ela ficou me olhando sem dizer uma palavra sequer, perguntei se havia entendido e ela fez que sim com a cabeça, mas não de um jeito convincente. Pensando que ela poderia estar meio decepcionada por ter de levar um ano para quitar a dívida, complementei: "Eu sei que você ainda vai ter de pagar uma prestação por doze meses, mas lembre-se que hoje o seu gasto com juros é maior do que a sua despesa de supermercado. Essa solução, vai deixar as coisas menos piores e você vai saber que dia e que mês essa dívida acaba, não é muito melhor? E olha só: dá para ir ao banco hoje mesmo, não são nem duas da tarde!" Ela continuou quieta, com uma expressão um pouco distante, até que finalmente disse: "Mas o meu pai deve o cheque especial desde que eu era adolescente... não, deixa assim mesmo..."

Não entendi aquela resposta. E daí que o pai dela tem a mesma dívida há anos? O que uma coisa tinha a ver com a outra? "Acho que essa moça não está entendendo nada", pensei. Expliquei tudo novamente e cheguei até mesmo a me oferecer para ir com ela ao banco, caso não se sentisse à vontade para negociar com o gerente. "Você vê como se faz e depois poderá ensinar seu pai e as mulheres do seu grupo que estejam com o mesmo problema. Vamos, eu tenho mais uma hora livre". Acredite ou não, ela recusou a ajuda e ficou tão incomodada que, para encerrar a conversa de vez, suspirou dizendo: "Deixa como está. Vou voltar pra minha realidade que eu ganho mais. Vida de pobre é assim mesmo!"

Foi aí que percebi que o problema dela não era a dívida, mas sim, sua *mentalidade pobre*. Afinal de contas, uma coisa é a pessoa entender que a pobreza é uma situação que pode e deve ser mudada, assim como outra qualquer que não deveria ser aceita; outra totalmente diferente é achar que pobreza é a sua condição definitiva e mudar isso não é a coisa certa a se fazer, pois seria ganância, ambição ou qualquer outra coisa negativa. No caso dela, o costume de perder estava tão assimilado que ela simplesmente não podia conceber a ideia de fechar aquele ralo que drenava quase 17% de sua renda todos os meses. Como ela resolveria aquele problema em tão pouco tempo se é assim que está acostumada a viver? Como ela viveria de uma forma diferente de seu pai? Talvez, inconscientemente, ela creia que essa mudança poderia causar uma ruptura no relacionamento com o pai. É bastante comum que quando alguém começa a mudar de vida, os próprios familiares digam coisas como "está achando que é melhor do que nós?" ou "vai ficar rico e esquecer de onde veio?" Veja como esse tipo de pergunta transmite a ideia de divisão, de que aquele que deseja algo além do que os outros têm, não fará mais parte daquele círculo. É como se aquela laranja, de repente, apodrecesse e tivesse de ser excluída da cesta para não estragar as outras.

Essa mesma mentalidade leva muita gente, por exemplo, a financiar veículos sem a menor necessidade, mesmo sabendo que perderá dinheiro. É comum que as pessoas me perguntem se vale a pena fazer financiamento de veículo, mas geralmente respondo com outra pergunta: "você está precisando trocar de carro com urgência?". Normalmente a resposta é não, não há qualquer necessidade, mas como a pessoa acabou de pagar o financiamento do carro atual, ela já quer "engatar" outro. Mas aí sou eu que engato outra pergunta: "Já que não é urgente, porque você não investe todo mês o valor da parcela e compra o carro à vista daqui alguns anos?" De tão repetitivas, já conheço todas as respostas:

"Ah, não... se eu não tiver uma prestação pra pagar, vou acabar gastando o dinheiro e ficando sem o carro!"

"Morro de medo de investir e perder, melhor 'investir' no carro mesmo!"

"Estou acostumado a pagar a parcela e, como nem conto com esse valor, nem sinto que gastei."

Não sei qual delas é a pior: preferir colocar o dinheiro na mão dos outros do que manter na sua conta, achar que carro é investimento ou se enganar para parecer que não perdeu nada. Mas vejamos essa perda em números com uma simulação, considerando a taxa média de juros praticada em agosto de 2024:

SIMULAÇÃO DE FINANCIAMENTO DE VEÍCULO

Condições:
- Valor do veículo: R$ 100.000,00
- Valor da entrada (20%): R$ 20.000,00
- Total a ser financiado: R$ 80.000,00
- Taxa de juros: 2,5% a.m.
- Prazo de pagamento: 60 meses

Cálculo:
- Valor da prestação: R$ 2.588,27
- Valor total pago no financiamento: R$ 155.296,20 (valor dos juros R$ 75.296,20)
- Valor total pago pelo veículo (entrada + financiamento):
- R$ 20.000,00 + R$ 155.296,20 = **R$ 175.296,20**

Agora vamos calcular as perdas. A depreciação de um veículo (perda do valor ao longo do tempo) varia de acordo com uma série de fatores, mas no geral, considera-se que nos primeiros dois anos de uso, um carro perca cerca de 20% do valor e, nos anos seguintes, cerca de 5% ao ano. Considerando que o exemplo apresentado seja de um carro zero quilômetro, o valor nos dois primeiros anos cairia para R$ 80 mil e, nos três anos seguintes, perderia mais 4% ao ano, valendo R$ 76.800 no terceiro ano, R$ 73.700 no quarto ano e R$ 70.750 no quinto ano, quando o financiamento terminar. A simulação mostra que, o veículo que custou R$ 175 mil, será vendido por R$ 70 mil, gerando uma perda financeira de R$ 105 mil em cinco anos.

Quando publico vídeos mostrando esses cálculos e explicando o quanto as pessoas perdem nesse tipo de operação, recebo comentários como:

- "Você é retardada, mulher? Como pobre vai ter carro se não for financiado?"
- "Mas o cara pelo menos andou de carro e você não tem nada a ver com isso!"
- "Tá feliz de acabar com o sonho do pobre, filhinha de papai que nunca pegou um ônibus lotado na vida?"

Sim, é um horror..., mas você ficaria ainda mais horrorizada se eu transcrevesse os comentários mantendo todos os erros de português! Mas além desses totalmente fora da casinha, os comentários mais frequentes são de pessoas reconhecendo que perderam muito dinheiro, não só em financiamentos de veículo, mas em empréstimos desnecessários, contratando um consignado atrás do outro (e recebendo um salário cada vez menor), entrando no rotativo do cartão etc. Elas contam que prometeram por diversas vezes que não voltariam a fazer nada disso, até que, sem entender o porquê, acabam fazendo tudo de novo. Enquanto elas não entenderem que o motivo que as leva a repetir esses erros está nas suas crenças de que dinheiro é algo ruim, que é a raiz de todos os males e que devem escolher entre ser rico ou ter saúde, ser rico ou ser feliz ou, ainda, ser rico ou ser bem casado, elas continuarão errando, ainda que queiram acertar.

Por isso, é fundamental que você entenda que enquanto as suas crenças não mudarem, seus pensamentos não mudarão, suas emoções a levarão a repetir os erros e os resultados continuarão sendo os mesmos. A mudança que você precisa não está em um modelo de planilha, em um aplicativo de controle financeiro e nem mesmo em contratar assessoria. Tudo isso pode ajudar, mas só funcionará para quem tiver uma mentalidade pronta para prosperar. A mudança que você precisa tem de partir de dentro de você, começando pelo exercício constante de rebater todos os pensamentos de escassez, controlar as emoções que querem influenciar negativamente suas ações e entender que, se continuar fazendo tudo igual, tudo permanecerá igual. Além disso, se necessário for, afaste-se de pessoas que não estão alinhadas com a sua nova versão. Você não precisa ser inimiga de ninguém, mas também não precisa ser amiga de quem não lhe faz bem. Busque conteúdos edificantes, leia bons livros, aproxime-se de pessoas que estejam alinhadas com os seus valores e crenças e procure aprender sempre, usando bem o seu tempo. Seja seletiva e analise muito bem o que você vai permitir que entre em sua mente. Lembre-se de que assim como você não permitiria que alguém jogasse uma lata de lixo no tapete da sua sala, também não deve permitir que ideias nocivas sejam jogadas na sua mente. Blinde-se!

PROSPERIDADE É QUESTÃO DE ESCOLHA

Tudo na vida é uma questão de escolha. Esta é uma verdade absoluta, imutável e válida em todas as circunstâncias, pois foi o Criador quem a estabeleceu a partir do momento que nos deu o livre-arbítrio. Até as pessoas mais indecisas, que sempre recorrem a terceiros para ajudá-las em suas escolhas, já fizeram uma escolha: escolheram não escolher. Este é um princípio eterno que confere a todo ser humano o direito de agir por si mesmo.

A Terceira Lei de Newton (Princípio da Ação e Reação) afirma que "A toda ação há sempre uma reação oposta e de igual intensidade: as ações mútuas de dois corpos um sobre o outro são sempre iguais e dirigidas em sentidos opostos". Como as forças de ação e reação agem aos pares e em corpos diferentes, nunca haverá ação sem reação. Por isso, nossas ações (escolhas) jamais virão sem as devidas reações (consequências). Liberdade e responsabilidade são corpos que formam um desses pares que jamais terão um resultado nulo, ou seja, toda liberdade gerará responsabilidade. E quanto maior a liberdade, maior a responsabilidade, da mesma forma que quanto mais grave é o crime, maior é a pena. Esta é uma lei fixa da natureza, como plantar e colher: plantamos escolhas, colhemos consequências. A questão é que nem sempre sabemos avaliar as consequências que nossas escolhas trarão.

Minha sobrinha-neta está com cinco anos e ama quebra-cabeças, atividades manuais e jogos com números. Aproveitando seu interesse, no meio dos quebra-cabeças com motivos infantis, como bichinhos e princesas, compro alguns educativos, com o ciclo da água, bandeiras dos países, invenções ao longo da história etc. Entre os jogos com números de que ela tanto gosta, compro também alguns com palavras, que ela não curte tanto assim. Ela até se chateia um pouco e pede para jogar apenas com os mais fáceis, mas no meio da brincadeira, descobre palavras novas e acaba se empolgando, ao mesmo tempo que amplia seu vocabulário. Como toda criança, se deixar por sua conta, é claro que ela vai escolher apenas as atividades de que mais gosta, porém, quais serão as consequências amanhã? Se ela não aprender que não fazemos ou aprendemos apenas o que gostamos, que tipo de pessoa será? Nessa idade, só é possível permitir que ela faça escolhas que não tragam consequências negativas, pois ela ainda não tem noção das consequências. Em um dia de inverno, ela pode escolher entre dois casacos de frio, o rosa ou o preto, pois a cor não fará diferença, mas por mais que ela queira, não poderá sair com o vestido fino de alcinha, pois mesmo não entendendo que poderá ficar doente, ela sofrerá as consequências. Assim também é conosco.

O artigo 3º da Lei de Introdução às Normas do Direito Brasileiro (Decreto-Lei 4.657, de 4 de setembro de 1942) estabelece que: "Ninguém se escusa de cumprir a lei alegando que não a conhece". Da mesma forma, o artigo 21 do Código Penal afirma que ninguém pode ser poupado de ser punido em razão de desconhecer a lei. No que se refere às nossas escolhas, o princípio é o mesmo: o desconhecimento das consequências é irrelevante. Em outras palavras, independentemente de termos ou não a noção do que virá pela frente, nossas escolhas determinarão os resultados que teremos, ainda que, em algumas ocasiões, pareça que as coisas simplesmente *aconteceram*, ou como dizem, "a vida escolheu assim".

Juntamente com o livre-arbítrio, recebemos um "termômetro" chamado consciência. É ela que delimita nossas liberdades e emite um alarme quando estamos a ponto de ultrapassar os limites. Porém, a consciência é subordinada ao livre-arbítrio e, por mais que sinalize que estamos pendendo para a opção errada, ela não nos impede de prosseguir. Portanto, ainda que tenhamos um dispositivo interno que tenta nos livrar do perigo, nosso poder de escolha reina soberanamente. Diferentemente das crianças, cujas escolhas se resumem a poucas possibilidades, conforme vamos crescendo, nossas opções vão aumentando, dificultando a tarefa identificar as melhores alternativas. Por outro lado, para manter um certo equilíbrio, nossa experiência ajuda a ponderar entre as opções antes de definirmos o que faremos. E é nesse ponto que a prosperidade financeira prova o nosso caráter, pois *ter dinheiro significa ampliar nosso poder de escolha*.

Se você pretende viajar, mas seu orçamento está apertado, basicamente suas opções estarão reduzidas aos lugares mais próximos, a se hospedar em *hostels* ou na casa de parentes e a fazer passeios gratuitos ou de baixo custo. Bons restaurantes, atrações concorridas e passeios caros terão de ficar para uma próxima. Mas se você tiver muito dinheiro suas escolhas se ampliam imediatamente. Você pode fechar os olhos, girar o globo terrestre, pará-lo com o dedo e comprar uma passagem para o país que tiver sido indicado (desde que não seja a Coreia do Norte ou alguma zona de conflito!). Você pode se hospedar no melhor hotel da cidade, tomar café da manhã, almoçar e jantar fora todos os dias, conhecer as atrações que quiser, fazer todos os passeios que o tempo lhe permitir e, como uma boa brasileira, fazer comprinhas e mais comprinhas. Você nem sequer vai ligar para as taxas e impostos que a Receita Federal vai cobrar na volta, pois o dinheiro lhe confere o poder de fazer o que quiser, na hora que quiser, do jeito que quiser. Logo, se você for uma pessoa que não respeita os alertas da sua consciência, esse poder todo poderá trazer péssimas consequências.

Diante disso, você percebe facilmente que não é o dinheiro em si que muda as pessoas, pois não passa de papel ou um número no seu saldo bancário. O dinheiro nada mais é do que uma ferramenta, que assim como outra qualquer, nas mãos da pessoa certa ajuda a realizar grandes feitos, mas nas mãos da pessoa errada pode fazer grandes estragos. Talvez a "pessoa errada" não tenha causado grandes estragos apenas por não ter dinheiro suficiente e a "pessoa certa" não tenha realizado grandes feitos exatamente pela mesma razão. Mas uma vez que essas pessoas, certas ou erradas, tenham condições financeiras, elas farão o que só não haviam feito ainda por não terem a ferramenta de que precisavam. Por isso, crer que o dinheiro torna as pessoas más, perversas, orgulhosas e soberbas é um erro, afinal de contas, há pobres maus, perversos, orgulhosos e soberbos. Quando você definitivamente entende isso, automaticamente para de ter aversão pelo dinheiro e passa a enxergar a ambição pelo lado positivo.

Segundo o Dicionário Oxford, ambição tem dois significados:

1. Forte desejo de poder ou riquezas, honras ou glórias; cobiça; cupidez.
   "sua ambição abriu-lhe as portas da alta sociedade"

2. Anseio veemente de alcançar determinado objetivo, de obter sucesso; aspiração, pretensão.
   "sua ambição era tornar-se um grande pintor"

O primeiro trata-se de mero capricho, mas o segundo pode ser o combustível para se chegar aonde se deseja, afinal, qual é o problema em alcançar objetivos, ser bem-sucedido, aspirar coisas boas e ter a pretensão de alcançá-las? Uma pessoa sem essa ambição é uma forte candidata a ser aquela que escolheu não escolher, que deixa as marés da vida a jogarem de um lado para outro, que não vai atrás do que quer e acaba sendo obrigada a aceitar o que vier.

Assim como tudo na vida, a prosperidade também é uma questão de escolha. Porém, quando alimentamos crenças equivocadas, consciente ou inconscientemente, acabamos optando por viver

PROSPERIDADE É QUESTÃO DE ESCOLHA

longe dela mesmo sem saber que essa escolha foi feita com base em conceitos errados. E, obviamente, o Criador, que nos deu o livre-arbítrio, vai respeitar nossas escolhas. Por séculos − e até hoje −, muitas pessoas têm crido que a riqueza as levará ao inferno, enquanto a pobreza as levará ao céu. Embora riqueza e pobreza não sejam os critérios que decidirão o destino de nossas almas, vamos analisar uma das passagens que algumas religiões usam para incutir a falsa ideia de que somente os pobres herdarão o Reino de Deus.

> Ora, havia um homem rico, e vestia-se de púrpura e de linho finíssimo, e vivia todos os dias regalada e esplendidamente. Havia também um certo mendigo, chamado Lázaro, que jazia cheio de chagas à porta daquele; E desejava alimentar-se com as migalhas que caíam da mesa do rico; e os próprios cães vinham lamber-lhe as chagas. E aconteceu que o mendigo morreu, e foi levado pelos anjos para o seio de Abraão; e morreu também o rico, e foi sepultado. E no inferno, ergueu os olhos, estando em tormentos, e viu ao longe Abraão, e Lázaro no seu seio. E, clamando, disse: Pai Abraão, tem misericórdia de mim, e manda a Lázaro, que molhe na água a ponta do seu dedo e me refresque a língua, porque estou atormentado nesta chama. Disse, porém, Abraão: Filho, lembra-te de que recebeste os teus bens em tua vida, e Lázaro somente males; e agora este é consolado e tu atormentado. E, além disso, está posto um grande abismo entre nós e vós, de sorte que os que quisessem passar daqui para vós não poderiam, nem tampouco os de lá passar para cá (Lucas 16:19-26).

Lázaro foi um mendigo que viveu à porta de um homem tão rico a ponto de se vestir com os tecidos mais nobres e viver "todos os dias esplendidamente". A Bíblia não diz claramente qual foi a doença de Lázaro, mas provavelmente sua enfermidade foi o motivo de sua mendicância. Com as informações que vimos anteriormente, podemos concluir que o homem rico era um judeu religioso, pois chamou Abraão de pai, porém, não era nada piedoso, afinal, mesmo tendo condições, não prestou socorro ao homem necessitado que via todas as vezes que entrava e saía de casa, não lhe dando nem mesmo as migalhas que caíam de sua mesa. Por outro lado, entendemos que o mendigo se submetia a essa vida de humilhação e aceitava viver doente, embora cresse no Deus Todo-Poderoso. Ao morrerem ambos, o rico foi para o inferno e Lázaro para o céu.

Diante disso, vamos à nossa análise: se o rico tivesse ido para o inferno *por causa de sua riqueza*, como explicar que Abraão, que foi um homem riquíssimo, não só está no céu como também recebe aqueles que para lá vão? Lázaro, apesar de temente a Deus, aceitou viver daquela maneira e não teve fé para pedir a cura ou melhores condições de vida. Por sua vez, o Eterno respeitou suas escolhas e não o condenou por isso, porém, não o livrou das consequências. Aliás, outra passagem bíblica nos mostra que devemos fazer o mesmo: respeitar as escolhas de cada um sem desprezar e nem julgar a ninguém.

> Porque um crê que de tudo se pode comer, e outro, que é fraco, come legumes. O que come não desopreze o que não come; e o que não come, não julgue o que come; porque Deus o recebeu por seu (Romanos 14:2-3).

Não cabe a nós julgar as escolhas de quem quer que seja, pois o julgamento já aconteceu e o veredito é o mesmo para todos: arcar com as consequências. Dito isto, quem escolhe requerer de Deus o dom da prosperidade e está disposto a fazer todos os esforços necessários para alcançá-la não deve ser visto de forma negativa, assim como quem abre mão do direito a uma vida abundante não deve ser desprezado por isso. A Bíblia é repleta de promessas de prosperidade, porém, nenhuma delas acontece automaticamente. Tudo o que Deus nos prometeu está sempre condicionado a algo, como na seguinte passagem: "Pedi, e dar-se-vos-á; buscai e encontrareis; batei e abrir-se-vos-á" (Mateus 7:7).

Embora Jesus tenha prometido que as coisas seriam dadas e encontradas e que as portas seriam abertas, há três condicionais para que isso aconteça de fato: pedir, buscar e bater. Logo, quem não cumpre as condições não obtém os resultados da promessa. E mesmo quem as cumpre, obterá resultados conforme seus esforços: "E digo isto: Que o que semeia pouco, pouco também ceifará; e o que semeia em abundância, em abundância ceifará" (2Coríntios 9:6).

Todas as escolhas cabem a nós: se queremos prosperar, pedir, buscar, bater e semear. E se semeamos, também cabe a nós definir a forma: se muito, se pouco, se apenas o suficiente. As opções e as promessas já nos foram dadas, só nos resta requerê-las ou abrir mão, sabendo que Deus não condena nem quem semeia em abundância para viver em abundância e nem quem semeia pouco por não se importar em viver na escassez. Portanto, se você buscou este livro com a intenção de apenas sair das dívidas, limpar seu nome e poder viver modestamente do fruto do seu trabalho, ótimo! Acredito que tudo o que você leu até aqui a ajudou a abrir sua mente e entender quais são os próximos passos para alcançar o que almeja. E se você quer mais do que isso, pois entendeu que é possível ter uma vida abundante e que a prosperidade vem do próprio Deus, excelente! O importante é que cada um compreenda suas opções, pese os prós e os contras, analise as consequências e faça suas escolhas de forma consciente.

Seja qual for o seu desejo, o assunto que abordaremos no próximo capítulo poderá ajudá-la a entender o porquê de muitos brasileiros – incluindo pessoas tementes a Deus – estarem na inadimplência e no endividamento, por mais que ninguém em sã consciência *escolha* viver assim. Mas desde já fica o alerta: o que você verá a seguir vai ampliar a sua mente de tal forma que ela nunca mais voltará ao tamanho atual. Prepare-se!

9

CONHECIMENTO, IGNORÂNCIA, ENDIVIDAMENTO E INADIMPLÊNCIA

Essas quatro palavras servirão como base para este capítulo, então, que tal começarmos por seus significados? Para isso, recorreremos novamente ao Dicionário Oxford.

CONHECIMENTO

Ato ou efeito de conhecer. Ato de perceber ou compreender por meio da razão e/ou da experiência.

IGNORÂNCIA

Estado de quem não tem conhecimento, cultura, por falta de estudo, experiência ou prática. Estado de quem não está a par da existência ou ocorrência de algo.

* * *

O *conhecimento* é bem simples de entender, pois se refere àquilo que sabemos ou conhecemos, por exemplo:

- "Sei quem é sua irmã, já fomos vizinhas."

- "Conheço Londres, estive lá no ano passado."
- "Meu conhecimento em leis me deu condições de tornar-me juiz."

Já a *ignorância* é mais complexa, pois além de ser falta de conhecimento, como na definição anterior, também pode significar: não dar ouvidos a algo ou alguém; desinteresse por algo ou alguém; ou, ainda, se referir a um ato de violência ou à falta de educação, por exemplo:

- "Ouviu o conselho da mãe, mas preferiu ignorar."
- "Viu que o pai da noiva chegou à festa, mas o ignorou completamente."
- "A discussão levou os dois a partirem para a ignorância."
- "Por que responder com tanta ignorância? Acalme-se!"

Mas o sentido da palavra *ignorar* que usaremos neste capítulo será o de não dar ouvidos, ignorar conselhos e sentir na pele (e no bolso) as consequências. Antes, porém, vamos analisar as outras duas palavras, *devedor* e *inadimplente*, e seus significados:

DEVEDOR

Que ou aquele que é titular de obrigação ou conta devedora.

INADIMPLENTE

Que ou aquele que falta ao cumprimento de suas obrigações jurídicas no prazo estipulado. Que ou quem não paga suas dívidas.

* * *

Ou seja, é considerado *devedor* aquele que tem uma dívida a pagar, ainda que esteja em dia. Por exemplo: se você tem um financiamento imobiliário e está com todas as prestações pagas até o momento, você é considerada uma pessoa *endividada*, pois ainda não cumpriu

CONHECIMENTO, IGNORÂNCIA, ENDIVIDAMENTO E INADIMPLÊNCIA

em sua totalidade a obrigação de pagar o imóvel. Já o *inadimplente* é aquele que tem uma dívida vencida, ou seja, uma obrigação que não foi paga dentro do prazo de vencimento. E a depender do tempo e da ação do credor, está com ou poderá ter seu CPF negativado, o que popularmente chamamos de ficar com o "nome sujo na praça". Essa distinção é importante para que possamos entender as estatísticas que mostram como o brasileiro tem lidado com suas finanças. Uma vez esclarecidos os termos, vamos às estatísticas:

Segundo o Mapa da Inadimplência e Negociação de Dívidas no Brasil, produzido mensalmente pela Serasa, 72,66 milhões de pessoas estavam com seu CPF negativado em julho de 2024. Para se ter uma ideia do quanto isso é assustador, a quantidade de inadimplentes no Brasil é superior à população de diversos países, como Itália, Espanha, França e Inglaterra. Mais assustador ainda é saber que o brasileiro está se habituando a ser inadimplente, assim como já se habituou a ser devedor. O fato de ter uma obrigação a pagar não é um problema em si, pois em alguns casos é até melhor pagar a prazo. Quando, por exemplo, se trata de um bem de valor alto, não há desconto à vista e não há juros no parcelamento, é preferível deixar o dinheiro investido e pagar no maior prazo possível. Mas que fique bem claro: isso é *para quem já tem o dinheiro*. O problema está em ter tantos parcelamentos a ponto de comprometer boa parte da renda, arriscando-se a entrar na inadimplência caso algum imprevisto aconteça (e se há uma coisa previsível é que sempre haverá imprevistos!).

De acordo com a Pesquisa de Endividamento e Inadimplência do Consumidor (Peic), realizada mensalmente pela Confederação Nacional do Comércio de Bens, Serviços e Turismo (CNC), oito em cada dez famílias no Brasil estavam endividadas em julho de 2024. Para 86,4% desses devedores, o rotativo e o parcelamento do cartão de crédito têm sido os principais vilões. Lembrando que entra no rotativo quem não paga a fatura inteira e deixa um saldo remanescente, sobre o qual incidirão altas taxas de juros. Já quem não tem como quitar toda a fatura e opta pelo parcelamento em parcelas fixas vai arcar com taxas um pouco mais baixas do que o rotativo, mas também bastante elevadas. E é aqui que a ignorância (no sentido da falta de conhecimento) já começa a custar caro, pois o brasileiro – sem educação financeira – usa quase sempre as operações de crédito mais caras do mercado: cartão de crédito e limite da conta, sem saber que há formas de juros mais baixos e, muito menos, sem ter ideia de como viver sem recorrer ao crédito. Aliás, boa parte das pessoas usa o crédito como se fosse uma extensão do próprio salário e aceita pagar juros como se fosse uma despesa comum, como água e luz.

O pagamento de juros tem sido tão normalizado que, segundo dados da Federação do Comércio de Bens, Serviços e Turismo do Estado de São Paulo (FecomercioSP) de 2022, chegou a ser a *terceira maior despesa* no orçamento dos brasileiros, consumindo 12,6% da renda – ficando atrás apenas do aluguel e da alimentação, mas à frente de itens importantíssimos, como educação e saúde. Isso me faz lembrar de que uma das coisas mais polêmicas – e que causam divisões até mesmo entre os cristãos – é o dízimo. Muitos não aceitam cumprir o mandamento bíblico de devolverem 10% de seus rendimentos para a manutenção da igreja que frequentam.

> Trazei todos os dízimos à casa do tesouro, para que haja mantimento na minha casa, e depois fazei prova de mim nisto, diz o SENHOR dos Exércitos, se eu não vos abrir as janelas do céu, e não derramar sobre vós uma bênção tal até que não haja lugar suficiente para a recolherdes (Malaquias 3:10).

Um dos casos mais emblemáticos de que tive conhecimento foi o de um jovem que tinha o sonho de ser pastor e pregar o Evangelho na África. Os membros de sua igreja gostavam tanto de suas pregações que resolveram fazer uma vaquinha para arcar com as despesas de um curso preparatório, bem como da viagem em si. Ele era tão amado por sua comunidade que o valor ultrapassou o necessário, mas todos decidiram entregar 100% da arrecadação para o caso de

CONHECIMENTO, IGNORÂNCIA, ENDIVIDAMENTO E INADIMPLÊNCIA

ele ter algum gasto extra durante sua estadia. Porém, já no curso preparatório, o jovem pregador afirmou que nunca havia sido dizimista, que jamais seria e que nunca pregaria sobre isso, pois além de não ver o menor sentido em dar parte de sua renda, isso afastaria as pessoas que, igualmente, não concordassem. Por causa desse posicionamento, ele foi informado de que não poderia seguir com o curso, pois não seria possível enviar um pastor que não aceitasse pregar a Bíblia toda, fosse por discordância pessoal ou para agradar os membros de sua igreja. Mesmo a uma curta distância de realizar o que dizia ser seu maior sonho, o jovem desistiu tanto do curso quanto da viagem (só não abriu mão do dinheiro que havia recebido).

É no mínimo curioso ver tantas pessoas – até mesmo pregadores – se recusando a colaborar com 10% de sua renda para que as portas de suas próprias igrejas permaneçam abertas, mas achando normal pagar mais de 12% do salário em juros. Digo isso porque essas estatísticas que acabamos de ver refletem a realidade do país como um todo, o que inclui pessoas dentro e fora das igrejas. Você certamente se surpreenderia com o número de evangélicos que atendo afundados em dívidas há anos. Incluindo envolvimento com agiotas, sem saberem que agiotagem caracteriza crime de usura (Art. 4º da Lei 1.521 de 16/12/1995, que dispõe sobre crimes contra a economia popular), com pena de seis meses a dois anos de detenção e multa. São pessoas que aceitam pagar taxas de juros abusivas a um contraventor, mas não aceitam ser dizimistas para manutenção da casa de Deus. Aliás, esse tem sido o segredo da minha prosperidade financeira. Tanto que, há anos já não devolvo mais 10% de toda minha renda, mas sim, os primeiros 20%. Ou seja, antes de pagar qualquer conta ou usar qualquer centavo, devolvo 20% de tudo o que recebo. Hoje, os 80% que me sobram são mais do que suficiente para manter meu estilo de vida e ainda poupar para o futuro. Mas não pense que faço isso porque tenho condições, pois primeiro agi com fé, abrindo mão de várias coisas para cumprir com esse voto, e depois as bênçãos vieram. A fé funciona assim: primeiro damos o passo, depois Deus põe o chão.

Talvez você acredite que as pessoas estão endividadas ou inadimplentes porque ganham pouco, mas posso afirmar que não. Tanto o endividamento quanto a inadimplência têm feito parte da vida financeira de pessoas que recebem desde um salário-mínimo até as que faturam cinco ou seis dígitos por mês. A grande causadora dessa situação tem sido a ignorância (no sentido de não dar ouvidos) a um mandamento que a maioria dos cristãos conhece, mas não obedece: "O Senhor te abrirá o seu bom tesouro, o céu, para dar chuva à tua terra *no seu tempo*, e para abençoar toda a obra das tuas mãos; e emprestarás a muitas nações, *porém tu não tomarás emprestado*" (Deuteronômio 28:12).

Muita gente interpreta essa conhecida passagem invertendo a ordem das coisas, ou seja, achando que primeiro virá "a chuva" para que, depois, possamos cumprir o mandamento de "não tomar emprestado". Eu mesma pensava assim: "Quando Deus me abençoar e eu tiver muito dinheiro, aí sim, não precisarei recorrer a empréstimos". Depois é que entendi que as promessas divinas funcionam como o Princípio da Ação e Reação de Newton, onde a prática da fé é a *ação* e o cumprimento das promessas é a *reação*, isto é, primeiro eu *ajo* fazendo a minha parte para que Deus *reaja*, fazendo a parte dele. Agora, vamos meditar sobre os motivos de sermos advertidos a não entrarmos em empréstimos, incluindo as implicações financeiras e sua relação com a fé.

IMPACTO DO ENDIVIDAMENTO NO ORÇAMENTO, NA SAÚDE MENTAL E NA VIDA ESPIRITUAL

Quando você contrata empréstimos ou faz financiamentos cheios de juros, inverte o tempo, ou seja, compromete um dinheiro que receberá no futuro para pagar gastos feitos no passado, o que, por si só, contraria o que diz a passagem: "para dar chuva à tua terra no seu tempo". Na agricultura, primeiro é preciso plantar para que a terra semeada possa se beneficiar da chuva. Se a semente não tiver sido plantada, pode vir a chuva que for que nada nascerá. Ou seja, se você não tiver nenhuma fonte de renda, como o Senhor irá "abençoar toda a obra das tuas mãos"? Falaremos mais sobre isso no próximo capítulo, mas seguindo nossa linha de raciocínio, empréstimos e financiamentos são como querer colher antes de ter plantado.

Imagine que você adquire um pedaço de terra, planta suas sementes, mas não quer esperar a colheita. Você vai até o sítio vizinho e pede hortaliças emprestadas prometendo que quando colher da sua própria plantação, devolverá o que emprestou. Porém, como o vizinho terá de esperar até o tempo da colheita, ele coloca uma condição: a cada unidade que ele lhe emprestar, você terá de devolver duas. Você aceita e fica feliz, afinal, foi fácil, rápido e você terá hortaliças em abundância para as refeições da semana toda. Na semana seguinte, ao vistoriar seu campo, você percebe o óbvio: suas hortaliças ainda não estão prontas para serem colhidas e sua família está com fome novamente. Zero problema! Você já descobriu a "solução" fácil e rápida: pegar mais hortaliças com o seu vizinho, afinal, ele tem bastante e concordou em emprestar.

Você repete o plano por várias semanas, até que finalmente chega a hora da sua colheita! Que felicidade! "Vou pagar o que devo e, de agora em diante, vou usufruir dos frutos do meu trabalho", pensa você. Só há um probleminha... ao fazer as contas, você terá de entregar quase toda a produção ao vizinho e o pouco que restar não será suficiente para alimentar sua família nem mesmo por uma semana. Sem entender que a sua "solução" foi a causa desse problema, na semana seguinte você já está na porteira do vizinho fazendo novos empréstimos. E mais: vendo que você foi um bom pagador, seu vizinho lhe diz que seu crédito aumentou e você pode pegar mais hortaliças do que antes. Sensacional! Chegando em casa, você diz para a sua família que, naquele mês, terão ainda mais hortaliças porque o vizinho lhe "presenteou" com mais crédito!

Mês após mês você segue no mesmo ritmo: cada vez mais crédito, cada vez mais hortaliças para alimentar a família e todos cada vez mais felizes. Esse ciclo que se repetirá por tanto tempo que, apesar de ter seu próprio campo, suas próprias sementes e saber plantar, você se tornou dependente do campo do vizinho.

Hoje em dia, muitas pessoas são protagonistas desse filme: têm um campo (emprego), têm as sementes necessárias (conhecimento), sabem plantar (executar seu trabalho), mas quem usufrui de sua colheita (salário) é o vizinho (banco).

Inverter o tempo querendo colher antes de plantar significa comprometer o futuro, como na analogia que acabamos de ver, mas com um possível (e bem provável) agravante: se houver problemas com a plantação (perda do emprego ou diminuição de renda), você passará de devedora a inadimplente. Nesse caso, o credor poderá tomar atitudes contra você para forçá-la a pagar o que deve acrescido de multas e mais juros ainda, agravando a sua situação.

Quantas não são as pessoas que se veem presas a um emprego que detestam por estarem cheias de dívidas e não poderem nem sequer pensar em pedir demissão? Em alguns casos, a "escravidão" das dívidas é tão severa que há quem recorra até a atividades ilícitas para tentar se livrar da situação (nem preciso dizer que isso só piora, não é mesmo?). Você percebe como uma coisa que parece tão simples e "que todo mundo faz" pode ter muitas complicações? Para piorar, esse contexto pode afetar não somente o bolso, mas também a saúde mental e a vida espiritual.

Segundo dados da Organização Mundial de Saúde (OMS), divulgados em 2023, o Brasil é o país com o maior número de habitantes com ansiedade patológica em todo o mundo: 9,3% da população, cerca de 20 milhões de pessoas. As questões financeiras aparecem entre as principais causas, afinal de contas, quem vive em paz sendo cobrado dia e noite, sem saber se terá dinheiro para pagar as contas, com medo de perder o carro, a casa e até mesmo a dignidade?

Estamos vivendo um período da história em que o dinheiro se tornou prioridade na vida de grande parte das pessoas. É claro que a preocupação em ter condições financeiras para viver dignamente sempre foi uma preocupação, mas fato é que hoje em dia as coisas parecem ter saído do controle, pois muita gente tem se sacrificado para encher a casa (e a vida) de coisas supérfluas. Vejamos um exemplo simples: antigamente, para se montar uma cozinha, poucos eletrodomésticos eram necessários. A lista encabeçada por geladeira e fogão era complementada com um liquidificador, uma batedeira e, talvez, um espremedor de frutas. Hoje em dia, o céu é o limite!

Há pouco mais de 50 anos era comum que uma família tivesse um único automóvel por toda a vida e ainda o deixasse de herança para os filhos. Os aparelhos de telefone eram substituídos apenas em caso de quebra – o que era bem raro – e uma televisão na sala de estar era o suficiente para toda a família. Hoje, as pessoas têm uma TV em cada cômodo da casa – incluindo a cozinha –, automóveis são trocados periodicamente e alguns celulares custam quase o preço de um carro!

E o que dizer da indústria da moda? Até 2010, meu marido produzia catálogos de moda para diversas marcas. Geralmente eram feitos dois por ano: um para a coleção primavera/verão e outro para outono/inverno. Hoje, a indústria de *fast fashion* lança 52 coleções por ano, uma por semana! A velocidade é tão absurda que chega a ser quase inacreditável que há menos de 15 anos os catálogos impressos – que levavam cerca de 20 dias para ficarem prontos – eram responsáveis por boa parte do nosso faturamento. Se não tivéssemos nos reinventado, certamente estaríamos falidos!

A título de curiosidade, fui pesquisar quantas peças de roupa as mulheres costumavam ter no passado e me deparei com uma complexidade surpreendente de informações. Para levantar dados de dois séculos atrás, por exemplo, os historiadores se baseiam em inventários de pessoas falecidas, que incluíam suas peças de roupa por serem artigos de muito valor. Mesmo as roupas das famílias mais pobres eram confeccionadas em tecidos de alta qualidade – pois duravam literalmente décadas – e por meio de processos bastante elaborados.

Em 1871, a edição de abril da revista americana *The Phrenological Journal and Life Illustrated* publicou um artigo chamado *Elinor's Wardrobe* (O Guarda-roupa de Elinor, em tradução livre), falando sobre como ela havia montado seu *closet* com poucas peças de alta qualidade – dois vestidos de verão e um de inverno – e os usava com elegância, variando os *looks* com poucos acessórios igualmente de boa qualidade. Se Elinor comprava vestidos novos? Sim, um a cada dois anos! Já sua vizinha Ann Eliza não era nada elegante, pois apesar de possuir a quantidade *absurda* de 19 vestidos, eram todos de baixa qualidade. Segundo o artigo, "Ann Eliza usava um guarda-sol barato, um leque gasto, um par de luvas desbotado, acessórios da 'loja de um dólar' e, invariavelmente, botas surradas". Não é curioso que naquela época já existissem lojas de um dólar? E o que dizer do "cancelamento" da coitada da Ann Eliza em pleno século 19?

Nos anos 1930, o guarda-roupa feminino já havia aumentado consideravelmente em comparação ao de Elinor, a elegante, com uma média de 20 peças principais. Já na década seguinte, o número quase dobrou, chegando a uma média de 36 que, aliás, é o objetivo dos armários cápsula: terem entre 35 e 40 peças. Mas e hoje? De acordo com a *Part of the Public Interest Network* (PIRG), os americanos estão comprando mais roupas do que nunca: uma média de 53 peças por ano, quatro vezes mais do que no ano 2000.

A princípio, o avanço da tecnologia tinha o objetivo de nos proporcionar uma vida mais tranquila, com mais conforto e mais tempo livre, mas agora tudo se inverteu. As pessoas se veem quase que obrigadas a comprar mais coisas, que duram cada vez menos, e vivem cada vez mais preocupadas em ter mais dinheiro para comprar mais coisas que, daqui a alguns anos, serão ainda mais descartáveis. E a pergunta é: será que precisamos mesmo de tudo isso? Será que as coisas que a publicidade *garante* que nos farão felizes estão mesmo nos deixando mais felizes? Será que vale a pena trabalhar exaustivamente, se endividar, comprometer seu futuro e viver à beira da escravidão para comprar cada vez mais e mais coisas em busca da felicidade, mas sentir-se cada vez mais infeliz por ter de trabalhar exaustivamente, se endividar, comprometer seu futuro…?

Esse estilo de vida frenético, baseado numa insatisfação constante alimentada pelo uso desenfreado do crédito também afeta negativamente a vida espiritual. As pessoas estão tão focadas em trabalhar

CONHECIMENTO, IGNORÂNCIA, ENDIVIDAMENTO E INADIMPLÊNCIA

para pagar dívidas – que crescem a cada mês – que esquecem de cuidar de sua espiritualidade. Muitas já não têm tempo para ir à igreja, ler a Bíblia, meditar, fazer suas orações. O número de "desigrejados" e a ideia de que é possível se manter firme na fé em casa (escolhendo o assunto dos cultos que assistirão pela internet), tem se alastrado rapidamente, contrariando o que a Bíblia diz: "Não deixemos de reunir-nos como igreja, segundo o costume de alguns, mas encorajemo-nos uns aos outros, ainda mais quando vocês veem que se aproxima o Dia" (Hebreus 10:25, NVI).

"O Dia" se refere ao fim dos tempos, que está mais próximo do que nunca, e a orientação é nos *reunirmos* como igreja, pois não há como congregar (que significa agregar, unir, ajuntar, agrupar) sozinho. No mundo selvagem, animais que se distanciam de seu bando se tornam presas muito mais fáceis do que aqueles que permanecem juntos. Isso diz muita coisa e não devemos ignorar.

Além disso, do ponto de vista espiritual, tomar emprestado pode ser um indício de falta de fé e até de rebeldia. Certa vez, orientei uma pessoa cristã, nos Estados Unidos, que estava altamente endividada (o endividamento lá também é bastante comum). Depois do atendimento, ela se animou e disse estar disposta a mudar de comportamento, pois reconheceu que a causa de sua situação não era um baixo salário e nem que Deus não era generoso com ela (como pensava), mas, sim, os altos gastos que, em sua maioria, eram para comprar coisas desnecessárias, como uma coleção de roupas, calçados e acessórios (incluindo diversos vestidos de festa que ela usava apenas uma vez), além de uma infinidade de maquiagens e produtos de beleza (incluindo um armário cheio de secadores de cabelo, pranchas, modeladores de cachos e todo tipo de pentes e escovas). Porém, meses depois, ela me escreveu contando que havia "se rendido" a mais um empréstimo porque *Deus* não havia atendido às suas orações. "Eu orei, pedi, clamei, mas eu sabia que Ele não *mandaria* o dinheiro que eu precisava. Daí eu vi que teria de resolver sozinha mais uma vez!", disse ela. Em outras palavras: "eu até pedi, mas nunca cri". E por que ela não conseguia crer? Porque sabia que o dinheiro de que precisava era para cobrir mais gastos em coisas desnecessárias que ela não deveria ter feito. Na verdade, ela não havia se rendido a um empréstimo porque Deus não a atendeu, mas porque havia voltado ao velho comportamento de comprar descontroladamente. Porém, para se eximir da responsabilidade, foi mais fácil culpar a Deus.

A vida financeira diz muito sobre a vida espiritual, mas não no sentido de que aqueles que têm mais dinheiro estão mais perto de Deus e aqueles que não têm estão longe dele. Nada disso! A questão é que para prosperar é preciso exercitar a fé, mas nem todos têm fé suficiente para crer nas promessas de Deus. Como vimos, os motivos dessa falta de fé podem estar ligados a crenças limitantes, a religiões que pregam a pobreza como símbolo de humildade e meio de purificação espiritual, mas também podem estar ligados a uma descrença pessoal ao não verem essas promessas se cumprindo em suas vidas. Uma das coisas que mais ouço de pessoas religiosas é que elas jamais viram as "janelas dos céus" abertas, derramando "bênção sem medida", como diz a passagem de Malaquias 3:10. O que elas ainda não sabem é que, provavelmente, elas mesmas estão *limitando* a medida das bênçãos em suas vidas. Esse assunto é de extrema importância, ainda que você não tenha nenhuma familiaridade com a Bíblia e nem mesmo a intenção de ter, pois certamente essa visão será uma "virada de chave" na sua vida e, por isso, dedicaremos um capítulo especialmente para tratar desse assunto.

10

HÁ UM COPO LIMITANDO A SUA VIDA

Você conhece a parlenda "Lá em cima do piano"? Ela foi tão presente em minha infância que até hoje não consigo ver um piano sem me lembrar da canção:

"Lá em cima do piano
tem um copo de veneno,
quem bebeu morreu,
o culpado não fui eu!"

Certa vez, eu e minha prima Eloisa, do alto de nossos cinco ou seis anos de idade, começamos a filosofar a respeito desses versos, mas a coisa não acabou muito bem...

— Pra que colocar um copo de veneno bem em cima de um piano? — perguntou ela.

— Sei lá... pra matar alguém! — respondi.

— Só que qualquer um pode tomar e morrer, e não vai ter como saber quem vai ser! — ponderou.

— Quem mandou ser curioso e beber as coisas dos outros? — sentenciei sem dó nem piedade.

— E se fosse o Miu que tomasse? — provocou ela, referindo-se ao meu amado gato branco e laranja.

— Aqui não tem veneno nenhum! — gritei com raiva por ela ter tocado no meu ponto fraco.

— Você não sabe se tem ou não tem! E se alguém colocou veneno de rato e o Miu pensar que é...

Sem esperar que ela concluísse, dei fim à conversa:

— Aqui não tem piano nenhum e eu não vou brincar disso nunca mais!

Claro que não foi a última vez que cantamos aquela música batendo as mãos para ver quem perdia, até porque, cinco minutos depois de termos "ficado de mal para sempre", ela já vinha conversar comigo fingindo que nada havia acontecido. Isso era tão frequente que até inventamos um verbo para expressar esse comportamento: "eloisar". Quando uma pessoa fica "pianinho" depois de ter feito alguma bobagem, fingindo que nada aconteceu, significa que ela está "eloisando"!

Pois bem, agora que contei nosso código de família guardado a sete chaves por décadas (e que provavelmente não vai acrescentar nada à sua vida!), vou contar o segredo que vai fazer toda diferença: vou revelar qual é o copo que está limitando a sua vida financeira. Mas antes, vamos reler o versículo que promete a bênção sem medida que muitas pessoas jamais viram: Trazei todos os dízimos à casa do Tesouro, para que haja mantimento na minha casa; e provai-me nisto, diz o SENHOR dos Exércitos, se eu não vos abrir as janelas do céu e não derramar sobre vós bênção sem medida (Malaquias 3:10, ARA).

Quando penso em uma imagem para ilustrar as janelas dos céus abertas e as bênçãos sendo amplamente derramadas, me vem à cabeça as Cataratas do Iguaçu. Se possível, faça uma pequena pausa na leitura e pesquise uma imagem desse lugar para acompanhar a analogia (mas cuidado para não se distrair na internet e me deixar aqui falando sozinha!). Agora, transporte-se para lá, imaginando-se diante daquela imensa queda d'água. O que você sentiria: um certo medo por estar perto de algo tão gigantesco? Maravilhada por testemunhar aquela demonstração de força da natureza? A gente se sente uma formiguinha, não é mesmo? Afinal, quem de nós poderia conter aquela explosão de energia extraordinária? É dessa forma que imagino a força das bênçãos derramadas através das janelas dos céus: ninguém jamais poderá detê-las. A não ser uma coisa. O *copo*.

Para entender como isso é possível, imagine-se totalmente envolvida naquela cena incrível: você fecha os olhos e se concentra no som estrondoso das águas se precipitando bem ali, tão pertinho que dá para sentir os respingos molhando o seu rosto e cobrindo o seu corpo com milhares de gotas refrescantes. Naquele momento, os problemas não existem, as notificações do celular ficarão inaudíveis e ninguém poderá roubar aquela sensação de paz... Mas eis que de repente, mesmo em meio àquele som arrebatador, você ouve nitidamente uma *voz* que diz: "Sabia que um litro dessa água vale um grama de ouro?" Você não sabe quem está falando e nem como é possível ouvir essa *voz* com todo aquele barulho, mas, de qualquer forma, isso a deixa curiosa e pensativa: "Como assim, um litro vale um grama de ouro? Se fosse assim, essa cachoeira que jorra água infinitamente teria um valor incalculável! E quem tivesse acesso a essa água também faria uma fortuna e tanto... Seria possível existir uma riqueza tão grande assim?"

Esse alguém, capaz de falar tão claramente, também conhece os seus pensamentos e sabe que, embora curiosa, você também está um tanto incrédula em relação ao que acabou de ouvir. Ele entende que você não poderia imaginar algo tão grandioso, por isso, não se ofende. Ao contrário, ele tem uma proposta para você: "Para que você faça a prova de que tudo o que lhe digo é real, permito que pegue toda a água que quiser. É preciso apenas que você tenha algo com que recolher a água e depois vá negociá-la em troca do seu ouro. Vamos, fique à vontade para fazer isso agora mesmo!" E a *voz* ainda acrescenta: "Você pode voltar aqui uma vez por mês e levar toda a água que quiser!"

Diante desse convite irrecusável, você abre os olhos e começa a buscar um recipiente bem grande, o maior que puder encontrar, para recolher o máximo de água possível. Quem sabe alguém tenha deixado um barril por ali? Mas imediatamente você pensa:

"Não, nada disso... Desse jeito vai parecer que eu sou ambiciosa... é melhor me contentar com um recipiente menor. Isso! Vou procurar algo mais despretensioso, 'mais humilde', porque eu não preciso de muito. Assim vou mostrar que não sou gananciosa!"

Esquecendo-se de que a *voz* disse que você poderia pegar toda a água que quisesse – e sem qualquer interferência de algo ou alguém –, você mesma, por sua conta, muda o foco e passa a agir baseada no pensamento de que pegar tudo o que quisesse deporia contra si mesma. Então, você procura, procura, procura, encontra alguns barris, tonéis e galões, mas passa direto, pois o seu foco está em achar apenas uma jarra ou algo do tipo. Sem encontrar o que procura, você começa a ficar aflita: "Será possível que eu não vou conseguir recolher água nenhuma mesmo estando tão perto? Por que essas coisas *sempre* acontecem comigo? Eu sabia que era bom demais para ser verdade!"

Mas no momento que você já estava disposta a ir embora, conformada em levar uma vida de perda atrás de perda, você se lembra de um pequeno copo que leva sempre na mochila! É um daqueles retráteis de borracha que você comprou justamente para tomar água nos momentos de sede. "Graças a Deus!", você comemora, sem se importar que, mesmo diante de milhões e milhões de litros, só vai recolher 200 ml daquela água preciosa. "Eu cheguei aqui sem nada mesmo... enchendo meu copinho já estou no lucro, né?", você consola a si mesma.

Na sequência, você desdobra o copo e o enche até a boca. Pronto! Para negociar a sua água preciosa, você decide ir até a "Feira das Águas" onde diversos tipos de água são trocados pelas mais diferentes mercadorias. Na certeza de que um bom negociante saberá diferenciar a sua água das demais, você segue o seu caminho, feliz por ter encontrado aquela fonte de renda. Mas durante o trajeto, muitos pensamentos começam a rondar a sua cabeça:

- "Será que não vai ter mais gente com a mesma água que eu?"
- "Como é que eu vou explicar que um litro da minha água vale um grama de ouro?"

- "E se ninguém acreditar em mim?"
- "E se debocharem de mim, rindo da minha cara?"
- "Eu não sei negociar, não vou saber argumentar... definitivamente eu não *nasci* para isso..."
- "Acho que ir negociar não é uma boa ideia..."

Mais uma vez, você ignora completamente aquela *voz* que tem o poder sobrenatural de se fazer ouvir em meio ao estrondo da cachoeira e de saber até mesmo o que se passava na sua mente, preferindo dar ouvidos a vozes de derrota. O seu pensamento está focado apenas em fugir de uma situação imaginária de vergonha, onde a sua pseudoincapacidade de negociação ficaria patente e lhe renderia um constrangimento enorme. Você se diminui de tal forma que também se esquece de que tem em mãos algo valioso, além do que, todas as demais pessoas que estarão na "Feira das Águas" têm o mesmo objetivo em comum, logo, não faz nenhum sentido dar ouvidos às dúvidas que invadiram a sua mente.

Em meio àquele turbilhão de pensamentos negativos e da indecisão sobre seguir seu caminho ou voltar para casa, você percebe que a temperatura subiu bastante e que está com muita sede. Sua garganta está seca e, por alguns instantes, você muda o foco para o fato de que tem ali, bem nas suas mãos, aquela água fresquinha. Ora, você não anda com aquele copo na mochila justamente para os momentos de sede? Será que faz sentido ter água e não beber? Vai inventar de *morrer* de sede por acaso? A decisão é tomada em uma fração de segundos: você entorna o copo bebendo tudo num gole só! Ah, que maravilha! Foi muito bom porque você se livrou de dois problemas de uma vez só: da sede e da angústia de negociar a sua água. Isso a faz voltar para casa aliviada e satisfeita. Um mês depois, passado o efeito daquela água, lá está você: com sede e sem uma gota de água para beber. Mas isso não é um problema, afinal, você pode voltar à cachoeira e pegar mais água. E é exatamente isso que você faz: volta, enche o seu copinho e fica feliz em poder desfrutar de mais um mês sem sede. Nem sequer passa pela sua cabeça a ideia de investir em um recipiente maior, afinal, ir até a cachoeira já toma muito do seu tempo e você precisa descansar. Ninguém é de ferro, né? E outra: não dá para viver só pensando em água ou ficar achando que precisa de mais porque talvez, em algum momento, aquela quantidade não seja o suficiente. "Deixa que se acontecer alguma coisa, depois eu dou um jeito", é o que você sempre diz com muito otimismo! Aliás, você é tão otimista que, muitas vezes, já toma toda a água no caminho da cachoeira para casa, como fez na primeira vez, afinal, para que deixar para depois se a água dura o mês todo e esse é o tempo exato de você pegar mais? Você se sente confortável, tranquila e contente com seu novo estilo de vida.

Embora você sempre mantenha o pensamento de que jamais acontecerá nenhum imprevisto, eis que um belo dia você tropeça durante o trajeto e derruba toda a água pelo chão. A terra seca absorve todo o líquido em segundos e não há nada que você possa fazer para recuperar a água derramada... "Por que eu não guardei nem um pouquinho daquela água para negociar? Por que a *voz* não me avisou que isso podia acontecer? Por que, sendo ela tão poderosa, não impediu que eu tropeçasse? Por quê? Por quê?", você se questiona sem entender como aquela injustiça foi acontecer logo quando as coisas estavam indo tão bem. Você também se arrepende por nunca ter se preocupado em obter um recipiente maior, com uma tampa ou algo que o deixasse mais seguro caso caísse, quem sabe até um hermético, mais resistente que aquele frágil copinho de borracha. Enfim, agora já foi e, como se diz por aí, "vida que segue". Você nunca teve sorte mesmo... Inclusive, quem sabe se aquele tropeção não é a vida chamando você de volta para a realidade, trazendo à sua memória que o seu "normal" é uma vida de escassez e de espera por "dias melhores"? Em meio a todos esses pensamentos de derrota, você só se esqueceu de uma coisinha: quem fez todas as escolhas até aquele momento foi você mesma. Agora é aprender com o erro e concentrar-se em fazer melhores escolhas daqui para frente!

QUALQUER SEMELHANÇA, NÃO É MERA COINCIDÊNCIA

As diferentes peças desse quebra-cabeça começam a fazer sentido:

- As cataratas representam as janelas dos céus;
- O infinito volume das águas representa a bênção sem medida, prometida no livro de Malaquias;
- A *voz* que lhe permite recolher a água todos os meses é do próprio Deus;
- O copo retrátil de borracha representa sua fonte de renda (seu emprego, seu negócio).

Seguindo essa linha de raciocínio, entendemos que a parte de Deus *não será* feita, mas já *está* feita, pois as janelas dos céus estão abertas e a bênção sem medida já está sendo derramada. Falta apenas que a nossa parte seja feita: sermos dizimistas fiéis, trabalharmos honesta e esforçadamente e fazermos as melhores escolhas. Em nossa analogia, usei propositalmente um copo retrátil de borracha por ser de tamanho variável: podemos abri-lo totalmente, de forma que atinja sua maior capacidade, ou abrir apenas uma ou duas dobras, deixando-o um pouco menor. Não é exatamente isso que acontece com os salários? O mesmo ocorre com quem empreende: há meses de lucros mais altos, outros de lucro mais baixos e, infelizmente, meses onde há prejuízos. Às vezes os descontos são maiores e o trabalhador recebe menos, e há meses em que ele pode receber mais. Além disso, esse tipo de copo possui mais um agravante: ele é bastante instável (segure-o com um pouco mais de firmeza e ele pode desmontar facilmente). Depender de uma única fonte de renda (principalmente se você não tem ingerência sobre ela, como é o caso de um salário) é como ir a uma fonte inesgotável apenas com um copinho frágil nas mãos. E se esse recipiente se perder, ainda que a fonte continue lá, você não terá com que recolher a água. O ideal é que tenhamos sempre mais de um recipiente para recolher a água, ou seja, mais de uma fonte de renda, pois se alguma falhar, temos outra(s) para equilibrar o orçamento. Muita gente pensa que isso não é possível, pois sua principal fonte toma praticamente todo o seu tempo, mas a verdade é que, se você estiver aberta a essa possibilidade, verá que, apesar de ser algo desafiador, é perfeitamente factível.

Apesar de sermos pessoas diferentes e com estilos de vida diferentes, todas nós recebemos a cada dia a mesma porção de tempo: 1.440 minutos, nem um minuto a mais e nem um a menos. E apesar de esse tempo ser finito e absoluto, a nossa percepção sobre ele também é diferente. Por exemplo: quando estamos nas redes sociais, nos divertindo em uma festa ou entretidas em uma boa conversa, três horas parecem ser 30 minutos. Mas quando estamos numa fila, querendo ir embora de algum lugar ou sentindo dor, 30 minutos parecem ser três horas. Com isso, quero dizer que, se você acha impossível manter o copo enquanto busca uma jarra, galão ou barril para recolher mais água, sua percepção de tempo pode estar equivocada. Vou lhe contar dois momentos da minha história para ilustrar que quando há prioridade e foco, a gente *faz* tempo.

O primeiro momento se passou no começo dos anos 1990, quando iniciei minha carreira profissional. Trabalhei em regime CLT por oito anos em uma empresa que ficava 22 quilômetros distante da minha casa, o que representava duas horas e meia para ir e o mesmo tempo para voltar. Todas as manhãs eu tomava um ônibus até o metrô, o que levava cerca de 35 minutos. Da estação ao centro da cidade eram mais 25 minutos. Em seguida, era hora de andar dez minutos a pé até a parada de ônibus e aguardar mais vinte até embarcar, pois as filas eram longas e o número de ônibus sempre insuficiente. O último trajeto levava 50 minutos e, após outros dez minutos de caminhada, eu batia o cartão já cansada. Quando chovia, além de cansada, eu chegava molhada! Depois de, no mínimo, oito horas de trabalho, lá ia eu enfrentar o mesmo trajeto e chegar em casa por volta das nove horas da noite. A parte boa desse perrengue todo era que, na maioria dos dias, eu conseguia me sentar e ler bons livros. Era assim que as horas passavam mais depressa. Chegando em casa, minha vontade era *desmaiar* na cama e *ressuscitar* só na manhã seguinte, mas eu ainda precisava jantar, preparar a marmita e separar a roupa do dia seguinte.

Naquela época, o que eu mais queria era um carro, pois meu tempo total no trânsito se reduziria a apenas duas horas. Pode parecer muito, dependendo da região onde você mora, mas para quem gastava cinco horas era um tremendo luxo ter 180 minutos "a mais" por dia. Só havia um probleminha: meu salário não era suficiente para ter um carro... Eu precisaria apertar o cinto e economizar o máximo possível para comprar o carro de entrada de pessoas como eu (assalariadas em começo de carreira): um fusquinha com uns vinte anos de uso. Todos os meses, passei a separar um pouco do meu salário (em cruzeiros) e trocar por dólares, até que, em 1992, com os mil dólares que juntei, comprei meu primeiro carro: um Fusca bege ano 1974. Se eu que nasci em 1972 era *nova* naquela época, o carro de 1974 era mais *novo* ainda!

Por mais que parecesse que meus problemas tinham acabado e eu finalmente teria três horas "a mais" no meu dia, eis que percebo que os gastos com gasolina para o mês todo ficavam acima do meu orçamento. Que tristeza sair de casa para pegar ônibus e metrô deixando o carro na garagem... Aquilo não podia continuar daquela forma e eu tinha que dar um jeito. Numa noite, ao subir no último ônibus de volta para casa, depois de meses e meses pensando no que eu poderia fazer para aumentar a minha renda, o trânsito estanca e ninguém anda nem para frente e nem para trás. Dois caminhões do Corpo de Bombeiros passam com dificuldade e mais algumas viaturas da polícia. Quando finalmente o trânsito é liberado, vejo que o incêndio havia sido na loja de camisetas legais do bairro. No dia seguinte, passando pelo mesmo local, vi que os proprietários colocaram uma faixa com um texto inusitado: "QUEIMA total do que sobrou do nosso estoque: 50% de desconto!" Todos os passageiros riram, eu inclusive, mas notei que tinha o dinheiro para comprar uma camiseta, então, dei o sinal rapidamente e desci. Ao ver o ônibus indo embora me lembrei que estava uns vinte pontos antes de casa e meu vale-transporte era contado... mas naquela hora não havia nada que eu pudesse fazer, então, entrei na loja e escolhi cuidadosamente a camiseta mais bonita de todas. Como demorei e ficou tarde para voltar andando, acabei pegando outro ônibus e gastando um precioso "passe", como chamávamos na época.

No dia seguinte, fui trabalhar com a camiseta no corpo e um plano na cabeça. Ao ver alguns funcionários reunidos, cheguei perto e disparei: "Oi, gente! Gostaram da minha camiseta?" Eles riram, examinaram a peça e viram que era bonita e de boa qualidade. "Gostei, onde você comprou?", perguntou uma das meninas. Na velocidade da luz, respondi: "Eu estou vendendo!" Ela quis saber se tinha rosa e eu: "Claro! Tamanho M? Posso trazer amanhã para você!" Ela concordou e já estava saindo quando me lembrei de que não tinha um centavo para comprar outra camiseta... sem contar que ainda teria de gastar outra passagem extra ao descer novamente longe de casa. Mas de repente, ela voltou e disse: "Nossa, nem perguntei quanto é!" Informei o preço – exatamente o dobro do que paguei – e ela tirou o dinheiro do bolso e me entregou: "Traz duas. A outra você pode escolher, confio no seu bom gosto!" Peguei o dinheiro e tive de me conter para não gritar de alegria ao ver que era o suficiente para comprar quatro camisetas: as duas encomendadas e mais duas que ofereceria a pronta entrega no dia seguinte. E foi assim, aproveitando aquela oportunidade – e com uma boa ajuda da *voz* que falou com minha primeira cliente para que ela pagasse antecipado –, que comecei minha segunda fonte de renda.

Com a venda das primeiras quatro camisetas, comprei oito, com a venda das oito, comprei dezesseis e assim fui *ampliando* meu negócio. Vendi as camisetas da loja incendiada por umas três semanas, tempo em que percebi que tinha facilidade para identificar os gostos e oferecer as peças para as pessoas certas. Mas eu sabia que isso não duraria muito mais tempo, pois o estoque promocional estava acabando e eu não teria mais como vender ao preço que estava praticando. Então, tive outra ideia: aos sábados, comecei a visitar atacadistas de moda para pesquisar preços e ver se a revenda era viável. A estratégia foi a mesma: comprei um conjunto para mim e usei no trabalho divulgando que agora eu estava vendendo outros tipos de roupa. Funcionou! O dinheiro extra que ganhava com as vendas dava para cobrir as despesas com gasolina e eu já não precisava mais andar de condução. O carro ajudou muito, pois foi o que me possibilitou levar uma boa quantidade de roupas todos os dias e, ao mesmo tempo, chamar as pessoas até o estacionamento para mostrar as mercadorias. As horas "a mais" no meu dia eram usadas para calcular os preços, embalar as roupas, manter meu estoque organizado e cuidar do meu fluxo de caixa.

Depois de alguns anos trabalhando como CLT e mantendo minha atividade de renda extra, surgiu a oportunidade de fazer minha primeira viagem internacional: eu iria para Israel! Dias antes da viagem, uma amiga chegou ao trabalho com um perfume delicioso que eu logo quis saber que maravilha era aquela. Tratava-se de um perfume importado muito difícil de encontrar no Brasil à época e, quando se achava, custava cerca de 150 dólares. "Gente, que preço é esse?", exclamei, mas ela contou que comprava no Duty Free ou aproveitava quando alguém viaja ao exterior e trazia para ela por menos da metade do preço. E ainda acrescentou: "Se eu soubesse de alguém que vai viajar pediria para trazer outro porque este está no fim..." Então me deu um estalo: "Eu vou, eu compro, eu trago para você!"

No meu departamento havia quase trinta pessoas, então, comecei a perguntar um por um quem queria alguma coisa do exterior, pois eu estava indo viajar. Em questão de dois dias eu já estava com uma lista de coisas, a maioria perfumes, que meus amigos haviam me encomendado e dado um valor como sinal. Liguei para um importador, pesquisei os preços no Brasil e fiz minha *tabela* com preços mais baixos, pois como iria pagar bem menos no Duty Free, a diferença seria meu lucro. Com o ganho das vendas pude fazer minhas comprinhas na Terra Santa, o que tornou a viagem ainda mais especial!

Para minha surpresa, meses depois, meus amigos (e até pessoas que eu nem conhecia) vieram me pedir mais perfumes, mas eu não tinha nada para vender, pois havia trazido apenas as encomendas. Porém, em vez dispensar os *clientes*, decidi usar aquela oportunidade para fazer uma nova viagem e visitar minha irmã que, naquela altura, morava em Buenos Aires. Fiz isso algumas vezes, mas como as cotas de importação eram de apenas 500 dólares – e eu não queria virar *muambeira* –, comecei a pesquisar outras coisas que poderia comprar no Brasil e que me garantissem uma boa margem de lucro. Praticamente todos os dias eu tinha algo diferente para vender e, além de ser uma atividade que eu gostava muito de fazer, aquela renda extra chegava, às vezes, à metade do meu salário.

Já o segundo momento se passou quando saí desse emprego e fui contratada por uma editora argentina com o desafio de iniciar as atividades da empresa no Brasil. Mesmo diante da oferta de um salário maior, fiquei um pouco desconfortável, pois os argentinos não "assinaram minha carteira". Eles não conheciam o peso da CLT antes de me oferecerem o salário e, quando ficaram cientes dos encargos, me mostraram matematicamente que caso me registrassem eu receberia muito menos, pois o valor do salário que podiam me pagar já estava definido. De qualquer forma, disseram que a escolha seria minha. Eu simplesmente não podia acreditar naquelas contas e fui me informar para ver se aquilo era real: "Como o funcionário recebe menos da metade do que a empresa gasta com ele? Não pode ser!", dizia eu. Mas a matemática não mente e a CLT é implacável. Se você nunca viu esse cálculo de perto, vou detalhá--lo a seguir em duas modalidades, pois os encargos dependem do regime tributário das empresas: Lucro Real, Lucro Presumido ou Simples Nacional.

Exemplo para empresas optantes pelo **Lucro Real** ou **Lucro presumido**:

- Férias: 11,11%
- 13º salário: 8,33%
- INSS: 20%
- Seguro acidente de trabalho (SAT): 3%

- Salário-educação[1]: 2,5%
- Incra/Senai/Sesi/Sebrae/Sest/Senat*: 3,3%
- FGTS: 8%
- FGTS/Provisão de multa para rescisão: 4%
- Previdenciário sobre 13º/Férias/DSR: 7,93%
- **Total: 68,18%**

Considerando esses descontos, um funcionário cujo salário-base é R$ 3.500 terá os seguintes descontos:

- INSS: 12%
- IRRF: 15%
- Vale-transporte: 6%
- Vale-refeição: R$ 198[2]

Diante disso, esse funcionário custará R$ 5.886 para a empresa, mas receberá cerca de R$ 2.767 de salário líquido.

Exemplo para empresas optantes pelo **Simples Nacional**:

- Férias: 11,11%
- 13º salário: 8,33%
- FGTS: 8%
- FGTS/Provisão de multa para rescisão: 4%
- Previdenciário sobre 13º/Férias/DSR: 7,93%
- **Total: 39,37%**

---

[1]As contribuições para o Incra e o salário-educação incidem sobre todas as categorias de trabalho. As contribuições para o Sistema S são recolhidas de acordo com o objeto social da empresa: Sesi e Senai para indústria e agroindústria; Sebrae para empresas de médio e grande porte; Sest e Senat para o ramo de transportes.

[2]O desconto do vale-refeição é limitado a 20% do valor do benefício. Para esta simulação, consideramos um vale diário de R$ 45 (multiplicado por 22 dias = R$ 990/mês), sendo descontados R$ 198.

Nesta simulação, considerando ainda o salário-base de R$ 3.500 e os mesmos descontos do exemplo anterior, o funcionário custará R$ 4.877 para a empresa e receberá R$ 2.767 mensais líquidos.

No fim das contas, quem mais se beneficia com a CLT é o governo que, além de ficar com boa parte do que sai do bolso do empregador, ainda abocanha outro tanto do trabalhador. Tira de quem paga, tira de quem recebe. Não é por acaso que quem criou esse mecanismo – que não existe em nenhum outro país do mundo nesses termos – tenha sido o próprio governo. Porém, a história que nos foi contada desde sempre é muito romântica e aparentemente bem-intencionada, onde o Estado aparece como defensor do trabalhador contra a "tirania do empresário malvadão". Mas quem é que fica com a maior parte do dinheiro mesmo? Acredito que não seja necessário me estender mais, pois imagino que já tenha ficado bem claro quem é quem.

Voltando à nossa metáfora do copo, o que pode não ter ficado muito claro ainda é o fato de que uma pecinha do nosso quebra-cabeça ficou meio perdida: o veneno! Afinal, o que representa o veneno que estava no copo em cima do piano? Justamente os encargos que a CLT impõe às empresas e que, indiretamente, *saem do bolso do próprio trabalhador*. Nessa ilusão, muita gente fica *envenenada*, se sujeitando a continuar em empregos que detestam por não quererem pedir demissão e perderem seus direitos trabalhistas ou *envenenando* o ambiente para forçar que as empresas as demitam. Acredite: não vale a pena! Até porque, como vimos anteriormente, grande parte das pessoas nem sequer aproveita suas indenizações, mas as desperdiçam sem nem lembrarem como. Além desses casos, há pessoas que percebem que suas carreiras estão estagnadas, pois já chegaram ao topo do que a empresa pode oferecer, mas igualmente não saem para não abrirem mão dos tais "direitos". Elas também vivem sob o efeito desse veneno que as mantêm *dopadas* a ponto de não perceberem que o tempo que estão perdendo é muito mais valioso. O seu melhor direito é ter um trabalho que as faça se sentir realizadas, que não limite seu potencial a um salário insuficiente ou as faça aceitar um ambiente tóxico. Seu trabalho deve ser uma fonte de bênçãos e de prosperidade, e não de insatisfação e estresse constantes.

Por outro lado, se você pretende ser uma funcionária de carreira trabalhando em regime CLT, não há nada de errado nisso. Apenas tome muito cuidado para não cair no erro que eu caí neste segundo momento da minha história que vou lhe contar agora e que tem a ver com a proposta dos argentinos. Minha escolha foi abrir mão do registro e trabalhar como autônoma, o que, no meu julgamento, foi bom para ambas as partes. Só que, com um salário melhor e tendo que estudar bastante sobre minha nova função, além de dar uma "turbinada" no meu espanhol, acabei abandonando minhas atividades de renda extra. Lembro-me de certa vez uma pessoa me propor sociedade em um de seus projetos, mas recusei na hora, não a deixando nem sequer terminar de explicar. Já fui logo alegando que trabalhava demais e que não tinha tempo nem cabeça para mais nada. Que arrependimento! Isso porque, depois de alguns anos, houve uma reviravolta inesperada na empresa e, da noite para o dia, fiquei sem renda alguma. Se eu tivesse outra atividade não teria passado o aperto que passei, pois, igual à pessoa das Cataratas do Iguaçu que bebia toda a água do mês de uma vez só, eu gastava tudo que ganhava praticamente sem guardar nenhum tostão. E é exatamente o que muita gente faz: gasta tudo o que recebe, não guarda nada e não entende que isso é um risco para o seu futuro. Pior ainda é o que a maioria tem feito: gastar *mais* do que recebe, viver endividada e não entender que isso é um risco ainda maior para o seu futuro.

Quando você limita a sua renda a uma única fonte, é como se estivesse indo buscar água nas cataratas levando consigo apenas um copo. Seja ele pequeno, médio ou grande, você vai sair de lá com o copo cheio, porém, só isso e nada além disso. Mas se você também tiver uma jarra, sairá com ambos cheios. O mesmo acontecerá se tiver um galão, um barril ou quem sabe até um caminhão pipa, ou dois, ou dez! Quanto mais recipientes/rendas você tiver, mais água/dinheiro você conseguirá recolher.

DIVERSIFICAÇÃO DE RENDAS

Várias pessoas me perguntam como elas irão prosperar e mudar de vida ganhando um salário-mínimo, e a resposta é: não há como. Simplesmente *não é possível*. É claro que Deus pode abençoar para que aquele salário-mínimo seja bem administrado e não haja prejuízos, perdas etc., mas a verdade é que ninguém vai comer bem, morar bem, se vestir bem e suprir todas as suas necessidades com esse valor. Veja o que diz o livro de Jó: "Podes tu, com anzol, apanhar o crocodilo ou lhe travar a língua com uma corda?" (Jó 41:1, ARA).

Não é razoável achar que Deus vai fazer *aparecer* dinheiro na sua conta, que alguém vai pagar milhões por um trabalho que vale mil ou que, do nada, você receberá a notícia de que um parente desconhecido lhe deixou uma herança que mudará sua vida financeira para sempre. A promessa é que nós venhamos prosperar do trabalho de nossas mãos: "Do trabalho de tuas mãos comerás, feliz serás, e tudo te irá bem." (Salmos 128:2).

Portanto, precisamos trabalhar e ampliar nossas fontes de renda, como diz a passagem: "Semeia pela manhã a tua semente e à tarde não repouses a mão, porque não sabes qual prosperará; se esta, se aquela ou se ambas igualmente serão boas" (Eclesiastes 11:6).

Isso significa que devemos usar nosso tempo com sabedoria e não colocar todas as nossas fichas na ideia de que a primeira semeadura será suficiente, pois não sabemos "qual prosperará". É uma questão de fé inteligente, de uma crença madura que entende que Deus faz milagres, não mágicas. No meu caso, foi aos trancos e barrancos que aprendi a importância de ter várias fontes de renda e de poupar um percentual para não passar por apertos desnecessários no futuro. Embora o dia continue tendo os mesmos 1.440 minutos, atualmente, tenho dez entradas de dinheiro sem fazer mágica alguma, mas conciliando cinco rendas *ativas* e cinco *passivas* que compõem uma diversificação imprescindível. Para que você considere ter ambas, segue uma breve explicação de cada uma:

Renda ativa é a receita que se obtém por meio de esforço direto, ou seja, pela força de trabalho, como salários, por exemplo.

Renda passiva é a receita que se obtém sem a necessidade de esforço direto ou dedicação de forma contínua, por exemplo, dividendos de aplicações financeiras e outros meios, como aluguéis, royalties, marketing de afiliados etc.

Vou usar meus exemplos de rendas ativas e passivas atuais – excluindo os rendimentos de investimentos – para que você tenha uma ideia melhor de como pode planejar as suas.

Minhas **rendas ativas** – que preciso realizar um trabalho efetivamente para obter receita são:

- Produtora (foto e vídeo) – coordenação de trabalhos, serviços administrativos e financeiros;
- Publicidade – gravação de vídeos para divulgação de produtos e/ou serviços;
- Palestras – apresentações presenciais por todo o Brasil ou on-line;
- Jornal da Record – apresentação de coluna sobre educação financeira;
- Portal R7 – publicação de artigos de opinião sobre diversos assuntos.

Minhas **rendas passivas** – que não preciso realizar um trabalho efetivo ou contínuo para obter receita são:

- Royalties – porcentagem sobre as vendas de todos os meus livros;
- Monetização do YouTube – pagamento conforme a performance do canal (audiência, engajamento etc.);
- Cursos – lucro sobre vendas administradas por plataforma contratada e equipe terceirizada;
- Loja virtual – lucro sobre vendas on-line administradas por equipe terceirizada;

- Locação do estúdio – aluguel por diária nos dias que não utilizamos o espaço.

As rendas ativas são mais simples de compreender por serem a forma mais comum: trabalha, recebe. É daí que vem toda a base para as passivas, seja na criação de negócios ou na formação de uma carteira de investimentos. Como é preciso realizar um trabalho efetivo, essa modalidade fica limitada ao nosso tempo e capacidade produtiva. Logo, quanto mais rendas ativas temos, de mais organização precisamos. Por isso cuido pessoalmente da minha agenda, pois sei que há um limite de trabalho que posso executar com qualidade e sem ficar sobrecarregada. Além disso, é necessário observar bem os tipos de trabalho que são propostos e os eventos que me convidam para palestrar. Não são todas as propostas publicitárias que aceito — aliás, a maioria delas não é concretizada, pois jamais vou divulgar coisas que possam prejudicar as pessoas (seja financeiramente ou de qualquer outra forma) ou produtos que não tenham nada a ver com a minha filosofia e que incentivem o consumo sem sentido.

Da mesma forma, há eventos em que não me convém participar como palestrante, por promoverem conceitos desalinhados com o que acredito. Há vários anos deixei de palestrar em encontros e simpósios de empreendedorismo feminino, pois a proposta inicial de fomentar o desenvolvimento de negócios liderados por mulheres mudou completamente. Os grupos começaram a levantar bandeiras políticas onde as empreendedoras passaram a ser mais usadas do que auxiliadas. Como eu poderia compactuar com movimentos que, em vez de exaltar a força da mulher estão preocupadas em diminuir os homens? Como apoiar o ódio aos ricos e conceitos de exclusão como "o futuro é feminino", "mulheres lideram o mundo" e "mulheres precisam de ambientes *seguros*", ou seja, sem homens? Ora, o objetivo do feminismo não era igualdade? Como ser condescendente com essa onda de que mulheres são seres superiores, nunca erram, não mentem e fazem tudo muito melhor do que os homens, que não passam de criaturas inúteis e violentas? Um ambiente igualitário só se faz quando todos têm seu lugar e merecem respeito.

Lembro-me da última palestra que apresentei em um auditório para cerca de 150 mulheres e a internet caiu. Quando chamaram a manutenção para resolver o problema, um técnico – homem – apareceu. Ao vê-lo, as mulheres começaram a gritar, pedindo explicações por ele estar "tomando o emprego de uma mulher" e entrando em um ambiente que deveria ser "seguro" para elas. Aquilo era tão surreal que o técnico achou que fosse brincadeira, mas ao ver que era sério, saiu e deixou o auditório sem internet. Sem poder dar continuidade ao evento, a organizadora teve de convencer as mulheres de que a presença do técnico era necessária, mas que ele seria "monitorado" o tempo todo para a "segurança" de todas. Foi constrangedor estar ali – vendo um trabalhador ser tratado como um bandido pelo único motivo de ser homem – e passar a impressão de que eu concordava com aquela estupidez... Haveria algo mais intolerante do que isso? Seria aceitável se tivesse acontecido o contrário, se uma mulher fosse execrada publicamente apenas por ser mulher? Terminei minha participação e nunca mais voltei. Cancelei todas as palestras que estavam agendadas e solicitei a retirada do meu nome de tudo que fosse relacionado àquela rede.

Agora, imagine como ficaria a minha situação se eu dependesse 100% do pagamento dessas palestras. Eu teria de escolher entre sair e ficar sem ter como pagar as contas ou baixar a cabeça e me sujeitar àquela insanidade. A questão é que, embora aquela renda complementasse o meu orçamento, eu não *dependia* dela. Esse também é um dos motivos de eu controlar pessoalmente a minha agenda, pois se eu permitir que um único cliente tome muito do meu tempo, acabarei dependendo demais dele. Eu sei que parece ótimo quando aparece um cliente que traz muito trabalho e já fecha toda a sua agenda (para um empreendedor, agenda vazia é igual a conta vazia!), mas é preciso balancear a participação de cada parceiro de negócio para manter um relacionamento que não termine em total dependência.

Por exemplo: se eu fechar muitas palestras dentro de um mesmo mês e tiver de viajar freneticamente de Norte a Sul do Brasil, como ficarão as demais atividades? Nas minhas primeiras experiências como palestrante, notei que não é possível criar um itinerário lógico, onde os destinos sejam definidos por proximidade, como: primeiro as capitais na região Sul, depois as do Sudeste, Centro-Oeste, Nordeste e Norte. Não é assim que funciona, aliás, longe disso. Meu primeiro ciclo de palestras foi: São Paulo, Porto Alegre, Belo Horizonte, Curitiba, Manaus e Brasília. Um perfeito zigue-zague! E o maior desafio nem são as distâncias em si, mas as mudanças bruscas de clima e temperatura, pois essas oscilações geralmente comprometem minha saúde. Às vezes, saio de São Paulo – onde moro – com uma temperatura de 20 graus e clima seco para, em questão de 50 minutos, desembarcar no Sul, com temperaturas de oito, nove graus e muita umidade. E se dali mesmo eu tiver de embarcar para uma região de clima seco e 35 graus, terei de enfrentar mais uma mudança severa em menos de 48 horas!

Fora isso, me exponho ao contato físico com muitas pessoas (queridas!) que querem um abraço, um beijo e, claro, uma *selfie*! Raramente fico gripada ou resfriada em São Paulo (mesmo com nosso tempo maluco), pois meu organismo possui anticorpos para combater os vírus que circulam por aqui. Porém, não estou preparada para os que predominam em outras regiões, o que facilita o contágio de certos tipos de gripe e viroses que me levam a parar por alguns dias para me recuperar. Em razão dessa limitação física, não é prudente lotar a agenda priorizando os ganhos em detrimento da saúde, além de não ser responsável me arriscar a adoecer e não cumprir os demais compromissos.

É por meio dessa organização otimizada, respeitando as limitações e equilibrando as demandas, que consigo dar conta de todos os trabalhos, por mais diferentes que sejam, e manter um fluxo de caixa saudável. Por isso, é importante que você considere as suas próprias limitações, quaisquer que sejam elas, antes de assumir atividades extras para obter rendas extras. Até podemos nos expor um pouco mais em momentos pontuais, mas não devemos fazer isso sempre para não comprometermos a saúde, a família e o equilíbrio emocional. Nosso trabalho, por mais que envolva tarefas que nem sempre gostamos ou queremos fazer, precisa trazer satisfação pessoal além da realização profissional e financeira. A promessa diz que o trabalho das nossas mãos nos trará o sustento, felicidade e que tudo nos irá bem. Será que uma atividade que lhe traz o sustento, mas a deixa doente – física ou mentalmente – e a afasta de coisas e pessoas importantes fará de você uma pessoa feliz? Será que ter apenas dinheiro significa que "tudo está indo bem?" É uma pergunta bem fácil de responder. Por isso, tudo deve ser feito com equilíbrio, disciplina e temperança.

Quanto às rendas passivas, apesar de eu ter realizado um trabalho efetivo em cada uma delas em algum momento, hoje não requerem mais minha atenção contínua. Por exemplo, escrevi meu primeiro livro, *Bolsa blindada*, em 2012, sem nem mesmo saber se um dia alguma editora teria o interesse de lançá-lo. Felizmente, o livro foi aceito e assinei contrato no mesmo ano, com lançamento programado para o segundo semestre de 2013. Até aí, eu não havia recebido nenhuma remuneração, pois era necessário aguardar as vendas para calcular os meus royalties. Resumindo, por um trabalho que realizei em 2012, só comecei a ser remunerada em 2014. Porém, até hoje recebo os royalties sobre as vendas sem ter de realizar qualquer trabalho. E isso acontece com todos os demais livros lançados até este momento (virão outros mais, aguarde!).

Em relação ao YouTube e aos meus cursos, o mecanismo é parecido: embora eu tenha de pesquisar, definir a didática, escrever os roteiros e gravar os vídeos, depois que são publicados ou lançados, eu não faço mais nada. A monetização é paga automaticamente sobre todos os vídeos ativos no canal, desde os mais recentes até os mais antigos, e o lucro dos cursos também. Na loja virtual, vendemos tanto produtos próprios (livros, planners, cadernos e outros materiais da minha linha) como de terceiros, que passam por uma curadoria feita por mim, para garantir boa literatura e produtos de qualidade a preços justos. Depois disso, a loja não necessita de mais nenhuma interferência minha, pois empresas parceiras fazem a programação dos produtos, o atendimento ao cliente, o manuseio e a entrega. Apesar de ter baixa margem de lucro, a loja é uma fonte de renda extra aberta 24 horas por dia, 365 dias por ano e que também ajuda a compor a renda das demais pessoas envolvidas em todo o processo.

E quanto à locação do estúdio, como é um espaço próprio e não temos produções todos os dias do mês, aproveitamos as diárias ociosas para fazer caixa alugando para outros profissionais que não possuem estúdio ou não têm a estrutura que oferecemos. É uma forma de garantirmos recursos para a manutenção do local sem mexermos no nosso caixa. Como diz o grande investidor americano Warren Buffett: "Existem apenas duas regras para investir: Regra 1 – Nunca perca dinheiro. Regra 2 – Nunca esqueça a regra 1".

Todas as nossas rendas precisam trazer ganhos, por isso, se alguma começar a trazer prejuízos, devemos analisar e, se for o caso, encerrá-la antes que comprometa a saúde financeira das demais. Isso deve ser feito sem qualquer apego emocional, pois como vimos, as emoções neutralizam a razão e podem nos fazer tomar decisões ruins. Vejo muitos empreendedores, em sua maioria mulheres, que estão vendo que seus negócios estão indo de mal a pior, mas insistem em continuar injetando dinheiro, fazendo empréstimos e se desdobrando para mantê-los ativos por puro apego emocional. Às vezes, são negócios cujos produtos e/ou serviços se tornaram obsoletos por causa de vários fatores, como a tecnologia e a automação, por exemplo, mas por terem valor sentimental são mantidos vivos (respirando por aparelhos) e se tornando um ralo de dinheiro que pode colocar a segurança financeira em risco. Falo por experiência própria.

Como gosto muito de vendas e de todo o processo que a atividade envolve, sempre quis ter uma loja virtual e poder criar produtos,

HÁ UM COPO LIMITANDO A SUA VIDA

calcular preços, controlar estoques, fazer balanços e até mesmo o manuseio e despacho dos pedidos. Para atender a esse desejo, fizemos um "puxadinho" na programação do meu blog – que não tinha a estrutura necessária – e criamos a loja com uma operação 80% manual. Poucas coisas eram automatizadas, como o recebimento do pedido e do pagamento, mas todo o resto era feito "na unha", por assim dizer. Mas eu amava *terminar de trabalhar* e começar a processar os pedidos, o que envolvia desde separar os produtos de cada compra, embalar um a um, escrever à mão os endereços (creia, era a minha parte preferida) e deixar aquela pilha de pacotes prontinha para o meu marido levar ao correio, o que ele não gostava inicialmente, mas depois começou a curtir, pois servia como uma forma de se distrair um pouco do trabalho e sair da frente do computador ou detrás das câmeras.

Um dia, fazendo o balanço anual das vendas, vi que apesar de ter lucro, não era razoável que eu investisse meu tempo e do meu marido em algo que trazia um faturamento muito abaixo das nossas demais atividades. Mas eu *gostava* tanto da minha lojinha... Para não fechar de vez, pensei em passar a operação para minha prima Eloisa, pois ela estava buscando uma renda extra que pudesse ser feita em horários alternativos, já que ela dava aula todos os dias, mas estava com alguns "buracos" na agenda. Ela aceitou e tocou muito bem a operação por mais de um ano. Porém, a quantidade de produtos aumentou, as vendas subiram e o que parecia ser ótimo começou a ficar complicado. Lembra-se que a loja era um "puxadinho" mal estruturado tecnologicamente? O crescimento dos pedidos tornou tudo mais demorado ainda. Nesse meio tempo, havíamos conseguido automatizar algumas coisas, como a impressão de etiquetas dos destinatários, mas muita coisa ainda era feita manualmente. Era hora de tomar uma decisão difícil, pois agora não era só eu que amava a minha lojinha, éramos nós duas que não queríamos que ela fechasse! Foi preciso passar por cima dos sentimentos, desapegar e seguir em frente. Anos depois, com planejamento e algum investimento, relançamos a loja muito mais bem

183

estruturada e aprendemos que, às vezes, é preciso abaixar para saltar mais alto e abrir mão de coisas pequenas para ter outras maiores. É assim que devemos seguir nosso caminho: colocando o coração no que fazemos, mas sem desligar a cabeça.

Diante de tudo o que vimos neste capítulo, é importante compreendermos que nem todo ganho vale a pena e que nem toda perda é o fim, mas que em todas as áreas da vida que queremos ter sucesso, precisamos nos dedicar de cabeça e de coração. Se você continua focada em prosperar, continue focada em se dedicar, ainda que um dia ou outro venha aquela vontade de jogar tudo para o alto e deixar a vida simplesmente acontecer. Lembre-se de que vontade é apenas uma coisa que dá e passa! Mantenha-se focada em planejar aonde quer chegar e em criar trajetos e mecanismos para trilhar esse caminho. Haverá dias que você vai correr em alta velocidade, outros que marchará com determinação e alguns que você dará apenas um pequeno passo. Não se preocupe com a velocidade, mas sim, em manter o movimento. Correndo, marchando, andando (ou se arrastando mesmo!), o que interessa é não parar de avançar. Melhore a cada dia, continue pegando água com seu copinho, mas não deixe de buscar também as jarras, galões, barris e tudo que lhe permita recolher mais água para garantir mais dignidade, tranquilidade e qualidade de vida. Afinal de contas, nós não queremos ser pessoas apenas cheias de dinheiro, nós queremos prosperar de fato e de verdade.

Agora sim, você está preparada para a terceira parte desta viagem e sabe quem irá recepcioná-la do outro lado assim que você desembarcar? A pessoa mais importante da sua vida: você! Uma *nova* você, em versão atualizada, sem os conceitos equivocados, sem entrar em linhas de produção e sem esperar que o sucesso aconteça do nada. Sua nova versão é aquela pessoa que você sempre quis ser, mas não sabia como e nem o que fazer para tirá-la do casulo que a aprisionava. A boa notícia é que esse casulo, a crisálida, se abre sozinha, no tempo certo, e isso só acontece quando a lagarta já não existe mais, pois deu lugar a uma borboleta completamente formada. Sim, querida leitora, você já está preparada para a sua nova versão. E se você não vê a hora de *se* conhecer é só continuar a leitura.

PARTE 3

TRANSFORMAÇÃO
Você em versão atualizada

11

MUITO PRAZER, EU SOU VOCÊ AMANHÃ!

Você já parou para pensar que, ao contrário do que fomos ensinadas, pessoas não envelhecem, mas se atualizam? O que envelhece são as *coisas*, não nós. Seres humanos são como programas de computador: quanto mais o tempo passa, mais avançam, mais são aprimorados e melhores se tornam. Porém, caso parem de se atualizar, ficarão obsoletos. O conceito é bem simples: quando compramos sapatos novos, os recebemos em sua melhor forma, 100% acabados, sem marcas, sem riscos e com as solas intactas. Esse será o seu melhor estado, pois dali em diante, começarão a se desgastar com o uso e com o tempo, e nunca mais voltarão a ser novos. É certo que um par de sapatos de qualidade pode ser reformado nas mãos de um bom sapateiro (faço isso periodicamente e recomendo), mesmo assim, não voltará a ser exatamente como saiu da fábrica. Já os seres humanos não são assim.

Nós não chegamos a este mundo 100% prontos, mas com tudo o que precisamos para dar início a um processo de evolução que durará por toda a vida. Temos boca, mas não falamos; temos pernas mas não andamos; temos cérebro, mas não compreendemos quase nada do que acontece ao nosso redor, pois precisamos desenvolver todas as nossas habilidades. Nosso sistema digestório, por exemplo, apesar de formado, também terá de ser desenvolvido aos poucos: primeiro com a ingestão do leite materno, depois com a introdução de frutas, legumes e verduras, mais tarde virão as papinhas e, em seguida, os alimentos sólidos, quando o desenvolvimento da dentição já tiver sido iniciado. Assim também os demais órgãos evoluirão e ganharemos independência dia após dia. À medida que nos desenvolvemos intelectualmente, nossa mente vai se *atualizando*, se aprimorando e se tornando cada vez mais inteligente. Quando comparamos o que sabemos hoje com o que sabíamos aos dez anos de idade, constataremos o quanto evoluímos. É o mesmo que acontece com os programas de computador.

Em 1985, a Microsoft lançou o Microsoft Excel, um programa de planilhas voltado para empresas (e que eu duvido que você não conheça). Na época, quem comandava esse mercado era o Lotus 1-2-3, lançado dois anos antes pela Lotus Software, e que havia desbancado outros programas antes dele. Com o passar do tempo, as funções de ambos foram se aperfeiçoando para atender às necessidades dos usuários: planilhas com fórmulas pré-programadas, criação de macros para automatizar comandos repetitivos, exportação de dados para criação de gráficos etc. Apesar de ter sido responsável pela grande revolução dos PCs, os computadores pessoais – que passaram a ser usados por empresas de médio e pequeno porte e, mais tarde, invadiu as nossas casas –, o Lotus 1-2-3 parou no tempo e caiu no esquecimento, enquanto o Excel segue evoluindo e faz parte do pacote Microsoft Office até hoje, quarenta anos depois.

Da mesma forma, há "pessoas Lotus 1-2-3", que começam bem, passam a frente de muitos, mas param no tempo e caem no esquecimento; e "pessoas Excel", que começam se espelhando em outras mais experientes, vão conquistando seus espaços sem parar de se aperfeiçoar e se mantêm no jogo, vencendo uma partida a cada dia. Apesar de ter sido criado há quatro décadas, ninguém pode dizer que o Excel é um programa velho e ultrapassado, pois cada nova versão tem sido melhor. E você sabe que depois que uma versão nova e melhor é criada, ninguém mais quer a antiga.

Assim também devemos trabalhar continuamente para desenvolver uma nova versão de nós mesmas que seja sempre melhor do que a atual. Nessa busca, o tempo não pode ser nosso inimigo, mas sim, aliado. O passar dos anos não deve nos tornar obsoletas, mas mais experientes, mais inteligentes e mais maduras, cada vez mais preparadas para os novos desafios que virão. Temos tudo o que precisamos para evoluir e não só apenas para nos mantermos no jogo, mas para vencermos a cada dia. O passado faz parte da nossa história, mas não é mais lá que vivemos. O tempo presente é a nossa grande chance de desfrutar do melhor que alcançamos até aqui e nos prepararmos para o futuro que virá. Aliás, sobre passado, presente e futuro, quero lhe propor um exercício interessante.

Imagine que você está na maior feira de tecnologia do mundo conhecendo o que há de mais inovador em automação, inteligência artificial, robótica etc. e tendo acesso a coisas tão avançadas que você jamais sonhou que poderiam existir. São tantas inovações que você fica perdida entre os *stands*, sem saber qual visitar primeiro. Mas, olhando ao seu redor, você nota uma fila enorme diante do que parece ser o dispositivo mais concorrido de todos, e é claro que você precisa saber do que se trata! Ao se aproximar, você descobre que bem ali, atrás daquelas cortinas grossas e misteriosas, está algo que, até então, era absolutamente impossível de ser concebido: uma máquina do tempo. Ela se chama Rewind-Forward e, segundo a imagem que aparece no telão supertecnológico, é incrivelmente simples. A aparência é a de um banheiro químico e possui apenas quatro botões, como os gravadores antigos: play, stop, rewind e forward – tocar, parar, retroceder e avançar.

Apesar de quilométrica, você não pode ir embora sem entrar naquela fila, ver a máquina com seus próprios olhos e fazer o teste gratuito que, de acordo com o anúncio no telão, lhe dará o direito de se transportar para qualquer época do passado ou do futuro. Enquanto você espera a sua vez, a pergunta que não sai da sua cabeça é: para onde eu vou? Para chegar a uma conclusão, você pondera:

Qual seria o objetivo de ir para um passado distante? Ver se as coisas aconteceram como a História conta? Tentar intervir para evitar guerras e epidemias que ceifaram milhões de vidas? Mas como você faria isso? Não, não... melhor não brincar com essas coisas. Vai que você faz alguma bobagem e tudo fica ainda pior? Vai que essa intervenção faz com que seu pai não conheça sua mãe e você acabe com a possibilidade da sua própria existência? Deixa para lá! Melhor ir para o futuro. Quando você acionar a tecla *forward*, em que ano vai apertar *stop* e *play*? Daqui duas décadas, para ver como será sua aparência vinte anos mais velha? Não sei, melhor não... E se você não gostar do que vir? E se você descobrir que sua melhor amiga a traiu e vocês nem se falam mais? Como você a encararia quando voltasse ao presente? Você acabaria com a amizade logo de cara, antes que ela a decepcionasse, ou ficaria com um pé atrás pensando em como e quando ela dará o bote? Olha, é melhor deixar as coisas acontecerem naturalmente porque viver nessa paranoia não vai ser legal...

Mas, espere! Você não precisa ir tão longe. Que tal avançar apenas uns dois ou três anos e ver se você vai receber a promoção que está esperando, se passará naquele concurso para o qual vem estudando há tempos e se conseguirá quitar o seu apartamento? Boa! É isso que você vai fazer, está definido. Quer dizer, será que está mesmo? E se você vir que vai ser promovida, mas não passará no concurso? Será que você vai se empenhar mais em estudar e acabar deixando a sua performance profissional em segundo plano? Porque se você fizer isso, vai acabar passando no concurso, mas poderá perder o emprego! E sem emprego, como vai pagar as prestações do apartamento? Não, gente... é melhor voltar ao passado mesmo, em algum ano entre o seu nascimento e o tempo presente. Vamos lá, anime-se, pois você está chegando a uma conclusão! Sem estresse, pois você tem tempo. As cortinas ainda nem foram abertas para o primeiro da fila fazer seu teste. Aliás, ninguém está entendendo o motivo de não terem aberto essas cortinas até agora... Há pessoas que estão na fila há dias e, nada! Bom, tudo bem, vai... Devem estar fazendo os últimos ajustes ou talvez seja só suspense mesmo, já que estamos em vias de testemunhar uma das descobertas mais esperadas de todos os tempos. No fim, essa demora será boa, pois até chegar a sua vez, com certeza você já terá definido o ano e estará bem segura de sua escolha.

Você decide voltar um dia antes da data em que cometeu o maior erro da sua vida para alertar a si mesma a não tomar aquela atitude, a não entrar naquele local, a não acreditar naquela pessoa, a não dizer o que disse, a não desobedecer aos seus pais ou a impedir que você faça ou permita que façam o que nunca deveria ter acontecido. É isso! Bem... será mesmo? E se essa também for uma intervenção perigosa? E se você se livrar daquilo, mas desencadear alguma coisa ainda pior? E outra: quem garante que você daria ouvidos a si mesma? Como você convenceria a si própria sobre a máquina do tempo e que acaba de chegar do futuro? Certamente você não acreditaria em nada disso e todo esse esforço seria pura perda tempo. Ai, que indecisão irritante! "Quer saber? Tô fora!", você diz a si mesma, saindo da fila. Você abandona o seu lugar por concluir que o que passou, passou, e o que virá vai depender das escolhas que fizer agora. Logo, se você quer um futuro melhor, precisa *fazer* um futuro melhor. Então, tchau, máquina do tempo!

Ao sair da fila você percebe que, mesmo sem terem combinado, todas as milhares de pessoas que estavam lá há dias estão fazendo o mesmo. Em questão de segundos o *stand* fica completamente vazio, e os organizadores, em vez de se sentirem derrotados pelo fiasco da Rewind-Forward, começam a comemorar: "Funcionou, funcionou!", eles gritam, saltando de alegria. Todos se voltam sem entender o porquê daquela atitude quando as cortinas caem e, em vez da máquina do tempo, há apenas um enorme cartaz de papel, com uma frase escrita à mão: "Parabéns, você entendeu que o único tempo em que vale a pena estar é o *agora*!"

Essa metáfora mostra que, se você quer ter prazer em conhecer o seu "eu de amanhã", precisa começar a trabalhar nele hoje. Os alertas que você gostaria de fazer a si mesma, se pudesse voltar ao passado, podem ser feitos hoje pela sua própria consciência e dando ouvidos às sábias palavras de pessoas mais experientes, além, é claro, da Palavra de Deus. O "não faça isso" que você gostaria de ter ouvido antes de tomar aquela atitude ruim pode ser praticado de hoje em diante ao agir com cautela, sem precipitações, sem atropelos, sem confusão. Por mais que o mundo esteja funcionando em alta velocidade, não podemos permitir que essa rapidez toda nos tire o tempo necessário para *pensar*. Viver em um ritmo onde não há tempo nem para raciocinar, ponderar e pesar prós e contras é a fórmula para um futuro de arrependimentos.

Nosso cérebro não está preparado para tanta velocidade, por isso, não se deixe levar por essa onda de ansiedade que faz muita gente agir precipitadamente, achando que está economizando tempo quando, na verdade, está perdendo. Afinal de contas, o que acontece quando você diz ou faz o que não deveria? Você não acaba gastando muito mais tempo para tentar consertar o estrago? E quando você, inocentemente, apenas acelera a velocidade de áudios e vídeos, mas depois tem de ouvir tudo de novo porque não entendeu nada? Vários estudos têm sido conduzidos para avaliar o que acontece com o cérebro humano diante de estímulos frenéticos, como a tão comum aceleração de velocidade de áudios e vídeos. A matéria "Áudio e vídeo acelerados podem afetar capacidade de reter informação", publicada pela Agência Brasil, informa que: "O hábito de acelerar a velocidade de áudios e vídeos pode causar efeitos negativos na saúde. Psicólogos e pesquisadores afirmam que pessoas expostas frequentemente a estímulos frenéticos podem desenvolver dificuldade em reter informações". O psicólogo Cristiano Nabuco explicou o fenômeno: "É como se você desenvolvesse, com a passagem do tempo, uma incapacidade de se aprofundar nos temas. Não é necessariamente que você fica ansioso, mas você não sabe mais o que fazer com uma informação que demora um pouco. Tem que associar, mas você perdeu a habilidade de associar".

A popularização do uso da ferramenta de aceleração de velocidade, tanto em aplicativos de mensagem, como o WhatsApp, quanto em plataformas de áudio e vídeo, como Spotify e YouTube, explodiu durante a pandemia de Covid-19. Com o confinamento, a percepção de tempo mudou, a ansiedade caiu sobre o planeta como uma bomba de alcance inimaginável e as pessoas começaram a ter dificuldades para lidar com o passar das horas. O sono, a alimentação e a rotina em geral sofreram reviravoltas que não pouparam a saúde mental de ninguém. Talvez um dos gatilhos desse "acelerar a vida" tenha sido a monotemática da morte, anunciada diuturnamente pela mídia por mais tempo do que qualquer ser humano teria estrutura para processar.

Provavelmente você não se lembra de que a pandemia foi decretada pela Organização Mundial da Saúde em 11 de março de 2020 e que seu fim só foi declarado em 5 de maio de 2023, mais de três anos depois. Mas acho difícil que você não se lembre da contagem de mortos feita todo santo dia desde a manhã até a noite. Diante disso, qual foi o pensamento coletivo mais observado? Era preciso viver. E viver rápido. Essa pressa incluiu acelerar também o consumo de produções audiovisuais, o que ganhou o nome de *speed watching*. A Netflix, por exemplo, seguiu o exemplo do YouTube e passou a disponibilizar uma ferramenta que permite assistir filmes e séries com até o dobro da velocidade original.

Em março de 2021, um ano após a imposição do *lockdown*, a BBC News Brasil publicou a matéria "'*Speed watching*': o que você perde quando acelera a velocidade do filme?" e ouviu alguns especialistas, entre eles o psiquiatra Adriano Aguiar, que lembrou que, no passado, a rotina das pessoas era ditada pela natureza, mas com a chegada da televisão, as famílias começaram a organizar seus horários conforme os programas que queriam assistir: jantar antes ou depois da novela, voltar para casa antes do jogo começar ou só sair depois de terminar. Lembro-me do *slogan* do Programa Jô Soares: "não vá para a cama sem ele", o que dava a impressão de que dormir sem acompanhar as entrevistas seria perder algo mais importante do que o próprio sono depois de um dia de trabalho. Sem a possibilidade de assistir em outro momento, pois a internet ainda era um sonho distante, eu mesma troquei muitas horas de sono pela companhia do saudoso Jô.

O psiquiatra destacou também outras duas vertentes: o vício e o desenvolvimento de síndromes. "Estamos jogados no ilimitado da informação e submetidos ao funcionamento de algoritmos que deliberadamente trabalham para gerar uma adicção". A matéria segue destacando que diante desse fluxo frenético, as pessoas se veem impelidas a consumir a maior quantidade de conteúdo em menos tempo. Isso pode levar à síndrome de FOMO, sigla do inglês *fear of missing out* (medo de perder alguma coisa, em português), que produz uma angústia que leva a pessoa a pensar que está se afogando em um mar de dados, quando "deveria" estar nadando de braçada. E o *speed watching* se insere nesse contexto.

O resultado disso, segundo a psiquiatra e professora da Universidade Positivo Raquel Heep, é um cérebro ansioso, que transforma um hábito que serviria para descansar a mente em um meio de aumentar a ansiedade. O fato é confirmado por uma pesquisa do Conselho Nacional de Secretários de Saúde, divulgada em 2023, que aponta que 31,6% dos jovens, entre 18 e 24 anos, já receberam diagnóstico de ansiedade. Heep explica que o cérebro pode passar a operar em um "sistema de recompensa", consumindo mais em menos tempo e sentindo os "ganhos" disso, que seria o alívio momentâneo da sensação de ansiedade, mas que acarreta a dificuldade de desfrutar de uma obra no ritmo original. Em outras palavras, a perda da paciência associada à não compreensão do conteúdo. Acredito que você já tenha notado que esse comportamento ansioso e impaciente cresceu muito nos últimos anos e que a tecnologia realmente tem seu lado viciante. Talvez você tenha notado tudo isso *em si mesma*.

A matéria também destaca alguns fatos curiosos: "Qualquer alteração no ritmo impacta significativamente o que se ouve. 'Imagine um narrador de futebol declamando uma poesia. Agora, imagine um poeta narrando um jogo de futebol. O entendimento seria diferente, só pela velocidade', diz Gláucio Moro, da Pontifícia Universidade Católica do Paraná (PUCPR), que é também produtor audiovisual. O ritmo das imagens também impõe sentido. Um exemplo é a chamada distensão temporal, comum nos filmes do diretor italiano Sérgio Leone e do estadunidense Quentin Tarantino. Esse recurso implica em criar trechos longos com conclusões rápidas. Em 'Três Homens em Conflito' (1966), de Leone, personagens se encaram em uma longa cena, que termina com um tiroteio de apenas dois segundos. Em 'Bastardos Inglórios' (2009), de Tarantino, um oficial do exército nazista passa seis minutos fumando cachimbo e tomando leite com um camponês que esconde judeus em seu porão. O diálogo longo e angustiante poderia ser acelerado, mas aquele ritmo é fundamental para a construção do vilão, cuja crueldade é apresentada em um discurso lento e cínico.

Ou seja, quem tem apenas pressa não consegue compreender a profundidade da história e de seus personagens. E essa superficialidade acaba se transportando para outras áreas da vida. Um exemplo é a falta de paciência nas relações interpessoais, quando as pessoas se sentem aflitas em uma conversa em ritmo normal. Elas atropelam a comunicação, tentam adivinhar o final das frases e às vezes até pedem para o interlocutor "falar mais rápido", alegando pressa quando, na verdade, o problema não é o tempo. E quando nada disso dá certo, elas simplesmente entram no modo "vai falando que eu tô ouvindo" para, justamente, parar de ouvir.

Nisso, as crianças não assimilam o que os pais dizem, pois enquanto eles falam, elas estão "hipnotizadas" no celular ou no videogame e, ainda que respondam, não estão processando nada. Os pais também dividem sua atenção entre os filhos e as telas, e o mesmo acontece com casais, irmãos, amigos etc. E quando as pessoas se veem obrigadas a interagir com outras, o alto nível de impaciência e ansiedade é notório, pois diferentemente do WhatsApp, elas não têm como acelerar o ritmo natural da conversa na velocidade que gostariam. Esse tem sido apenas um dos diversos resultados negativos que viver aceleradamente nos causa. Mas há outras que veremos detalhadamente ao longo deste capítulo para que a sua "nova versão atualizada" não se deixe levar por essas más influências. Nosso próximo ponto é a distração.

CORPO PRESENTE, MENTE AUSENTE

Antes de começar uma aula ou uma palestra presencial, costumo observar as pessoas para sentir o público e tentar perceber se elas realmente estão ali ou se apenas os seus *corpos* vieram. Tenho notado cada vez mais pessoas de corpo presente, mas mente ausente, fatores indispensáveis para compor a fórmula infalível de se perder tempo. Se o público está muito disperso, começo por aí, chamando atenção para o fato de que quem está ali pensando no que fará assim que sair ou no que não fez antes de entrar – ou de olho na tela do celular – não conseguirá nada além de perder seu precioso tempo. Afinal, além de terem perdido o que já passou e de não poder adiantar o futuro, ainda perderão o que se passa no presente.

O recado é bem-humorado: "Se você deixou a porta aberta ou o fogo aceso, o ladrão já entrou e o fogo já se alastrou. Vou dar uns minutinhos pra você acionar o seguro, tá bom? O que? Você aí de vermelho não tem seguro? Então, corre, amiga! Corre!" Além da descontração, o recadinho inicial promove uma espécie de despertar, com as pessoas se ajeitando na cadeira, largando o celular e rindo ao repararem que suas mentes de fato não estavam ali. Elas haviam entrado em suas próprias Rewind-Forward e apertado os botões aleatoriamente!

Todos nós temos a nossa própria máquina do tempo, pois nossa mente é capaz de nos levar de volta ao passado ou nos transportar para o futuro. Porém, isso deve ser feito nos momentos certos e com objetivos definidos, caso contrário, voltar ao passado ou adiantar o futuro vai nos tirar a oportunidade de viver o presente. Logo, cabe a cada uma de nós aprendermos a usar nossa Rewind-Forward a nosso favor. Mas quais seriam as instruções se tivéssemos recebido um manual do proprietário dessa supermáquina do tempo? Imagino que seriam assim:

MANUAL DO PROPRIETÁRIO

PARABÉNS! Você acaba de receber sua Rewind-Forward!

Siga atentamente às instruções.

Seu dispositivo opera 24 horas por dia, 365 dias por ano, em três funções principais: **stand by**, **ativa** *e* **moscando**. *O modo stand by indica que o indivíduo está dormindo, o ativo indica que o indivíduo está acordado e o moscando indica que o indivíduo está desperdiçando seu potencial.*

- **Modo stand by**: *processo fisiológico automático que produzirá imagens aleatórias, gerando experiências sensoriais, motoras e emocionais (relacionadas ao passado, presente ou futuro), regulando processos metabólicos essenciais ao bom funcionamento do organismo como um todo. Atividade fundamental e benéfica chamada sonhar.*
- **Modo ativo (ou acordado)**: *o dispositivo está pronto para ser usado em sua capacidade máxima, possibilitando que o indivíduo visite o passado ou imagine o futuro em questão de milésimos de segundo, mesmo com os olhos abertos. O principal objetivo deve ser considerar experiências do passado, imaginando suas consequências no futuro e, por meio de análises racionais, definir as ações no presente.*
- **Modo moscando:** *fenômeno que se dá quando o indivíduo, embora no modo ativo ou acordado, esquece que é um ser racional e inteligente e passa a agir como um bocó, desperdiçando o presente enquanto pensa no que não fez ou imaginando o que fará. Neste estado, o indivíduo pode ficar virtualmente surdo, completamente abobado e ser confundido com uma ameba.*
- **Importante:** *Se o dispositivo for usado para conduzir o indivíduo ao passado com objetivos melancólicos e depressivos ou para transportá-lo ao futuro com fins romantizados e fantasiosos, significa que ele está moscando.*

Brincadeiras a parte, o seu passado deve servir como parâmetro comportamental, dando indícios do que você deve ou não fazer, baseado nas suas experiências. Isso vai ajudá-la a tomar decisões no presente que poderão contribuir para um futuro melhor. Sendo assim, ainda que suas decisões do passado tenham sido ruins, no mínimo, servirão para que você saiba o que *não* fazer. Essa forma de utilizar a sua "máquina do tempo" pode ser a base para um tripé que sustentará o seu "eu do futuro" e fará com que essa nova pessoa seja alguém que vale a pena conhecer:

Vamos mergulhar fundo em cada uma das bases desse tripé para que possamos nos transformar nessa pessoa interessante, madura e bem-resolvida: a nova você!

Conhecimento
que gera habilidade
que gera realização
que gera sucesso

Nossa sociedade cultua cada vez mais aquilo que se *perde* com o tempo, como juventude, beleza e tecnologia, enquanto despreza aquilo que só se *ganha* com o tempo, como conhecimento, experiência e sabedoria. Dê uma volta pelos shoppings ou centros comerciais e note quantas clínicas de estética, lojas de produtos de beleza e de tecnologia foram abertas e quantas livrarias foram fechadas. Em 1933, os nazistas promoveram o *"bücherverbrennung"*, que significa queima de livros, pois Hitler queria controlar todas as informações a que os alemães teriam acesso. Afinal, "livros são muito perigosos, eles fazem pensar", como disse Antônio G. Iturbe, em sua obra primorosa *A Bibliotecária de Auschwitz*. Já no Brasil não foi preciso nenhum *bücherverbrennung* para afastar os brasileiros dos livros, pois a deseducação escolar – como veremos mais adiante – foi muito mais eficiente. O que um povo consome diz muito sobre si mesmo.

É certo que o cuidado com a aparência e a tecnologia são coisas importantes, porém, não são as *mais* importantes. Particularmente, gosto muito de ter meus momentos de relaxamento na hidromassagem, com cremes e óleos perfumados para o corpo, e de fazer meu *skin care* sentindo o cheirinho das velas aromáticas que sempre tenho em casa. Também invisto tempo para escolher o que vou vestir, quais acessórios vou usar e tudo mais. E no que se refere à tecnologia, nosso trabalho depende dela, principalmente na produtora. Porém, por mais que eu cuide do corpo e da minha imagem como um todo, sempre estarei sujeita à ação do tempo. E por mais que eu esteja escrevendo este livro em um computador de última geração, daqui a algum tempo ele vai virar lixo eletrônico, pois estará obsoleto. Sendo assim, o que permanece? O conhecimento. Sabe quando compramos algo só porque a embalagem é bonita, mas depois vemos que o produto em si não vale a pena? É nisso que muitas pessoas estão se transformando: embalagens bonitas sem conteúdo de qualidade.

Muitos têm confundido o avanço da tecnologia com aumento do conhecimento, o que é um grande erro, pois enquanto a inteligência artificial avança, a burrice natural aumenta. Infelizmente, isso não é um trocadilho ou piada. John Taylor Gatto, professor americano com mais de 30 anos de profissão e ganhador do prêmio de melhor mestre da cidade de Nova York por três anos consecutivos, afirma em seu livro *Emburrecimento programado – O currículo oculto da escolarização obrigatória* o seguinte:

> "Temos um currículo oculto cujo objetivo é emburrecer. As escolas ensinam exatamente o que pretendem, e o fazem muito bem: elas

são um mecanismo de engenharia social[1]. A culpa não é de professores ruins ou da falta de investimento: injetar mais dinheiro ou mais gente nessa instituição doente fará apenas com que ela fique ainda mais doente. Se queremos mudar o que está rapidamente se transformando num desastre de ignorância, temos de compreender que a instituição escolar serve para 'escolarizar', mas não para 'educar', e que 'educar' e 'escolarizar' são termos mutuamente excludentes. É urgente ignorarmos as vozes da televisão e da mídia e recuperarmos as premissas fundamentais de uma verdadeira educação."

A educação como um todo está passando por um período nebuloso, pois enquanto o ensino público oferece menos do que o mínimo e não corrige o aluno sob a alegação de que isso irá traumatizá-lo, as escolas particulares tratam o aluno como cliente, focando em oferecer mais tecnologia do que conteúdo, ainda que isso signifique prejuízo no aprendizado (a exemplo do que aconteceu na Suécia, como vimos no capítulo 6). E é assim que a escola vem se transformando em um lugar onde o mais importante é o que menos se ensina.

Todos os anos, milhões de estudantes deixam as escolas sem aprenderem educação financeira, sem terem sido preparados para o mercado de trabalho, sem conhecerem o básico sobre leis, direitos e deveres, e sem terem a mínima ideia de como recolher seus impostos. Aliás, além de não ensinar nada sobre o manicômio tributário que terão de patrocinar pelo resto da vida – em troca de serviços de tão má qualidade que terão de pagar novamente para a iniciativa privada, como plano de saúde, por exemplo –, ainda ensinam que o Estado lhes dará "tudo de graça". Mas quando o Estado determina o que os alunos aprenderão, é óbvio que não permitirá que eles adquiram conhecimento suficiente para perceberem que quem mais

---

[1]Engenharia social – método usado para enganar, manipular ou explorar a confiança das pessoas. É uma forma de ataque sem violência que busca fazer com que a vítima realize voluntariamente ações prejudiciais a si mesma.

mete a mão no bolso da população é ele mesmo. E é claro que um povo sem conhecimento e dependente dos favores do Estado é muito mais fácil de ser (des)governado, seja pelo (des)governo que for.

Gatto também chama atenção para a padronização das aulas, onde os sistemas de ensino fracionam o aprendizado e levam os alunos a desenvolverem a *indiferença*. Se você, como a maioria das pessoas, tem dificuldade de terminar o que começa, segundo o professor, o motivo pode ser justamente esse, a indiferença aprendida inconscientemente na escola. Ele explica que os educadores são obrigados pelo sistema (assim como ele mesmo foi) a *ensinar* sete péssimas lições aos alunos, sendo uma delas a indiferença. De forma sarcástica, ele explica a terceira lição:

> Ensino as crianças a não se importarem muito com nada, embora seja desejável parecer que se importam. A maneira como faço isso é muito sutil: exijo que estejam totalmente envolvidas nas minhas aulas, pulando de empolgação em suas carteiras, competindo energicamente pela minha benevolência. É tocante quando fazem isso. Impressiona a todos, inclusive, a mim. Quando dou meu melhor, planejo aulas com muito cuidado para produzir essa demonstração de entusiasmo. Mas quando o sinal toca, insisto para que parem o que estamos fazendo e prossigam rapidamente para a próxima estação de trabalho [o que no Brasil seria se preparar para a próxima aula]. Elas devem ligar e desligar como um interruptor. Nunca se termina nada de importante, nem na minha e, que eu saiba, nem em nenhuma outra aula. Os alunos nunca passam por uma experiência completa, tudo é dividido em prestações. Na verdade, a lição [de bater] os sinais é que nenhum trabalho é digno de ser concluído; por que, então, se importar verdadeiramente com qualquer coisa? Anos de sinais condicionam todos – exceto os mais fortes – a um mundo que já não é capaz de oferecer um trabalho importante a ser feito. Os sinais são a lógica secreta do tempo escolar, uma lógica inexorável. Os sinais destroem o passado e o futuro, tornando cada intervalo de tempo idêntico ao anterior, assim como

um mapa torna cada montanha e rio vivos idênticos a quaisquer outros, embora não sejam. Os sinais inoculam a indiferença em todas as atividades.

Lembro-me de um dia quando um colega de classe do Ensino Médio, o "Batata", estava prestes a repetir de ano e a professora de física passou uma atividade em grupo, valendo nota, para ser feita durante aula. Como podíamos consultar livros e cadernos, ela nos deixou por conta própria e anunciou que voltaria apenas no final da aula para recolher os trabalhos. O Batata era aquele tipo de aluno bonachão e popular, que contava as melhores piadas e improvisava paródias hilárias debochando de tudo e todos, como um exímio repentista! Não havia ninguém que não amasse a sua companhia, menos, é claro, em um grupo de trabalho. Nessa hora, ele era deixado de lado sem dó nem piedade e sempre caía no grupo dos alunos mais fracos, a exemplo dele mesmo. Para variar, ele não havia se preparado para a atividade e ficou cantando e contando piadas a aula inteira, distraindo todos os grupos. Pedimos silêncio, suplicamos que parasse e avisamos várias vezes que ele precisava de nota mais do que qualquer um de nós, mesmo assim, Batata continuava tumultuando a classe como se tivesse uma carta na manga para o momento em que a professora voltasse para recolher os trabalhos. E ele tinha: o *sinal*.

Quando bateu o sinal, nós queríamos bater no Batata, porque ninguém havia conseguido terminar a atividade! A confusão começou, até que a professora entrou e nos calamos imediatamente (naquela época era lei: calar a boca e ficar de pé assim que um professor entrasse em sala de aula). Ela fez menção de começar a recolher os trabalhos quando o Batata interveio: "Querida e magnânima mestra, ninguém conseguiu terminar, mas por favor, deixa a gente fazer em casa e entregar na próxima aula, ó mais bela e misericordiosa de todas as mestras do Universo!"

A classe inteira não aguentou e caiu na gargalhada, assim como nossa bela e magnânima — mas nada misericordiosa — mestra, que recolheu os trabalhos e ainda nos deu a maior lição de todas: "Vocês permitiram que ele transformasse a sala em um circo, então, todos vão sofrer as consequências. Da próxima vez, aproveitem a liberdade de dirigir sem enfiar o carro num poste!" A indiferença do Batata rendeu notas baixas a todos, mas nos ensinou que o "jeitinho brasileiro" nem sempre cola, além de mostrar que John Taylor Gatto tinha razão.

Outro que, infelizmente está coberto de razão é o neurocientista francês Michel Desmurget, diretor de pesquisa do Instituto Nacional de Saúde da França e autor do livro *A fábrica de cretinos digitais*, em que afirma, com estudos e dados inquestionáveis, como os dispositivos digitais estão prejudicando o desenvolvimento neural de crianças e jovens. Entre as más consequências estão a diminuição das interações familiares, a má qualidade do sono, a baixa estimulação intelectual – que leva à falta de concentração e memória – e o sedentarismo, além do empobrecimento da linguagem. Mas nem é preciso ser neurocientista ou estudioso do assunto para perceber que crianças e jovens que passam muito tempo diante de telas têm dificuldade de manter uma conversa, tanto pela impaciência – como mencionamos – quanto pela pobreza de vocabulário, pois sem *emojis* para maquiar sua falta de repertório linguístico costumam ser monossilábicos ou recorrer a terceiros que falem *por* eles.

A pesquisa que deu origem ao livro afirma que, pela primeira vez na História, temos uma geração menos inteligente do que a anterior. Os "nativos digitais" são os primeiros filhos a ter QI (Quociente de Inteligência) inferior ao dos pais em diversas partes do mundo. Apesar de que o QI pode ser fortemente afetado por fatores como sistema de saúde e educação precários e nutrição deficiente, a diminuição da inteligência também tem sido documentada em países com estabilidade econômica e sistemas de ensino avançados como Noruega, Dinamarca, Suécia e Finlândia. A pesquisa aponta que uma possível causa para esse fenômeno é o empobrecimento da linguagem. E, como é amplamente sabido, a melhor forma de enriquecer a linguagem é por meio da leitura

MUITO PRAZER, EU SOU VOCÊ AMANHÃ!

de livros, preferencialmente físicos. Aliás, falando em livros físicos, vou compartilhar aqui uma análise que publiquei em 2020 sobre obra *1984*, de George Orwell, para que você reflita um pouco mais sobre a importância de controlar a linguagem para controlar o pensamento.

Ler *1984* hoje em dia chega a dar a impressão de que estamos diante do jornal de amanhã. Na obra publicada em 1949, Orwell conta a história de Winston Smith, um funcionário do Ministério da Verdade que acaba se rebelando contra a total dominação do Estado sobre os cidadãos de Oceânia.

O controle estatal era tão grande que nem mesmo a forma de pensar era livre, embora a população não tivesse consciência disso. Por meio da substituição de palavras, pouco a pouco foi sendo construída a 'Novafala', um idioma com o objetivo de manipular o pensamento dos cidadãos e torná-los ainda mais fáceis de serem subjugados.

Uma das palavras da Novafala é o 'duplipensar', que significa a possibilidade de aceitar e considerar corretos pensamentos totalmente opostos. Tudo era fluido, a começar pelo *slogan* do Partido: 'Guerra é paz. Liberdade é escravidão. Ignorância é força'. E, finalmente, quando a Novafala estivesse 100% consolidada, expressões contrárias ao que ela determinava seriam proibidas. Não é muito diferente do que vivemos atualmente, pois já há uma série de palavras que não podemos pronunciar por serem consideradas 'ofensivas' sob justificativas sem qualquer sentido real.

E o que dizer do 'Miniver', o Ministério da Verdade onde Winston Smith trabalhava? O departamento tinha a função de retificar as notícias e declarar, segundo seus próprios interesses, o que era verdade e o que não. E ao fazê-lo propagava mentiras como sendo verdades absolutas, afinal de contas, quem iria contrariar os 'checadores' oficiais de notícias? Qualquer semelhança com os dias de hoje não parece ser mera coincidência.

Para alguns, a imposição da linguagem neutra *não parece nada de mais*. Aliás, quem a utiliza é elogiado (ou 'elogiade') pela turma politicamente correta por causa de seu pseudo 'respeito *à diversida-de*'. Enquanto o contrário também vale, pois quem não abre mão do bom senso e continua seguindo as normas da Língua Portuguesa se torna alvo de xingamentos e cancelamentos. Esse é o famoso '*ódio do bem*', quando é permitido ofender quem não concorda com a esquizofrenia linguística e com os demais devaneios de quem parece estar com muito tempo livre. A expressão 'você não tem lugar de fala' é o novo 'cale a boca' e se tornou um salvo-conduto para que apenas os lacradores possam dizer o que quiserem. Realmente o 'grande irmão' está de olho em todos nós, controlando a fala para controlar o pensamento.

Segundo o artigo "A filosofia do pensar no falar, escrever e dialogar" de Maria Conceição da Silva, Ph.D. em Ciências Biológicas e Vera Serra, psicóloga e especialista em oratória, "pensar está para falar, assim como pensar está para escrever, formando uma equação com termos integrados entre si, uma vez que eles nunca coexistirão um sem o outro – jamais existirão escritos sem que antecedam os pensamentos e, por outro lado, nunca existirão falas que não sejam precedidas de pensamentos." Em outras palavras, não é possível mudarmos nossa forma de falar, sem antes mudarmos nossa forma de *pensar*.

Mas enquanto toda essa engenharia social vem sendo implementada, grande parte das pessoas está sob o efeito da "tiktokização", rolando a tela infinitamente e queimando seus neurônios com vídeos viciantes que fragmentam o pensamento e invadem o cérebro com doses cavalares de dopamina. O vício em tecnologia tem causado uma dependência maior *por* ela do que *pelo uso* dela. Logo, em vez de usá-la para a construção do conhecimento, muitos têm sido usados para o próprio emburrecimento. Se por um lado nunca tivemos tanto acesso a todo tipo de informação, por outro, nunca tivemos uma sociedade tão viciada, desinteressada e alienada como esta. A sua nova versão atualizada precisa nadar contra essa maré, sem se conformar com esses surtos coletivos, mas renovando sua mente com os pensamentos que vêm do alto: "E não vos conformeis com este século, mas transformai-vos pela renovação da vossa mente, para que experimenteis qual seja a *boa, agradável e perfeita vontade de Deus"* (Romanos 12:2).

Ainda citando o artigo de Silva e Serra: "vale lembrar Sócrates, filósofo de todos o tempos, quando um jovem perguntou-lhe como poderia alcançar a sabedoria. Sócrates pediu que o acompanhasse e levou-o até um rio, onde mergulhou a cabeça do jovem na água e assim o manteve até que ele se agitasse para respirar, soltando-o então. Quando o jovem se recuperou, Sócrates perguntou-lhe: 'O que você mais queria quando estava com a cabeça dentro da água?'. 'Eu queria respirar, disse o jovem'. E Sócrates declarou: 'quando você quiser sabedoria, tanto quanto queria respirar quando estava mergulhado na água, então a receberá'".

Uma pessoa que tem conhecimento, tem conteúdo. E se tem conteúdo, tem a base necessária para desenvolver suas habilidades. E se tiver disposição para desenvolver suas habilidades, certamente terá ânimo para realizar seus objetivos. E se tiver ânimo em tudo o que fizer, o sucesso será apenas uma consequência. Uma pessoa assim não é alguém que vale a pena conhecer?

Amadurecimento
que gera responsabilidade
que gera proatividade
que gera confiabilidade

Todas nós ouvimos desde sempre que as mulheres amadurecem mais rápido do que os homens, mas será que isso é verdade? Segundo a ciência, sim! Um estudo desenvolvido em 2013 pela Newcastle University, no Reino Unido, descobriu que o cérebro feminino começa a amadurecer aos dez anos de idade, enquanto o masculino, apenas aos vinte. Essa é mais uma prova de que homens e mulheres são biologicamente diferentes, não importando como cada um se identifique. Os estudiosos testaram o cérebro de 121 pessoas de 4 a 40 anos de idade para identificar em que momento da vida cada uma iniciava o processo de amadurecimento. Esse mecanismo acontece quando determinadas partes do cérebro diminuem de tamanho e algumas conexões desnecessárias são desativadas, fazendo com que ele se torne mais eficiente. Em outras palavras: ao deixar de gastar energia com coisas não tão úteis, o foco nas coisas úteis aumenta.

Dr. Marcus Kaiser, um dos pesquisadores, explica o processo por meio de uma analogia simples: quando estamos em uma festa com muita gente falando ao mesmo tempo, nossa concentração fica comprometida, mas conforme algumas pessoas vão parando de falar e o ruído vai diminuindo, torna-se mais fácil manter o foco. "Reduzir algumas projeções no cérebro o ajuda a focar no que é realmente essencial", afirma Kaiser.

Isso significa que nós, mulheres, começamos a dar mais valor às coisas mais importantes dez anos antes do que os homens. Na minha opinião, isso é ótimo, pois nos dá condições de atuarmos como as auxiliadoras que a Bíblia diz que devemos ser. Mas espere! Antes de achar que essa é uma posição inferior, mantenha o foco e acompanhe o raciocínio. Você está lendo uma obra escrita por uma mulher independente financeiramente, que fala três idiomas, que já trabalhou em quatro países, em três continentes diferentes e que ainda tem muitos projetos a realizar. Porém, apesar de fazer vários papéis, a minha melhor atuação é como *auxiliar*. Sem nenhuma modéstia, posso dizer que não há um único cliente meu que não gostaria que eu largasse tudo e fosse trabalhar em sua empresa, pois não apenas presto meus serviços, mas os auxilio. Quando qualquer cliente me encaminha uma solicitação de orçamento, antes de qualquer coisa, analiso se o que ele está pedindo realmente é o melhor que posso oferecer. Já aconteceu inúmeras vezes, por exemplo, de um cliente pedir mais do que o necessário e nós dizermos abertamente que ele poderia ter o mesmo resultado gastando menos. Eles simplesmente não conseguem acreditar que estamos propondo algo diferente, tão bom quanto, mas com um orçamento menor. Não se trata de falta de visão, mas sim, de assessorar o cliente em algo que ele não conhece. Isso não me faz perder dinheiro, mas ganhar, pois qual é o cliente que vai abandonar um fornecedor assim? Só se for maluco! Portanto, antes de ser jornalista, youtuber, produtora, roteirista, *influencer*, apresentadora de TV e palestrante, eu sou auxiliadora. Seja do meu marido, seja dos meus clientes, seja dos meus amigos. Esse é o meu melhor papel, pois meu cérebro foi concebido para isso.

Quer outro exemplo? Você já assistiu algum rali, aquela corrida onde há duas pessoas dentro do carro, o piloto e o navegador? Ela é geralmente disputada em estradas de terra previamente fechadas para a competição, sendo o Rali Dakar o mais longo e mais famoso do mundo. Nessa prova, o adversário é o tempo, e não os outros competidores, pois eles nem sequer largam ao mesmo tempo. A vitória fica com a *dupla* que terminar o trajeto em menos tempo, e não apenas com o piloto. Nessa competição, o navegador tem uma importância fundamental, pois ele é responsável por praticamente todas as atividades da equipe, exceto a pilotagem. Ele é o *auxiliar* do piloto. Se ele errar, ainda que o piloto seja extremamente habilidoso, ambos perderão, afinal, dirigir bem pelo caminho errado, em ritmo descompassado ou sem identificar problemas no veículo não conduzirá ninguém à linha de chegada. Mas um exímio navegador pode levar um piloto mediano à vitória. E, de novo, vitória de ambos, não apenas daquele que aparentemente tem um papel mais importante.

Youssef Haddah, bicampeão do Rali dos Sertões e parceiro do piloto Guiga Spinelli, descreve as funções de um navegador em entrevista ao Portal Terra: "Cada dupla tem suas particularidades. Eu e o Guiga dividimos de uma forma que o Guiga fica focado simplesmente na prova. Toda a parte de monitoramento do carro, todo o painel de instrumentos está para mim. O próprio ditar o ritmo, se estamos muito lentos ou rápidos, eu que faço de dentro do carro e consigo de uma forma a deixar o Guiga focado na pilotagem". A matéria aponta que mesmo com tamanha importância "os navegadores não recebem o destaque merecido e nem sequer são uma função conhecida em certos casos", enquanto Gustavo Gugelmin, outro navegador experiente, afirma que se as pessoas conhecessem melhor essa posição teriam uma opinião diferente sobre ela: "O pessoal não sabe o que faz o navegador, mas para quem está no meio, acompanha de perto, sabe que é tão importante quanto o piloto".

É isso que acontece, muitas vezes, com a posição da mulher: ao não saber reconhecer a importância de suas capacidades, ela conclui que está em desvantagem em relação aos homens e deixa de lado o que sabe fazer de melhor para assumir posições de competição, onde todos perdem. Homens e mulheres não são iguais por diversas razões, e uma delas é unir habilidades diferentes, o que vale para tudo: casamentos, educação dos filhos, relações de amizade, trabalho etc.

Assim como a mídia esportiva erra ao dar todo o destaque ao piloto, a sociedade erra feio ao desvalorizar os pontos fortes da mulher, e o amadurecimento, sem dúvida, é um deles. Só uma mulher madura e bem-resolvida é capaz de entender que ser essa auxiliar não é ser inferior, que amadurecer não é "ficar velha" ou desatualizada e que o avançar da idade nos torna pessoas melhores. Mas na contramão de tudo isso está o culto à juventude eterna promovido pelo *establishment*, incluindo o que essa fase da vida tem de negativo, como a irresponsabilidade, a rebeldia e a inconsequência. Ser jovem não é, de forma alguma, sinônimo de ser irresponsável, rebelde ou inconsequente, mas o meu ponto aqui é que se um jovem age dessa forma, sua imaturidade acaba sendo uma atenuante, diferentemente do que se espera de uma pessoa madura. Porém, o que temos visto hoje? Pessoas adultas agindo de forma irresponsável, rebelde e inconsequente porque querem ser jovens para sempre. Há inclusive um fenômeno psicológico caracterizado por comportamentos infantilizados por medo de amadurecer: Síndrome de Peter Pan. Embora a psicoterapia seja o tratamento indicado, essa condição não é considerada uma doença psicológica e nem um transtorno mental, mas está ligada ao medo de algo que é inerente à vida adulta: assumir responsabilidades.

Não podemos esperar que uma criança tenha responsabilidades, pois cabe a nós ensiná-las por meio das coisas que fazem parte do seu pequeno universo, como cuidar do próprio corpo, cuidar de seus brinquedos, tomar conta de suas coisas e, em determinada idade, assumir pequenas tarefas na organização da casa. Os adolescentes já serão mais cobrados, porém, como vimos, até certo ponto e de acordo com a maturidade compatível com a sua idade. Mas em relação aos adultos, a responsabilidade é cobrada em sua totalidade, sem atenuantes. Somente uma pessoa madura é capaz de assumir responsabilidades por seus atos e decisões. Diferentemente disso, o que mais temos visto é a *extensão* da juventude para além da idade em que a fase termina. Como jornalista, me recuso a adjetivar uma pessoa de trinta anos como *jovem*, pois como vimos, a fala muda o modo de pensar, portanto, é importante usarmos as palavras certas. Uma pessoa de trinta anos é um adulto, não um jovem, pelo simples fato de que uma pessoa de trinta anos *precisa* ter a responsabilidade de um adulto, e não contar com as atenuantes de um adolescente.

Há coisas que estão sendo normalizadas, mas não deveriam ser. Os memes engraçadinhos da internet que infantilizam os adultos não têm a menor graça na vida real. Cito alguns dos poucos que li antes de perder totalmente a paciência:

- "Com 28 anos de idade meus pais estavam financiando a casa própria. Eu, com 29, acabo de comprar um ovo de Páscoa do Homem-Aranha em seis vezes no cartão."
- "O que eu digo sobre mim: moço caseiro, 35 anos, o genro que toda sogra quer. O que a realidade diz sobre mim: divorciado morando com os pais porque a sogra me botou pra fora."
- "Depois dos 40 você só vai num date [encontro] se a mulher vier buscar em casa, pagar a conta e trazer de volta. Senão é coberta, Netflix e baldão de pipoca."

Acho muito difícil que uma mulher madura queira um "princeso" desses na sua vida... Porém, muitas mulheres estão se sujeitando a *homens* assim, por pura imaturidade (delas e deles) e por não reconhecerem seu próprio valor. E as letras das músicas estão aí para "ajudar", enaltecendo a mulher que paga tudo sozinha, que não *depende* de ninguém e que banca o "princeso" porque é *empoderada*. E a pergunta é: que tipo de relação é essa onde a mulher se desdobra para sustentar um marmanjo sanguessuga e ainda se acha poderosa? Percebe como esse conceito de empoderamento fajuto é doentio e rende relacionamentos igualmente doentios? Toda mulher precisa sentir-se segura e admirar o homem que está a seu lado. Isso está no nosso DNA, ainda que o mundo inteiro diga o contrário.

Esse homem *desmasculinizado* e essa mulher *desfeminilizada* que tanto a sociedade enaltece não passam de caricaturas do que podemos ser. Amadurecer é algo preciosíssimo e assumir responsabilidades é uma das maiores demonstrações de caráter de qualquer ser humano. A mulher que é madura e assume suas responsabilidades tem firmeza de caráter suficiente para entender seu papel e o do outro, sem competir com ninguém, mas crescendo lado a lado.

Muito se fala sobre proatividade – que é uma das grandes qualidades que as empresas procuram em um profissional –, mas como encontrar isso em pessoas cada vez mais imaturas e irresponsáveis, que levam tudo na brincadeira e vivem abaixo do que suas capacidades permitem? Ser proativa é antever problemas e agir evitando que eles aconteçam. E essa é outra característica inerente às mulheres. Nós enxergamos longe e antevemos tantas coisas que às vezes até nos perdemos na nossa máquina do tempo! Se um homem vai avaliar um imóvel (homem mesmo, não "princeso"), ele vai checar as estruturas, a hidráulica, a elétrica e coisas do tipo. Já uma mulher vai "se ver" naquela casa e perceber que não dá para receber os amigos, que não é adequada para quem tem cachorro, que a escada é perigosa para um idoso e as janelas são muito baixas para quem tem criança. Sendo assim, por mais que a estrutura do imóvel, a elétrica e a hidráulica estejam em perfeitas condições, a casa não serve! Até hoje meu marido se assusta com a concretização das minhas "previsões", mas não se trata de adivinhação, e sim da capacidade de antever problemas e da minha proatividade em me livrar deles antes que aconteçam.

A soma da maturidade, responsabilidade e proatividade dão origem a algo que não tem preço: a confiabilidade. Confiança é algo que só se adquire com o tempo, depois de avaliar muito bem quem é o outro, o que faz, como faz e, entre outras coisas, se cumpre o que promete, desde as pequenas coisas até as grandes. Quando eu e meu marido estávamos namorando, nós já trabalhávamos juntos em vários projetos e, numa determinada ocasião, precisei que ele praticamente virasse a noite para entregar umas fotos necessárias para fechar a edição de uma revista. Ele disse que estaria tudo pronto na manhã seguinte e, imediatamente respondi: "Eu sei, confio em você", e ele imediatamente revidou: "Você só pode confiar em uma pessoa depois de comer uma saca de sal com ela." E ele tinha toda razão. Uma saca equivale a 60 quilos, ou seja, para que eu e ele, juntos, consumíssemos uma saca inteira de sal seriam necessários entre seis e sete anos de convivência. Sim, eu pesquisei a média de consumo de sal e fiz as contas. E, sim, eu sei que isso é bem esquisito! Deixando as esquisitices de lado, o fato é que devemos tratar a confiança sob essa ótica. Eu já confiava no meu marido antes de nos casarmos, pois nos seis anos que trabalhamos juntos, ele nunca havia perdido um prazo sequer. Porém, hoje, casados há 19 anos (e depois de liquidarmos algumas sacas de sal), confiamos muito mais um no outro. Se eu digo que vou fazer algo, não preciso jurar e nem mesmo falar duas vezes, pois ele sabe que vou fazer e a recíproca é verdadeira.

Por isso, querida amiga, não tenha medo de amadurecer, de exercer o papel de exímia auxiliadora que você é e nem de assumir responsabilidades. Seja proativa e creia na sua habilidade de antecipar problemas e resolvê-los antes que se instalem e, certamente, você será uma pessoa de confiança, alcançando um patamar onde pouca gente consegue chegar. Uma pessoa assim não é alguém que vale a pena conhecer?

ECONOMIA EMOCIONAL

Aceitação
que gera adaptação
que gera resiliência
que gera permanência

Aceitação é mais uma palavra que vem sendo muito utilizada, mas, infelizmente, do jeito errado. Para a sociedade inescrupulosa em que vivermos, aceitação tem se resumido a obrigar as pessoas a engolirem os defeitos dos outros como se fossem virtudes. Mas o sentido da palavra aceitação é totalmente o contrário disso, pois significa "ato ou efeito de concordar, de anuir; aquiescência, anuência." Ou seja, quando algo nos é forçado goela abaixo é porque não concordamos, não anuímos, não consentimos, simplesmente somos obrigados a engolir a seco. E essa *imposição de aceitação* já chegou ao ambiente corporativo de várias maneiras, principalmente através da Geração Z, que engloba os nascidos entre a segunda metade da década de 1990 até o início da década de 2010 (algumas fontes definem mais precisamente entre 1997 e 2012).

É claro que não cabem generalizações, pois não é razoável dizer que uma geração inteira tem determinado comportamento, porém, boa parte dos chamados *zoomers* não aprendeu a lidar com as frustrações e, portanto, tem baixa tolerância a ser contrariada. Além disso, por serem os primeiros "nativos digitais", a Geração Z está acostumada a ser "servida" pelos algoritmos das redes sociais, que sabem exatamente quais são seus gostos e oferecem uma infinidade de conteúdos sob medida. E como o mundo virtual é muito diferente do real, muitos acabam tendo dificuldades de se encaixar à realidade e se desencantam com ela, gerando um ciclo de frustração que as leva a querer viver na "bolha" virtual onde se sentem "aceitos" e satisfeitos.

Uma pesquisa feita pela revista on-line *Intelligent* − voltada para estudantes e universitários americanos − ouviu 800 gestores de empresas nos Estados Unidos e descobriu que 40% delas têm evitado contratar *zoomers*. Os recrutadores alegam que os problemas começam desde a seleção e o estudo elencou algumas dessas questões:

- 52% têm dificuldade em manter contato visual ao se comunicarem;
- 50% querem ter um salário muito acima da realidade;
- 47% se vestem de forma inadequada;
- 27% usam linguagem inadequada;
- 22% recusam-se a ligar a câmera em entrevistas on-line;
- 19% levam os pais em entrevistas presenciais.

São pessoas que não aceitam como o mundo real funciona, ao mesmo tempo que querem que os outros as aceitem como são, ainda que tenham comportamentos inadequados. Elas simplesmente não conseguem se adaptar, mas acham que o problema não está nelas.

Certa vez recebi um livro que tive de ler a sinopse duas vezes para ter certeza de que era aquilo mesmo que estava escrito. Até perdi uns quinze minutos procurando-o na minha biblioteca para transcrever aqui exatamente o que dizia, mas, de tão ruim, devo tê-lo jogado fora porque não o encontrei! Lembro-me que o assunto principal era mostrar às mulheres o quanto o mundo não foi desenhado para nós e que, por causa disso, deveríamos lutar para *impor* nossa presença e *fazer* as coisas mudarem. Como exemplos, a autora dizia que os celulares não foram feitos pensando nas nossas mãos, que são menores do que as dos homens, e que isso era uma tentativa de dificultar o acesso da mulher à tecnologia. Também dizia que as calçadas não estão adaptadas aos saltos dos nossos sapatos, tornando a nossa caminhada um suplício ou algo assim. A lista de lamúrias era extensa, mas não tive estômago para continuar lendo quando vi que, além dos choramingos serem uma tremenda chatice, os *culpados* de tudo isso eram os homens, que nunca se importam com as necessidades femininas e blábláblá. A questão é que o mundo é como é e quem aceita e se *adapta* sobrevive.

Não é uma questão de conformismo, mas de entender que toda necessidade é uma potencial oportunidade, logo, naturalmente as coisas tendem a se adaptar para atender a essas necessidades. Lembro-me do dia que fui a uma concessionária ver um modelo de carro considerado masculino, mas cujo interior era muito mais feminino do que pensei. Havia uma porção de porta-trecos espalhados em vários lugares e, no porta-malas – bem maior do que imaginei –, ganchos para prender sacolas de mercado. Comentei com o vendedor que achei estranho aqueles acessórios em um veículo daquele tipo e ele respondeu que quem escolhe o carro da família é a mulher, por isso, as montadoras – que não são bobas nem nada – feminilizaram o modelo para agradar "quem bate o martelo".

Desde então, comecei a prestar mais atenção às propagandas de vários produtos masculinos e vi que muitos deles estavam voltados para as mulheres. Barbeadores elétricos não estavam falando com os homens, mas sim, com as mulheres, mostrando que o aparelho deixaria a pele dele como *ela* queria que fosse. Os marketeiros sabem bem que, se ela quiser, vai convencê-lo a comprar ou vai comprar para ele. Ela decide. Notei também que os vendedores de móveis não se animavam a atender homens casados desacompanhados e imaginei que seria por saberem que os maridos não comprariam nada sem a presença da mulher. Fiquei tão focada nisso que fui pesquisar para ver se era apenas impressão minha ou se era real (de novo: eu sei que isso é esquisito!), mas não é que acontece mesmo? Segundo um levantamento da Direct Talk Marketing, a influência da mulher na compra de móveis é decisiva, pois o homem casado não faz a compra sozinho. Mesmo que escolha um móvel sem a presença da mulher, ele não fecha o negócio sem o aval dela. Com isso, vemos que o mundo se adapta naturalmente, não sendo necessário que nós tenhamos de impor a nossa presença e forçar as pessoas a nos aceitarem, pois o máximo que elas farão será nos aturar, o que é bem diferente.

Aceitar a si mesma é olhar para dentro, e não para fora. É buscar mudar em nós mesmas aquilo que reconhecemos que é preciso mudar. É saber que não somos a Mulher-Maravilha-autossuficiente que a sociedade quer nos obrigar a ser. A mídia criou uma imagem inalcançável para a mulher, onde ela tem de "se jogar" na balada, no álcool e na vida desregrada, mas ser saudável. Encher-se de sorvete e chocolate na TPM, mas ter um corpo livre de qualquer gordurinha. Ela tem de cuidar religiosamente do cabelo, da pele, ter uma rotina diária de *skin care*, fazer academia, ter uma casa estilo Pinterest, ser *fashion*, estudar, ser ativa nas redes sociais, fazer network, não faltar aos *happy hours* para ser popular, ter um pet, levantar alguma bandeira identitária porque está na moda e, ainda por cima, ser mãe como se não trabalhasse fora e trabalhar fora como se não fosse mãe. Isso não é empoderamento, isso é um fardo impossível de se carregar porque essa é uma conta que não fecha. E quando não, a mulher é atirada para outro extremo, onde o desleixo com sua imagem, sua saúde e sua aversão a tudo o que é feminino é a palavra de ordem. E ai de quem não a aceitar!

Quando reconhecemos nossas fraquezas e trabalhamos para melhorá-las (em vez de trabalharmos para espalhá-las por aí), aceitamos quem somos, mas não deixamos de fazer as adaptações necessárias, sem culparmos ou responsabilizarmos os outros para tentar esconder nossas limitações. Até porque, sejamos honestas: nossas capacidades têm sido muito mais subestimadas por nós mesmas do que pelos homens, portanto, o que precisamos é nos aceitar primeiro, para que o mundo nos aceite também. Geralmente nós temos muita facilidade em nos cobrarmos demais, em sermos autocríticas demais e nos culparmos demais. Mas quando aceitamos quem somos e entendemos que cabe a nós, antes de qualquer pessoa, nos tratarmos com mais leveza, conseguimos nos adaptar tanto a nós mesmas quanto ao mundo ao nosso redor. E é aí que entra um ponto importantíssimo na construção da nossa nova versão atualizada: quem se adapta às mudanças sobrevive. Considere o reino animal e veja que o que determina a sobrevivência não é apenas a força ou a inteligência, mas o poder de adaptação. Isso vale para o mercado corporativo e para a vida. A adaptabilidade é outra característica que as empresas buscam enlouquecidamente em um profissional. Adaptar, segundo o Dicionário Oxford, significa "modificar (algo) para que se acomode, se ajuste ou se adeque (a uma nova situação, um determinado fim, um meio de comunicação etc.)" e isso é imprescindível em um mundo que muda o tempo todo. Percebe o quanto é irreal acreditar que um mundo que muda o tempo todo e que se torna mais populoso a cada dia vai se adaptar de acordo com o que cada um quer? É um contrassenso que só atrasa a vida de quem acredita em algo tão fantasioso.

Quando praticamos a adaptabilidade, aceitamos as mudanças e nos adequamos a elas rapidamente, desenvolvemos outra qualidade rara hoje em dia: a resiliência, ou seja, a capacidade de recobrar nosso estado original, não perdermos a forma ou, como diz a psicologia, a capacidade de voltarmos ao estado habitual após uma experiência difícil. Ser resiliente é ser maleável como uma esponja que se permite torcer, espremer, amassar, mas assim que a soltamos, recobra sua forma original. Quem é duro e resistente como um prato, ao se quebrar, nunca mais voltará a ser o mesmo. O prato não aceita uma pancada, já a esponja tira de letra. Por isso é que nem sempre sobrevive o mais forte, mas aquele que melhor aceita as mudanças. Por fim, esse trio de qualidades, aceitação, adaptação e resiliência, produz outra qualidade ainda mais rara: a permanência.

Em um mundo onde tudo é cada vez mais efêmero, poucos são os que permanecem. As pessoas se tornam famosas da noite para o dia e, num piscar de olhos, ganham milhões de seguidores nas redes sociais, são convidadas para todos os programas de TV, podcasts e ganham fortunas com publicidade. Porém, tão rápido quanto subiram, elas caem. Dali a pouco ninguém mais se lembra quem foi, o que fez, de onde veio ou para onde foi. E, muitas vezes, sem aceitar que a fama acabou, sem se adaptar à realidade de voltar a ser um anônimo, sem resiliência para recobrar sua forma, não conseguem manter a sanidade diante de todo esse sobe e desce.

Essa é a importância de andarmos na contramão desse mundo, de lutarmos para sermos diferentes e sermos fortes o suficiente para não nos deixarmos conduzir para esse abismo. Uma pessoa que se aceita é muito mais capaz de aceitar o outro, de se adaptar ao que a ocasião pede, de ser resiliente diante das lutas e ainda permanecer firme. Uma pessoa assim não é alguém que vale a pena conhecer?

"Portanto, meus amados irmãos, sede firmes, inabaláveis e sempre abundantes na obra do Senhor, sabendo que, no Senhor, o vosso trabalho não é vão."

1CORÍNTIOS 15:58

"O que é que vocês estão procurando?"

JOÃO 1:38

DESCUBRA SEUS TALENTOS DOMINANTES

No livro *40 pensamentos de Jesus em 40 dias*, o autor Renato Cardoso discorre sobre como Jesus amava fazer perguntas: "Responder uma pergunta nos obriga a pensar. Isso quer dizer que Jesus queria, e quer, que as pessoas pensem." Seguindo o exemplo do Mestre, Cardoso questiona:

> Pense agora na pergunta que Ele fez e responda: 'O que você está procurando?' Pense na sua resposta. Muitos não sabem responder a essa pergunta. Nem todos estão procurando coisas muito significantes na vida. Há quem viva apenas por viver, um dia após o outro – respirando, comendo, bebendo, andando para lá e para cá, dormindo –, mas não necessariamente buscando uma existência mais significativa. Outros estão buscando desesperadamente com todas as forças, as coisas erradas – fama, dinheiro, um amor equivocado, o reconhecimento de seus colegas e tantas outras coisas que parecem importantes, mas não são.

Se você chegou até aqui, significa que não está entre essas pessoas que estão vivendo por viver, sem saber o que querem da vida e sem objetivos para o futuro. Porém, pode ser que você ainda não tenha feito a si mesma uma pergunta que *deveria* estar sempre rondando a sua mente:

O QUE É QUE EU *NÃO* ESTOU PROCURANDO?

Talvez você nunca tenha pensado em procurar saber uma das coisas mais importantes para o seu desenvolvimento pessoal e profissional: quais são os seus *pontos fortes*. Para trabalharmos nisso, seguiremos o método de Jesus: faremos uma série de perguntas a nós mesmas, nos obrigando a pensar para encontrar as melhores respostas. Vamos começar com questões que trarão algumas respostas – por se tratar de coisas que, certamente, a maioria de nós tem em comum – e depois você saberá quais perguntas deverá fazer a si mesma para encontrar os seus pontos fortes, ou seja, seus talentos dominantes.

Em primeiro lugar, veja que estamos falando de algo no plural: pontos fortes, talentos dominantes. Portanto, se você acredita que não é uma pessoa talentosa e nem tem um ponto forte tão forte assim, saiba que você está completamente equivocada. Todas nós possuímos vários talentos, mas nem todas descobriram quais são eles. Em segundo lugar, há uma diferença entre talentos e talentos dominantes e, quando entendemos isso, já largamos na frente na corrida da vida. E, em terceiro lugar, provavelmente você não tem conhecimento dos próprios talentos porque praticamente todas nós fomos condicionadas a sermos pessoas medianas. E sabe onde mais nós fomos conduzidas à mediocridade? Na escola. Talvez você esteja com a impressão de que eu sou contra a escola – depois de tudo o que vimos no capítulo 11 – e que passei por péssimas experiências, mas, na verdade, eu amava ir à escola e tive ótimas experiências.

Por falta de recursos financeiros, sempre frequentei a escola pública, desde o Ensino Fundamental até o Médio e, por diversos anos, tive de estudar sem todos os livros didáticos. No primeiro ano era apenas uma cartilha e, graças a Deus, minha mãe pode comprar; no segundo, eram apenas dois livros: Língua Portuguesa e Matemática, que também tive. Porém, a partir do terceiro ano, já não deu para ter todos. E quer saber? Foi a melhor coisa que me aconteceu! Como eu não tinha todos os livros e tinha que economizar as páginas dos cadernos (pois eles tinham que durar o ano inteiro), fui obrigada a prestar atenção às aulas. Eu utilizava basicamente dois métodos: para as matérias que eu tinha os livros, tratava de ler "o ponto", como chamávamos, antes da aula e tentar entender sozinha, assim, eu poderia usar a aula apenas para tirar uma dúvida ou outra. E para as matérias que eu não tinha os livros, pedia emprestado para alguma colega, anotava em casa os pontos principais e novamente usava a aula como tira-dúvidas. Ambos os métodos proporcionaram duas coisas cruciais para o meu aprendizado: o autodidatismo e *entender* a matéria em vez de decorá-la. Eu achava esquisitíssima a expressão "estudar para a prova", porque no meu caso, eu estudava para mim mesma. Além do que, a expressão correta seria "decorar para a prova", pois era isso que a maioria fazia. Tanto é que, depois da prova, quase ninguém lembrava de mais nada.

Embora esses métodos tenham me ajudado na época – e me ajudem até hoje –, devo dizer que tive o privilégio de ter tido professores excelentes e de ter sido incentivada por vários deles a aperfeiçoar meus pontos fortes para além dos muros da escola. E é aqui que voltamos ao fato de que nosso sistema de ensino – bem como o de vários outros países – nos condiciona a sermos pessoas medianas.

A escola nos obriga a aprender um pouco de tudo, sem que venhamos nos especializar em nada. É claro que isso tem sua razão de ser, afinal, todos precisamos de ter uma base sobre disciplinas fundamentais, como Língua Portuguesa, Matemática, Ciências, Geografia, História, Língua Inglesa, Artes. Porém, o problema estava no método: o aluno que tiver, literalmente, um desempenho *mediano* em todas elas terá o suficiente para passar de ano. E digo *estava* porque depois da instituição da progressão continuada, em 1996 – mais conhecida como aprovação automática –, tudo piorou.

Há quem jure com as duas mãos no coração que progressão continuada *não é* uma aprovação automática, e que a aprovação automática *não existe* no Brasil. Porém, na prática, é o que efetivamente acontece. Isso porque a progressão continuada excluiu a divisão do ensino em anos e a substituiu por ciclos de aprendizado, que duram de três a cinco anos. Somente ao final de cada ciclo é que o aluno poderá ser reprovado e, caso aconteça, ele terá de repetir o último ano ou somente a matéria em que reprovou. Ou seja, na prática, o aluno passa, *sim*, para o ano seguinte, ainda que não tenha aprendido nada. Dizer que passar automaticamente para o ano seguinte não significa que aluno foi automaticamente aprovado é apenas uma questão de semântica.

Mas independentemente de acharmos que a progressão continuada é algo bom ou ruim, o que vale são os resultados que ela apresenta. Quanto a isso, não há como negar que o ensino piorou – e muito – de lá para cá. Dados do Indicador Nacional de Alfabetismo Funcional (Inaf), de 2018, mostram que 63,74% dos brasileiros entre 15 e 64 anos de idade possuem nível de alfabetização de Elementar para baixo, sendo:

- **Analfabeto** – 8% – não conseguem realizar tarefas simples que envolvem a leitura de palavras e frases, ainda que uma parcela consiga ler números familiares como de telefone, da casa, preços etc.;
- **Rudimentar** – 22% – que fazem um uso bastante limitado da leitura, da escrita e das operações matemáticas em suas tarefas do cotidiano;
- **Elementar** – 34% – capaz de selecionar, em textos de extensão média, uma ou mais unidades de informação, observando certas condições e realizando pequenas inferências;
- **Intermediário** – 25% – capaz de localizar informação expressa de forma literal em textos diversos, realizando pequenas inferências. Apto a resolver problemas matemáticos que envolvam porcentagem e proporção;

- **Proficiente** – 11% – elabora textos de maior complexidade (mensagem, descrição, exposição ou argumentação) com base em elementos de um contexto dado e opina sobre o posicionamento ou estilo do autor do texto. É capaz de interpretar tabelas e gráficos envolvendo mais de duas variáveis.

A "ginástica linguística" que o indicador usa para classificar o nível Elementar como algo aceitável é digna de medalha olímpica, por isso, merece o destaque a seguir:

> É considerado alfabetizado em nível elementar o indivíduo capaz de selecionar, em <u>textos de extensão média,</u> <u>uma</u> ou mais unidades de informação, observando <u>certas</u> condições e realizando <u>pequenas</u> inferências. Ele também resolve problemas envolvendo operações básicas com números da ordem do <u>milhar,</u> que exigem certo grau de planejamento e controle. O alfabetizado funcional em nível elementar tem condição de comparar e relacionar informações numéricas ou textuais expressas em gráficos ou tabelas <u>simples</u> envolvendo situações de contexto cotidiano doméstico ou social.

Ou seja, se leu um texto de extensão *média* e foi capaz de selecionar *uma* informação em *certas* condições (?) e realizar *pequenas* inferências, já pode dizer que é alfabetizado. E quanto à matemática, se fez continha de *quatro dígitos* e conseguiu *comparar* números ou textos em tabelas *simples*, aí arrebentou mesmo! Você percebe que o nível de exigência considerado médio (Elementar) é, na verdade, o mínimo?

Embora haja cinco grupos, para o Inaf, as análises das classificações devem ser feitas dividindo em três, o que acaba fazendo a situação parecer *menos pior*:

1. **Analfabeto funcional** – soma dos níveis Analfabeto e Rudimentar – 30%;
2. **Elementar** – que compreende apenas esse nível – 34%;
3. **Alfabetismo consolidado** – soma dos níveis Intermediário e Proficiente – 36%.

Porém, mesmo mantendo a régua abaixo do que deveria, temos de enfrentar a triste realidade de que três em cada dez brasileiros, de 15 a 64 anos, são *analfabetos funcionais*. Em que mundo isso seria motivo de comemoração eu não sei. Enfim...

Soma-se a isso a questão de que a escola nos força a investir mais nas nossas fraquezas do que em nossas forças. Sobre isso, o livro *Descubra seus pontos fortes 2.0*, de Tom Rath e do Instituto Gallup – que inspirou o título e o tema deste capítulo –, diz:

> "Em sua estrutura fundamentalmente falha, o objetivo de quase todos os programas de aprendizado é ajudar a nos tornarmos aquilo que *não somos*. Se você não tem um talento natural para os números, ainda assim é obrigado a se dedicar à matemática para obter um diploma. Se não for dotado de muita empatia, será enviado a um curso para incutir empatia em sua personalidade. Do berço ao trabalho, devotamos mais tempo às nossas deficiências do que aos nossos pontos fortes."

Não é exatamente assim? Um aluno que é muito bom em Língua Portuguesa raramente é incentivado a se aplicar ainda mais para se tornar excelente. Ao contrário, o sistema vai convencê-lo a investir muito mais tempo e energia nas matérias em que seu desempenho não é bom para que ele chegue, pelo menos, à média apenas para *passar de ano*. Mas como vimos, se apenas passar de ano sendo um aluno mediano era ruim, a coisa agora ficou ainda pior, pois nem isso é mais necessário.

Passamos tanto tempo almejando atingir a média – e achando que isso é o suficiente – que acabamos levando esse conceito para outras áreas da vida: ter um emprego mediano é o suficiente, chegar e sair no horário é o suficiente, ganhar dinheiro apenas para pagar as contas é suficiente, ter uma casinha é o suficiente, investir uns troquinhos de vez em quando é o suficiente. Ao nos satisfazermos com o que é apenas medíocre, deixamos de buscar o que deveríamos ser estimuladas a descobrir o quanto antes: quais são os nossos talentos naturais. Sem esse estímulo, a maioria das pessoas acaba ficando abaixo da média simplesmente pelo fato de nem sequer saberem que têm talentos naturais.

Como mencionei anteriormente, por vários anos participei de eventos voltados ao empreendedorismo feminino, dando palestras, aulas e mentorias. Em alguns deles, era comum doarmos algumas horas do nosso tempo para atender pessoalmente tanto mulheres que já empreendiam quanto as que gostariam de começar. Para beneficiar o maior número possível de pessoas, o tempo máximo de cada atendimento era de 15 minutos e cada mentora tinha de colaborar, no mínimo, com uma hora de atendimento. Pode parecer pouco, mas creia, se as pessoas soubessem quais são seus talentos, um bom atendimento não passaria de sete ou oito minutos. Assim que a pessoa se sentava à minha frente, uma monitora do evento ligava o cronômetro e repetia a regra que já estava escrita em um cartaz bem em frente à fila: "Você tem 15 minutos, aproveite!" Invariavelmente elas passavam quase um minuto tentando convencer a monitora a lhes dar mais tempo, sempre alegando que seu problema era mais complicado etc. A monitora repetia mais duas ou três vezes a regra e, quando finalmente a empreendedora olhava para mim, eu dizia: "Agora você só tem 14 minutos!" Isso fazia com que algumas delas passassem a tentar *me* convencer a lhes dar mais tempo enquanto eu, sem dizer uma palavra sequer, apontava o cronômetro que implacavelmente seguia rodando. Umas tapavam o cronômetro, outras reclamavam que haviam passado mais do que 15 minutos na fila, que não era justo etc. Eu seguia apontando o cronômetro até que, depois de uns quatro ou cinco minutos, finalmente ela se dava por vencida e parava de argumentar.

Enquanto eu ficava apontando para o cronômetro igual a um "manekineko" (aquele gato japonês que fica movendo um braço sem parar) para fazer a empreendedora parar de perder tempo, me sentia de volta à escola, onde esse tipo de comportamento era muito comum: alunos choramingando para convencer o professor a lhes dar os pontos extras de que necessitavam para apenas serem medianos. Eu sempre pensava: "se essas pessoas se empenhassem em estudar com a mesma intensidade que se empenham para mendigar migalhas, elas deixariam de ser mendigas!" Você percebe como, inconscientemente levamos comportamentos infantis para a vida adulta e tudo o que conseguimos é apenas perder tempo e oportunidades?

Quando começavam a falar, era nítido que, apesar de terem ficado 30 ou 40 minutos na fila, elas não haviam se preparado para o atendimento. Sem saber o que dizer, falavam coisas triviais como: "peguei um trânsito enorme para chegar aqui" ou "eu sempre venho a esses eventos, hoje trouxe minha filha", me obrigando a voltar ao modo "manekineko" como uma professora que precisa chamar a atenção da aluna a cada minuto. Por fim, começavam a divagar até que eu intervinha e começava a fazer perguntas-chave para tentar decifrar uma forma de ajudá-las. Uma das perguntas para quem estava pensando em empreender e não sabia por onde começar era: "qual é o seu talento?" Depois de pensar um pouco, a resposta da maioria era "eu acho que não tenho talento nenhum". Não era "não sei", "nunca pensei nisso" ou "deixa eu olhar aqui no Google!" A resposta de muitas era simplesmente: "não tenho talento nenhum". E o diálogo quase sempre era:

— Se você não tem nenhum talento, o que não é verdade, em que área você pretende empreender?

— Em algo que dê dinheiro! — respondiam.

— Dar dinheiro, nenhuma área dá. Porém, em qualquer área é possível abrir um negócio e lucrar. — dizia eu.

— Então, me fala pelo menos uma! — voltavam ao modo mendicância.

— A melhor área para você atuar é naquela que você tem um talento compatível. Comece por aí!

Para finalizar o atendimento, eu escrevia uma *prescrição* parecida com a dos médicos, carimbava, rubricava e entregava para a minha mentorada, que quase sempre pegava o papel dizendo: "Ué, só isso?" Aquela expressão de desapontamento fazia com que eu me sentisse como uma médica que não prescreveu os cinco tipos de medicamento que a paciente acha que precisa tomar, tão-somente pelo fato de que ela não precisa de nenhum. "Descobrir quais são os seus talentos e quais tipos de negócio são compatíveis com eles já vai exigir de você um grande esforço, foque nisso e você vai começar bem!", dizia eu tentando animar minha "paciente" que queria, na verdade, um remedinho que fizesse todo o esforço por ela. Felizmente, algumas entendiam o quão aquela direção era importante, embora não todas.

Fomos acostumadas a pensar que, para tudo na vida, existe *uma* resposta certa e que quase sempre só os professores sabem qual é. Por isso é que esperamos que os médicos "descubram" nossas doenças só de olhar na nossa cara (sem que tenhamos de lhes dar o máximo de informações sobre nossos sintomas e queixas), que um arquiteto chegue na nossa casa com um projeto prontinho e que seja exatamente o que imaginamos (sem que tenhamos de explicar o uso de cada cômodo ou o orçamento que temos disponível). Mas quando se trata de algum assunto para o qual não existam respostas erradas ou, ainda, haja várias respostas certas, temos uma imensa dificuldade de responder. Sim, *temos*. Todas nós.

Peter Drucker, considerado o pai da administração moderna, afirmou: "Para termos sucesso nesse mundo novo, precisaremos primeiro aprender quem somos. Poucas pessoas, mesmo entre as mais bem-sucedidas, conseguem responder a estas perguntas: em que você é bom? Em que você precisa extrair o máximo de seus pontos fortes? Poucos sequer sabem essas coisas." Ele também é autor da frase: "A maioria das pessoas acha que sabem o que fazem bem. Em geral, estão enganadas... E, no entanto, o desempenho de alguém só pode ser baseado em seus pontos fortes."

Isso demonstra que, apesar de que deveríamos ser estimuladas a buscar essas respostas, quase ninguém as tem. A boa notícia é que podemos buscá-las a partir de agora e, ao encontrá-las conseguiremos remir o tempo perdido e sairmos da mediocridade.

Don Clifton, pai da psicologia dos pontos fortes e criador do teste CliftonStrengths, que pode ser feito tanto com um código individual presente em cada exemplar do livro *Descubra seus pontos fortes 2.0*, como no site do Instituto Gallup[1] afirma que: "Quando somos capazes de investir a maior parte de nossas energias no desenvolvimento de nossos talentos naturais, há um espaço extraordinário para o crescimento. Portanto, a máxima 'você pode ser tudo o que quiser' talvez fique mais precisa assim: '*você não pode ser o que quiser, mas pode ser bem mais do que já é*'".

A PSICOLOGIA DOS PONTOS FORTES

Embora todas as pessoas mudem com o tempo e se adaptem ao meio em que vivem, há coisas que dificilmente mudarão: os talentos. Porém, como vimos, identificá-los não é uma tarefa fácil para pessoas que passaram a vida toda sendo condicionadas a dar mais valor aos pontos fracos e a investir mais tempo e energia neles do que nos pontos fortes. Mesmo assim, os talentos continuam lá, como um músculo que passa muito tempo sendo negligenciado, mas que, quando trabalhado, começa a responder e a se desenvolver conforme vamos perseverando em mantê-lo ativo.

As pesquisas que fundamentam o teste CliftonStrengths envolvem mais de 50 anos de estudos, cuja conclusão é de que há 34 tendências de personalidade chamadas de talentos inatos, que são nossas habilidades naturais, ou seja, coisas que temos mais facilidade, destreza e capacidade para desenvolver. Quando descobrimos esses talentos e trabalhamos para desenvolvê-los, nos tornamos pessoas acima da média naquelas habilidades. Eu, por exemplo, não levo jeito algum para cantar. Apesar de ter uma voz potente, no sentido de entonação e firmeza, sempre fui – e continuo sendo – extremamente desafinada. Isso não quer dizer que eu não possa fazer aulas de canto e aprender a trabalhar melhor nisso, porém, o esforço que eu teria de fazer seria muitas vezes maior do que quem possui esse talento inato. E a pergunta é: será que valeria a pena? No ponto de vista de Don Clifton – com o qual eu concordo –, não

---

[1] Disponível em:https://www.gallup.com/cliftonstrengths/pt/.

valeria e a razão é bem simples: por que perder tempo nos forçando a fazer coisas em que não somos tão boas em vez de ganhar tempo investindo em coisas que, naturalmente, somos melhores?

Isso nos ajuda até mesmo a gerenciar bem o nosso tempo, pois em vez de perdermos tempo fazendo algo para o qual não temos aptidão, por que não delegar a tarefa para quem faz melhor e mais rápido? Esse é um erro que muito empreendedores cometem, principalmente no começo de seus negócios: querer fazer tudo. É claro que, muitas vezes, somos obrigadas a fazer tudo por falta de dinheiro para pagar pessoas que fariam melhor do que nós, porém, devemos entender isso como uma fase. Assim que possível, precisamos nos livrar dessas tarefas que ocupam nosso tempo e que não atingem uma qualidade tão boa. Aqui em casa, por exemplo, meu marido é o cozinheiro oficial. Apesar de eu gostar muito de cozinhar, esse não é um talento inato para mim. Primeiro, preciso seguir uma receita e fazer todo o *mise en place* (colocar todos os ingredientes em ordem, já nas quantidades certas). E depois foco tanto em organizar e limpar que às vezes esqueço a panela no fogo enquanto lavo, seco e guardo os utensílios que já usei! Já o meu marido é daqueles que abre a geladeira e, seja lá o que tiver dentro, ele junta meia dúzia de coisas e, em apenas 20 minutos, faz um prato incrível. Ele tem a habilidade de improvisar e o conhecimento dos tempos de cozimento de cada ingrediente, dos temperos que combinam e de como harmonizar os diferentes sabores. A cozinha fica de pernas para o ar, mas as refeições são sempre muito melhores do que as minhas. Por isso, nosso combinado é: ele cozinha e eu limpo. Perfeito!

Todas nós temos grandes potenciais e o nosso sucesso depende de aprendermos a maximizar esses potenciais. Não significa que vamos ignorar nossos pontos fracos, pois todas precisamos aprender a lidar com eles, mas sem jamais esquecermos que não são eles que *nos definem*. Geralmente temos muita facilidade em expor nossas fraquezas e nos definirmos por elas, pois esse olhar negativo nos acompanha desde a infância. É comum, por exemplo, que uma criança mais calada seja forçada a falar quando dizemos a ela: "O que aconteceu? O gato comeu sua língua?" É claro que devemos estimular a criança a falar, a dizer o que quer em vez de apontar o dedo emitindo sons incompreensíveis, mas não é necessário tratar seu modo mais reservado como algo negativo ou criando rótulos do tipo: "ela é tímida" ou "ela é caipira!". Quantas pessoas acabam *ficando* tímidas de tanto ouvir que são assim quando, na verdade, nem são? O contrário também acontece: "Ai, que tagarela! Você nunca para de falar?" Ou seja, tanto calar quanto falar podem ser vistos como coisas ruins e, inconscientemente, tendemos a suprimir aquilo que nos é natural para nos *encaixarmos* no que parece mais correto: se falamos pouco, deveríamos falar muito; se falamos muito, deveríamos falar menos. Porém, como mencionado, não há certo e errado quando o assunto são nossos pontos fortes, habilidades e talentos dominantes. Nós somos como somos, só isso.

Segundo as definições do Gallup, "pessoas mais bem-sucedidas partem de um talento dominante e então acrescentam habilidades, conhecimento e prática ao pacote. Quando agem dessa forma, o talento bruto serve como *multiplicador*."[1]

Talento
maneira natural de pensar, sentir ou se comportar

X

Investimento
tempo dedicado à prática e ao desenvolvimento de suas habilidades e de sua base de conhecimentos

---

Ponto forte
capacidade de apresentar de modo consistente um desempenho próximo à perfeição

---

[1]Fonte: *Descubra seus pontos fortes 2.0*.

Seguindo esse mesmo ponto de vista, Angela Duckworth, autora do livro *Garra: o poder da paixão e da perseverança*, elabora uma fórmula bastante parecida.

Habilidade
capacidade de apresentar de modo consistente um desempenho próximo à perfeição
X
Esforço
prática das habilidades
___
Êxito
ser bem-sucedida no que faz

"O talento é a rapidez com que as habilidades de uma pessoa aumentam quando ela se esforça. Êxito é o que acontece quando essa pessoa utiliza as habilidades adquiridas. É claro que as oportunidades dessa pessoa – por exemplo, ter um excelente treinador ou professor – também são de enorme importância, talvez mais do que qualquer característica individual", afirma Duckworth.

Como mencionei, tive o privilégio de ter sido incentivada por professores a aperfeiçoar meus pontos fortes e, mais tarde, no mercado de trabalho, por vários dos meus superiores também. Porém, esses incentivos não aconteceram como a maioria pensa ou espera, mas de forma sutil e natural. Por exemplo, era comum que as pessoas me dissessem coisas como: "vou deixar isso por sua conta porque é algo que precisa de mais cuidado", ou "apesar de fulano ser mais experiente, prefiro que você faça porque tem de ser entregue no prazo", ou ainda "deixa a Patrícia tomar conta disso porque não podemos ter problemas." Esse tipo de comentário me dava indícios de que as pessoas viam em mim *responsabilidade*, ainda que as pessoas não dissessem claramente: "A responsabilidade é um dos seus pontos fortes". Outras falas comuns sobre mim eram:

- "A Patrícia parece um cão de guarda!"
- "Você, que gosta de estudar, me explique isso aqui."
- "A Patrícia é 'gente que faz'!" (*slogan* de um banco popularizado na década de 1990).
- "Você é cuidadosa" ou "Você é esperta" (no sentido de ser vigilante).
- "Nossa, como você reparou que ele é assim? Você o descreveu perfeitamente!"

Não coincidentemente, quando fiz o teste CliftonStrengths, descobri que meus cinco talentos dominantes são:

1. Responsabilidade
2. Estudiosa
3. Realização
4. Prudência
5. Individualização

Isso me ajudou não só a entender por que faço as coisas que faço do jeito que faço, mas também a identificar os tipos de tarefa que se alinham a esses pontos fortes, seja na vida pessoal ou profissional. Entendi que eu nunca serei aquela pessoa que "não esquenta a cabeça", pois meu nível de responsabilidade está acima de qualquer coisa e jamais vai permitir que eu trate as coisas com mais leveza. Um dia, por exemplo, uma amiga precisava ir a um evento com o marido e não tinha com quem deixar a filha, pois voltariam muito tarde. Eu e meu marido sugerimos que eles a deixassem dormir no nosso apartamento e nos comprometemos a levá-la de volta na manhã seguinte, depois do café. Eles concordaram e acrescentei: "Podem ir tranquilos que a gente cuida dela". Eles caíram na risada e disseram: "O problema é você cuidar *melhor* do que nós!" A noite foi ótima, mas logo cedo, quando fui ver se a menina havia acordado, meu coração gelou e minha cabeça começou a latejar como se eu fosse desmaiar: eu tinha deixado a porta da sacada destrancada.

Como morávamos em um andar alto, quase nunca trancávamos essa porta e não me atentei que a criança poderia tê-la aberto à noite e despencado prédio abaixo. A menina dormia solenemente, então, tranquei a porta e voltei para o quarto branca como um papel. Meu marido achou que eu tinha visto um fantasma e, quando contei o que houve, ele respirou fundo e disse: "Pelo amor de Deus, ela tem nove anos, é lógico que não ia fazer nada disso. Você não relaxa nunca?" E a resposta é não, eu não relaxo nunca! Não bastasse o susto que dei no meu marido, não sosseguei enquanto não contei para os pais dela que a sacada ficou destrancada e eles acharam um exagero a forma como reagi: "Calma, Paty, a gente já fez isso milhões de vezes!" Eu achava que havia alguma coisa de errado comigo, até que entendi que eu sou assim e que só preciso buscar um ponto de equilíbrio, e não tentar mudar a minha essência.

A mesma coisa se dá com os estudos que, para mim, não são nem nunca foram um peso. Esses dois primeiros talentos dominantes mostram que as profissões que exigem responsabilidade e estudos, como o jornalismo, por exemplo, são as que eu me sairia melhor. E que ótimo que foi o que escolhi! A Realização, a Prudência e a Individualização também apontam para esse caminho, sinalizando que eu me daria bem com projetos, pois não só os escrevo, mas tenho habilidade para tirá-los do papel. A Prudência ajuda a não dar passos maiores do que as pernas e a Individualização é a habilidade de perceber detalhes nas pessoas e reconhecer seus talentos, o que é ótimo para formar bons times e me ajudou muito na época das vendas das camisetas e de outras coisas também. Mas os talentos não servem apenas às questões de trabalho, pois em relação às finanças, por exemplo, sempre serei uma investidora mais conservadora, uma consumidora consciente e uma consultora responsável. Você jamais viu e nunca me verá envolvida na divulgação de produtos e serviços nos quais não acredito, pois ninguém precisa me dizer que isso não seria nada responsável.

Também não sou do tipo que tem muitos amigos, não porque não goste das pessoas ou desconfie delas, mas porque meu nível de prudência exige que eu conheça as pessoas mais a fundo antes de me associar com elas, digamos assim. Outra coisa que passei a aceitar de uma forma mais tranquila é o fato de que eu *preciso* listar todas as tarefas do dia e dar um OK em cada uma à medida que as vou realizando. E como não vou parar de trabalhar enquanto não "zerar" todas elas, tenho de dividi-las durante a semana ou o mês de forma coerente para que sejam possíveis de serem feitas dentro dos prazos que estabeleci. Não terminar hoje uma tarefa que prometi a mim mesma que seria feita hoje é algo que me incomoda profundamente. E, de novo, sempre será assim.

Por outro lado, os talentos Harmonia e Imparcialidade, estão nas últimas colocações no ranking dos meus 34 talentos dominantes. A Harmonia é inerente às pessoas que buscam concordância, detestam conflitos e que preferem um ambiente onde opiniões semelhantes imperem. Esse, de fato, não é um talento que eu tenho... Ele é ótimo para trazer, como o nome sugere, harmonia, buscando pontos em comum entre as pessoas, promovendo o consenso. Eu não vejo qualquer problema em expor meus pontos de vista, ainda que não agradem a muitos ou que causem desconforto ou discordância. E quanto à imparcialidade, de fato, está no fim da minha fila. "Mas como pode uma jornalista não ser imparcial?", você pode estar se perguntando (com toda justiça, diga-se de passagem). Jamais aceitei qualquer posição onde não pudesse expressar minhas opiniões, por isso, minha coluna do R7 é composta de artigos de opinião e não de reportagens, pois elas exigem a imparcialidade que não é nada natural para mim. E aqui vai uma opinião bem polêmica: não acredito na igualdade, ao contrário, acho uma injustiça. Não consigo ver justiça quando filhos recebem a mesma porção em uma herança, sendo que um sempre honrou os pais e o outro foi um inconsequente. Sei que os dois são filhos e que essa é a lei, mas uma coisa é o que diz a lei, outra é o que, de fato, é justo.

Mas o importante nisso tudo é entender que em se tratando de pontos fortes, talentos inatos e dominantes, não existe certo ou errado. Há momentos em que uma pessoa harmoniosa e imparcial é absolutamente necessária, e tudo bem que essa pessoa não sou eu. Posso ser? Sim, com muito esforço, mas se houver alguém que cumpra esse papel com mais naturalidade é ele quem deve assumir o posto, não eu. Isso deixa claro que não devemos entrar na paranoia de sermos como fulano ou beltrano, afinal de contas, por que seríamos uma caricatura dos outros quando a nossa melhor versão é sermos nós mesmas? Precisamos sair do modo "vou trabalhar para reduzir danos" e entrar no modo "vou trabalhar para me destacar". Quando conhecemos nossos pontos fortes e reconhecemos nossas fraquezas, um novo mundo se abre à nossa frente, pois conseguimos nos entender e, dessa forma, termos mais capacidade de entender os outros também.

COMO CONHECER SEUS PONTOS FORTES

Uma das maneiras mais completas é, sem dúvida, fazer o teste CliftonStrengths, mas você também pode usar sua capacidade de observação para captar os indícios que sinalizarão seus talentos dominantes. Aqui vão algumas maneiras de fazer isso.

1. **Identifique suas ações automáticas** – Faça uma lista com as coisas que você faz "sem ter de pensar". Busque na memória quais ações e reações típicas costuma ter, considerando desde a sua infância até agora e priorizando as diferenças entre as suas ações e reações em relação à maioria das pessoas. Por exemplo, minha sobrinha-neta desde sempre apresenta características de liderança. Antes de completar três anos de idade, conheceu uma menininha de quatro anos a quem pegava pela mão, conduzindo-a ao local onde queria que ela se sentasse e escolhendo do que iriam brincar. Aos quatro anos, quando estávamos com toda a família em um restaurante, assim que o garçom recolheu os pratos da sobremesa, ela distribuiu papel e canetinhas para todos e disse: "Agora vocês podem desenhar!" Ela começou seu próprio desenho, mas sempre de olho em quem não estava desenhando: "Por que você parou?" Não a vejo como uma criança mandona, pois quando explicávamos

que estávamos tomando o café para não esfriar, ela só respondia: "Ah, tá bom!", sem ficar controlando se iríamos terminar ou não. Outro talento que creio ser inato é a Realização, pois ela precisa *fazer* coisas. Minha mãe disse um dia que precisava colocar umas pedrinhas nos seus vasos de planta e, dali alguns minutos, ela nos chamou no quintal para mostrar que tinha colocado as pedras. Estas são pequenas "pistas" dos talentos que vejo nela e que não vejo em todas as crianças. Da mesma forma, busque essas pistas em você e liste todas elas para começar a entender seus pontos fortes.

2. **Identifique seus interesses** – Acrescente à essa lista as coisas que despertam o seu interesse, voltando também à sua infância. Lembre-se do que gostava de fazer, das brincadeiras e brinquedos favoritos e do que a deixava entusiasmada. Isso diz muito sobre suas inclinações, pois a infância é uma época mais sincera, digamos assim, pois se gostamos de algo e alguém, nós realmente gostamos. Um dos meus brinquedos favoritos eram os quebra-cabeças que, para mim, nunca perdiam a graça, pois mesmo depois de montá-los uma vez, eu continuava brincando e competindo comigo mesma para montar cada vez mais rápido. Outra coisa que eu amava fazer, mesmo quando ainda não sabia ler, era abrir um livro e copiar todas as palavras. Minha mãe ganhava bloquinhos de folhas amarelas e eu os enchia de textos que não tinha a menor ideia do que significavam, mas que, para mim, funcionavam como um quebra-cabeça, afinal, era preciso juntar as letras certas para formar a "imagem" certa de cada palavra. E aqui estou eu até hoje, brincando de quebra-cabeça! E quando me perguntavam o que eu queria ser quando crescesse, professora era a primeira resposta que me vinha à cabeça. Apesar de não ter seguido a carreira acadêmica, vira e mexe eu dava aulas de reforço para alguém. Tudo isso serviu como indício de que ensinar é algo que eu amo fazer e que está perfeitamente alinhado à minha função de educadora financeira. Por isso, puxe essas informações pela memória e anote na sua lista.

3. **Identifique suas facilidades** – Basicamente são as coisas que você aprende rápido, sem a necessidade de muitas explicações

e que, normalmente, outras pessoas não têm a mesma velocidade de aprendizado. Não seria *como* você aprende mais rápido – se ouvindo, se lendo ou se vendo alguém fazer –, mas sim, *o que* você aprende mais rápido – outros idiomas, caminhos de um lugar para outro, trabalhos manuais e até mesmo matérias escolares. Complete a sua lista com esses dados também.

4. **Identifique suas satisfações** – Aqui entramos na questão do que você gosta de fazer e que geralmente outras pessoas não gostam. Você ama passar roupa enquanto a maioria das pessoas detesta? Gosta de cuidar de crianças, quando a maioria foge delas? Tem paciência com idosos, quando quase todo mundo se irrita? Além disso, tente identificar o que lhe traz satisfação. Essa resposta pode estar em um trabalho voluntário que você faz, por exemplo. Afinal, ninguém se voluntaria para fazer algo de que não gosta e não lhe traz senso de realização. Um exemplo bem peculiar é a youtuber finlandesa Aurikatariina, que se tornou um fenômeno das redes sociais. O que ela faz? Viaja pelo mundo em busca de casas para... comprar, decorar, reformar? Não, ela vai em busca de casas para limpar! E mais: limpar de graça. E mais ainda: limpar de graça casas tão sujas que nenhum profissional (em são consciência) limparia. Geralmente são casas de pessoas com depressão, distúrbios de acumulação ou outros transtornos mentais que as impossibilita de fazerem isso por conta própria. Lembro-me de um episódio em que ela foi para a Suíça limpar um apartamento recusado por quase todas as empresas de limpeza da região. A única que aceitou o trabalho mandou um orçamento de US$ 5 mil, mas o proprietário não tinha a menor condição de pagar. A "rainha da limpeza" tem uma história que explica sua satisfação em fazer algo que ninguém quer. Sua mãe é proprietária de uma empresa de limpeza na Finlândia e ela ajudava, a princípio, indo a campo, ou seja, limpando as casas das pessoas juntamente com os funcionários, o que ela amava fazer. Mais tarde, Auri foi promovida a supervisora de equipe, mas simplesmente odiou. Ela percebeu que o que a deixava feliz era colocar a mão na massa (nesse caso, na sujeira mesmo). Por ter passado por

longos anos em depressão, ela sentiu na pele o peso da doença e, depois de ter feito vários anos de tratamento, voluntariou-se a ajudar outras pessoas na mesma situação. Até que, certo dia, ela teve a ideia de juntar as duas coisas que mais lhe davam satisfação: limpar e ajudar pessoas. Para poder pagar as contas, ela começou a postar suas técnicas de limpeza nas redes sociais e não deu outra: bombou! Os patrocinadores surgiram e hoje ela viaja pelo mundo limpando casas de pessoas que não podem pagar, mas sendo remunerada por seus anunciantes. Veja que fazer o que ninguém quer (assim como o "rei da fossa séptica" entrevistado por Mike Rowe) pode ser um ótimo caminho para uma carreira de sucesso, afinal, o que há de inusitado em fazer o que todo mundo faz? Finalize sua lista com essas informações.

O passo seguinte é fazer um cruzamento de todos esses dados – como um quebra-cabeça – para ver quais imagens se formam. Se necessário, peça ajuda, tanto para a tarefa anterior (de identificações) como para esta (de "montagem"). Às vezes não somos tão perceptivas em relação a nós mesmas, por isso, perguntar para as pessoas que a conhecem bem pode ajudar. De qualquer forma, aconselho que você faça primeiro a sua lista, sem ajuda, e depois peça ajuda. Assim você evita que suas percepções sejam influenciadas pelas de terceiros, pois a ideia é validar essas percepções e não substituí-las ou escolher as que pareçam mais "certas". Como vimos, quando o assunto são nossos talentos não existe certo ou errado.

Para ajudá-la a identificar seus talentos dominantes, vou listar a seguir as 34 tendências de personalidade definidas por Don Clifton e presentes no teste CliftonStrengths, acompanhadas de um breve resumo. Ao ler cada um dos temas, você pode tentar identificar os cinco que mais se encaixam à sua personalidade.[1]

Adaptabilidade – Você vive o momento. Para você, o futuro não tem destino fixo, é algo que se cria a partir das alternativas

---

[1]Você encontra informações mais completas (além de poder fazer seu teste) em www.gallup.com/cliftonstrengths/pt.

feitas no presente. Dessa maneira, você descobre o seu futuro a cada escolha que faz. Isto não significa que você não tenha planos: provavelmente você os tem, mas a sua adaptabilidade a capacita a responder positivamente às exigências do momento, até mesmo quando elas a afastam de seus planos. Diferente de outras pessoas, você não se importa com solicitações de última hora ou desvios imprevistos. Você os espera: são inevitáveis! Na verdade, de alguma maneira, você até os celebra. No fundo, você é uma pessoa bastante flexível que pode se manter produtiva mesmo quando a demanda de trabalho a leva a diversas direções ao mesmo tempo.

Analítico – Você diz às pessoas: "Prove que isto é verdade!" Diante desse tipo de desafio, alguns podem temer que suas brilhantes teorias definhem e morram. Mas para você, esse *é* o ponto. Você não quer destruir as ideias dos outros, mas faz questão de que tudo seja bem fundamentado. Você é objetiva e imparcial no trato com os problemas. Gosta de dados porque são livres de valores; dados são o que são e ajudam a encontrar padrões e conexões: como esses dados combinam? Qual é o resultado? Ele está de acordo com a proposta ou situação? Essas são suas questões. Você vai tirando as camadas até chegar à raiz das coisas. Alguns a enxergam como lógica e rigorosa, mas com o tempo, a consultam para expor suas questões à sua mente refinada. Cuidado para que suas análises não sejam muito severas, para que as pessoas não a evitem.

Ativação – Quando podemos começar? Essa é uma pergunta recorrente em sua vida. Você é o tipo de pessoa que fica ansiosa por uma ação. Pode concordar que as análises têm o seu uso, ou que o debate rende boas descobertas, mas no fundo sabe que apenas a *ação* é real, pois somente ela pode fazer acontecer. Uma vez tomada a decisão, você age. Outras pessoas podem ponderar, dizendo que ainda precisam de mais dados, mais conhecimento, mas isso não vai detê-la. Se a decisão é atravessar a cidade, você vai em frente mesmo sabendo que nem todos os faróis estarão verdes. No seu ponto de vista, ação e pensamento não são opostos, pois acredita que a ação é o melhor instrumento para o aprendizado. Após decidir, você age, vê o resultado e aprende, e essa aprendizagem indica sua próxima ação, criando um ciclo. Na sua visão é impossível crescer sem ter a que reagir. Você tem de estar sempre na linha de frente, afinal, de que forma manteria sua mente atualizada e informada? A linha mestra é: ninguém é julgado pelo que pensa ou diz, mas pelo que faz. Isso não a assusta, mas dá prazer.

Autoafirmação – A autoafirmação é similar à autoconfiança. Em seu íntimo você tem fé nas suas forças, sabe que é capaz de correr riscos, enfrentar desafios, reivindicar direitos e cumprir deveres. Mas você também confia no seu julgamento. Quando olha para o mundo, sabe que a sua perspectiva é única e distinta, e uma vez que ninguém tem a mesma visão, sabe que você terá de tomar suas decisões por si mesma. Os outros podem guiá-la, dar sugestões, mas você é a única capaz de viver sua vida. Sozinha, você tem a capacidade de tirar conclusões, tomar decisões e agir. Nada disso a intimida, ao contrário, é natural. Em toda situação você sabe qual é a coisa certa a fazer, ainda que não seja o certo para todos, mas você sabe que é certo para você naquela situação. Você tem uma aura de certeza e não se deixa levar facilmente por argumentos de terceiros. Sua autoafirmação pode ser calma ou enfática, mas é sólida, forte, suporta pressões e a mantém no seu curso.

Carisma – Você ama o desafio de encontrar pessoas novas e fazê-las gostarem de você. Estranhos raramente a intimidam, ao contrário, você se sente atraída por eles: quer saber seus nomes, fazer perguntas e achar áreas de interesse comum para iniciar uma conversa e estabelecer uma ligação. Você não se preocupa com falta de assunto, pois raramente lhe faltam palavras e você sente prazer em quebrar o gelo e estabelecer conexão. Depois que isso acontece, você fica satisfeita, encerra a conversa e segue em frente, pois há novas pessoas para encontrar, novos lugares para expandir seus contatos, novas multidões para se misturar. No seu mundo não há estranhos, apenas amigos que ainda não encontrou.

Comando – Você está no controle e se sente desconfortável em expor seus pontos de vista aos outros, aliás, uma vez formada uma opinião, você precisa compartilhá-la com os outros. Quando estabelece uma meta, não consegue descansar até que tenha tudo o que precisa para alcançá-la. Você não teme o confronto, pois sabe que é o primeiro passo para a resolução de problemas. Enquanto os outros evitam os desprazeres da vida, você se sente compelida a apresentar fatos e verdades, não importando o quão desagradáveis podem ser. As coisas precisam estar claras entre as pessoas, por isso você as desafia a serem diretas e honestas, e se preciso for, as leva a correrem riscos. Você pode até intimidá-las e ser tachada de autoritária, mesmo assim, as pessoas lhe entregam o comando das situações de boa vontade, pois se sentem atraídas por sua postura firme e sua presença.

Competição – A essência da Competição está na comparação. Quando você olha o mundo, instintivamente presta atenção no desempenho das pessoas, e esse desempenho será a sua medida. Não importa o quanto você tentou e não importam as suas intenções, o que importa é que você precisa superar as demais pessoas, caso contrário, tudo o que conseguir parecerá vazio. Para competir e comparar, você precisa de outras pessoas. Se você puder comparar, poderá competir, e se puder competir, poderá ganhar. E se você ganhar... não há sensação melhor! Você gosta de medidas porque elas facilitam as comparações e gosta dos outros competidores porque a deixam revigorada. Para você, só as competições produzem campeões e as melhores competições são as que você tem grandes chances de ganhar. Embora possa ser educada e gentil com seus oponentes – e até mesmo estoica na derrota –, você não compete por diversão, mas, sim, para ganhar. Com o tempo, você poderá passar a evitar as competições onde a vitória parece improvável.

Comunicação – Você gosta de explicar, descrever, recepcionar, falar em público e escrever. Ideias são monótonas, acontecimentos são estáticos, por isso, você sente necessidade de trazê-los à vida, energizá-los, torná-los excitantes e vívidos. Para isso, você transforma acontecimentos em histórias que podem ser contadas. Você pega uma ideia sem graça e a anima com imagens, exemplos e metáforas. Você acredita que a atenção da maioria das pessoas é muito curta, pois elas são bombardeadas por informações e retêm pouco, por isso, você quer que sua informação sobreviva e não seja esquecida. Você quer direcionar a atenção das pessoas para você e, então, prendê-la e retê-la. É isso que a leva a buscar a frase perfeita, as palavras dramáticas e fazer combinações de efeito. É por isso que as pessoas gostam de ouvi-la: suas palavras provocam interesse, aguçam seu mundo e as inspiram a agir.

Conexão – Você tem certeza de que as coisas acontecem por uma razão, pois sabe que estamos todos conectados. Somos indivíduos e temos o livre-arbítrio, mas somos parte de algo maior. Alguns podem chamar de inconsciente coletivo, outros, de espírito ou força da vida. Seja qual for a palavra, você sabe que não somos seres isolados. Isso implica em certas responsabilidades, pois, se fazemos parte de algo maior, não devemos fazer o mal, afinal, estaríamos fazendo o mal a nós mesmas. Não devemos nos aproveitar dos outros, pois estaríamos explorando a nós mesmas. Não devemos causar sofrimento aos outros, pois nós também sofreríamos. Sua consciência de responsabilidades coletivas cria seu sistema de valores. Você é solícita, cuidadosa e, ao mesmo tempo, acolhedora. Certa da unidade da humanidade, você é uma construtora de pontes para pessoas de diferentes culturas. Sensível e protetora, você pode confortar as pessoas e mostrar que há um propósito além da monotonia de nossas vidas. As premissas exatas de sua fé dependerão da sua criação e cultura, mas sua fé é forte. Ela sustenta você e seus amigos mais próximos diante dos mistérios da vida.

Contexto – Você olha o passado para entender o presente e predizer o futuro. Seu interesse está em saber como tudo começou e seu olhar para o passado é em busca de respostas. Do seu ponto de vista, o presente é instável e um ruído confuso de vozes dissonantes, mas ao remeter sua mente a um tempo anterior, o presente readquire estabilidade. Os tempos antigos eram mais simples, e à medida que volta na história, você começa a ver como tudo foi construído, quais foram as intenções iniciais. Com o tempo, essas fundações foram se ampliando tanto, que hoje as coisas são mais confusas, quase irreconhecíveis. Porém, a volta ao passado joga luz ao panorama e traz a calma e o sentido novamente, o que lhe deixa mais confiante para tomar decisões. Você é uma amiga melhor quando entende como seus colegas se tornaram o que são. E, ao contrário do que podem pensar, você se torna mais sábia e confiante em relação ao futuro quando vê que suas sementes foram plantadas no passado. Já com pessoas e situações novas, você precisa de tempo para se orientar, se disciplinar e se questionar, até que as fundações, as bases que estruturam tudo, venham à tona. Independentemente das circunstâncias, se você não enxergar as fundações, terá menos confiança em suas decisões.

Crença – Certos valores fundamentais são imutáveis para você. Esses valores variam de um indivíduo para outro, mas geralmente a sua crença a torna uma pessoa altruísta e espiritual, bastante voltada à família. Você valoriza a responsabilidade e a ética, tanto em si mesma quanto nos outros. Esses valores fundamentais afetam o seu comportamento de várias maneiras, trazendo significado e satisfação à sua vida. Do seu ponto de vista, o sucesso é mais do que apenas dinheiro e prestígio. Sua crença dirige seus passos para vencer as tentações e as distrações da vida, mantendo-a fiel a um sistema consistente de prioridades. Essa consistência é a base para todos os seus relacionamentos e seus amigos sabem que podem contar com você, pois confiam na sua postura. Sua convicção a torna essa pessoa confiável, mas também exige que você encontre um trabalho compatível com os seus valores, caso contrário, você não aceitará o cargo, seja qual for. O trabalho que você exerce deve ter propósito e estar alinhado às suas crenças, pois você vive seus valores na prática do dia a dia.

Desenvolvimento – Você percebe o potencial das pessoas e, às vezes, isso é tudo o que você vê. Na sua opinião, ninguém está totalmente formado ou completo, mas cada indivíduo é uma obra em andamento, um mundo de possibilidades, e você se sente atraída por elas exatamente por isso. Quando você interage com as pessoas, sua meta é ajudá-las a experimentar o sucesso. Você procura maneiras de desafiá-las, propõe experiências interessantes que possam levá-las além de seus limites e fazê-las crescer. O tempo todo você está em busca de crescimento: um comportamento novo, a melhora de uma habilidade, e ver as coisas fluindo onde antes estavam emperradas. Você gosta de ver as pessoas caminhando com passos firmes onde antes andavam hesitantes. Para você, os pequenos progressos – mesmo os que parecem invisíveis – são claros sinais de crescimento e de potencial sendo bem empregado. Esses sinais de crescimento nas pessoas lhe servem de combustível, pois lhe dão força e satisfação. Depois de a conhecerem, as pessoas lhe procuram para pedir ajuda e encorajamento porque, em algum grau, sabem que a sua assistência é genuína e enriquecedora.

Disciplina – O seu mundo precisa ser previsível, ordenado e planejado. Por isso, instintivamente, você cria uma estrutura para a sua vida, estabelecendo rotinas, determinando prazos e calculando datas para a conclusão de tarefas. Você divide projetos de longo prazo em uma série de planos menores e de curto prazo para que possa executá-los diligentemente. Não é necessário ter tudo limpo e arrumado, mas precisão é fundamental. Frente às desordens da vida, você quer se sentir no controle, e as rotinas, prazos e estruturas, a ajudam a criar essa sensação. As pessoas que não têm disciplina podem se incomodar com a sua necessidade de ordem, mas isso não precisa ser motivo de conflito. Compreenda que nem todos têm o seu desejo por previsibilidade e possuem outras formas de fazer as coisas. Você pode ajudá-los a compreender e até mesmo a passarem a gostar da sua necessidade de estrutura e ordem. Sua aversão a surpresas, impaciência com erros, rotinas e preocupação com detalhes não precisam ser mal-interpretadas se você conseguir inspirar as pessoas mostrando o lado bom de tudo isso. O seu método instintivo de progredir continuamente e manter-se produtiva mesmo com tantas distrações pode ajudar outras pessoas também.

Empatia – Você pode perceber as emoções das pessoas ao seu redor e sentir o que elas estão sentindo como se fosse com você.

Intuitivamente, você pode ver o mundo através dos olhos dos outros e compartilhar suas perspectivas. Não que você concorde com a perspectiva de todos ou se compadeça dos problemas de todos, pois isso seria piedade, e não empatia. Ainda que não aprove as escolhas dos outros, você tem a capacidade de entendê-las. Essa habilidade instintiva de compreender os outros é poderosa, pois você é capaz de ouvir questões inaudíveis e se antecipar às necessidades. Enquanto os outros lutam em busca de palavras, você encontra as mais adequadas e no tom certo, além de ajudar as pessoas a encontrarem formas de exprimir seus sentimentos, tanto para si mesmos quanto para os outros. Você ajuda a dar voz às emoções das pessoas e, por todas estas razões, elas são atraídas para você.

Estudioso – Você ama aprender! Seja qual for o assunto, você ama o processo de aprender os conceitos básicos, fazer os primeiros esforços para praticar o que aprendeu e ir ganhando confiança conforme vai dominando a nova habilidade. Seu entusiasmo a leva a buscar novas experiências o tempo todo. Você se dá bem em ambientes dinâmicos de trabalho, onde é necessário desenvolver projetos e aprender um novo assunto rapidamente, para, em seguida, partir para um próximo projeto. Isso não significa necessariamente que você queira se tornar um especialista nos mais variados assuntos, ou que almeje credenciais e diplomas, pois o que você valoriza é o caminho interessante que o processo de aprendizagem lhe proporciona.

Excelência – Você é uma pessoa que se propõe a fazer bem-feito tudo aquilo que faz. Não basta transformar algo regular em bom, pois o que você quer é fazer o ótimo se tornar excelente. Você se sente compelida a refinar as coisas até alcançarem a excelência, não importando o quanto tenha de se esforçar. Essa busca natural pela excelência faz com que os outros a vejam como uma pessoa seletiva e você gosta de estar com pessoas que apreciem seus talentos. O contrário também é válido, pois sua tendência é evitar pessoas que não vejam valor no esforço que você faz em busca da perfeição, pois o seu objetivo é aproveitar seus talentos para fazer sempre o melhor, ainda que mais difícil e nem sempre apreciado.

Foco – Qual será meu próximo destino, minha próxima tarefa? Essas questões estão sempre na sua cabeça, pois você está sempre em busca de uma direção, de um destino claro para colocar toda a sua atenção e alcançar a chegada. Você ama estabelecer metas, sejam de curto, médio ou longo prazo. E todas elas são sempre específicas e com um prazo determinado, servindo de bússola durante o seu percurso. Ter foco é ter força para filtrar as ações inúteis e descartar distrações, pois você busca a eficiência. Sua tolerância com falhas e desvios é baixa, por isso você sem mantém atenta e isso a torna uma ótima pessoa para trabalhar em equipe. Quando as pessoas começam a se desviar do foco, você as traz de volta à estrada principal, pois o seu alvo é a linha de chegada e todas as suas forças estão em alcançá-lo. Tudo o que não é importante não vale o tempo perdido. Você se mantém na linha e leva as demais pessoas a fazerem o mesmo.

Futurista – "Não seria ótimo se...?" Essa é a sua pergunta principal, sempre com os olhos no que está além do horizonte, pois o futuro para você é fascinante. Como num filme, você imagina detalhadamente o que está por vir, e essa projeção a empurra em direção ao amanhã. O enredo desse filme dependerá dos seus outros talentos e interesses, mas você sempre almejará oferecer um produto melhor, ter uma equipe melhor, uma vida melhor, um mundo melhor. Seus pensamentos no futuro sempre serão inspiradores, pois você é uma sonhadora. Quando o presente não está como você gostaria, suas visões do futuro são capazes de animá-la. As pessoas perguntarão o que você acha que acontecerá no futuro, pois precisam de inspiração para verem o futuro com os mesmos bons olhos que você; elas buscarão a esperança que você tanto vê. Inspire-as!

Harmonia – Você busca a concordância e evita conflitos e discussões. Quando há pessoas ao seu redor com opiniões muito diferentes, você tenta encontrar um ponto em comum entre elas para evitar embates. Para você, é difícil acreditar que os outros percam tempo tentando impor seus pontos de vista aos outros, pois o que faz sentido para você é que elas foquem em buscar um consenso.

Enquanto os outros defendem calorosamente suas opiniões, você prefere o silêncio. Mas se for obrigada a opinar, você prefere abrir mão de dizer o que pensa e apenas concordar para não causar ainda mais divisões. Você sempre evitará o debate, preferindo tratar de questões práticas com as quais todos possam concordar. Na sua opinião, estamos todos no mesmo barco e precisamos dele para chegar onde queremos, por isso, não há motivos para agitá-lo com discussões e conflitos.

Ideativo – Você é fascinada por ideias! Uma ideia é uma conexão, uma inovação, e sua mente está sempre procurando por isso. Uma ideia é fazer algo comum de uma forma diferente, virando o mundo que conhecemos de cabeça para baixo para vê-lo de um novo ângulo. Você gosta do desafio do novo, de testar coisas, ver como funcionam e tentar recriá-las de uma nova forma. Ideias trazem cor à sua vida, entusiasmo e renovam as suas energias. Você é criativa, muitas vezes original, conceitual e inteligente. Mas o que importa para você é que ideias são emocionantes.

Imparcialidade – Você trata a todos da mesma maneira e não quer ver a balança pendendo a favor de ninguém. No seu ponto de vista, há pessoas que levam uma injusta vantagem por seus contatos, sua condição social, suas oportunidades. Em contraste direto com um mundo de favores especiais, você acredita que as pessoas funcionam melhor num ambiente consistente, onde as regras são claras e aplicadas a todos igualmente. Para você, o justo é haver um ambiente igualitário, onde todas as pessoas tenham a mesma chance de mostrar seu valor.

Inclusão – "Sempre cabe mais um!" Essa é sua filosofia de vida. Você deseja incluir as pessoas e fazer com que elas se sintam parte do todo. Grupos fechados não são para você, pois seu desejo é sempre expandir para que mais e mais pessoas possam fazer parte. Você não gosta de ver ninguém do lado de fora e é instintivamente receptiva. Independente de raça, sexo, nacionalidade, personalidade ou fé, você faz poucos julgamentos, pois eles podem machucar os sentimentos de alguém. Embora você creia que devemos respeitar as diferenças, você se baseia na crença de que somos todos iguais, todos especiais e todos importantes. Portanto, ninguém deveria ser ignorado, pois é o mínimo que merecemos.

Individualização – Você é capaz de detectar as qualidades únicas de cada pessoa. Você não é adepta das generalizações, pois elas ofuscam o que há de especial e distinto em cada ser humano. Instintivamente, você observa o estilo, a motivação, o raciocínio e percebe as experiências únicas na vida das pessoas. Essa capacidade explica seu talento em escolher o presente certo para qualquer ocasião e em detectar os gostos das pessoas também em outras áreas, como o tipo de atenção que preferem receber (serem elogiadas em público ou não) e na maneira como ensinar algo (se passo a passo, se apenas dando indícios para a pessoa descobrir o restante por conta própria). Por ser uma observadora perspicaz dos pontos fortes das pessoas, você pode extrair o que há de melhor em cada uma delas. Você instiga as pessoas a continuarem se aprofundando naquilo em que percebe que elas têm talento. Isso a ajuda a montar equipes produtivas, vender o produto certo para a pessoa certa e na motivação de todos, pois sabe que uma excelente equipe é a que mantém seus integrantes dedicados ao que fazem melhor.

Input – Você é questionadora, interrogativa e quer saber das coisas porque instintivamente se interessa por elas. Você gosta tanto de coisas que as coleciona, desde informações (palavras, fatos, livros citações) a objetos tangíveis (que compra e ganha de pessoas que sabem do seu interesse). Se você lê muito, é para adicionar (colecionar) informação aos seus arquivos (mente). Se você viaja muito, é porque cada novo local traz novos fatos e artefatos que podem ser adquiridos e armazenados (na sua casa e na sua mente). Você guarda coisas porque pode precisar delas, ainda que não saiba exatamente para que. Quem sabe quando elas serão úteis? Melhor tê-las! Diante de tantas possibilidades, você não se sente confortável jogando coisas fora. Você as adquire, guarda e preserva o que acha interessante. Isso mantém sua mente atualizada e, talvez um dia, algumas dessas coisas se provarão valiosas.

Intelecção – Você gosta de pensar e é introspectivo. Gosta de atividades mentais e exercícios que estimulem o cérebro. Você gosta de estar sozinha em momentos de meditação e reflexão. Muitas vezes, você é a sua melhor companhia, pois é capaz de levantar questões para si mesma, buscar respostas e avaliar seu próprio desempenho. Sua mente cria coisas tão geniais que, às vezes, você pode se frustrar ao comparar o que imagina que pode ser feito com o que realmente consegue fazer. Sua introspecção a leva a se preparar para eventos que estão para acontecer e, até mesmo, para uma conversa que terá mais tarde. Sua atividade mental é uma constante em sua vida.

Organização – Você é do tipo "malabarista", pois pensa e faz várias coisas ao mesmo tempo. Você busca a melhor forma de fazer e manter as coisas: organiza, classifica, alinha e realinha até que tudo esteja da melhor maneira possível, assim você consegue ser mais produtiva para dar conta das muitas coisas que deseja fazer. Você não vê nada de extraordinário no que faz, pois é algo instintivo e nem consegue se imaginar agindo de outra forma, mas pessoas que não possuem essa capacidade ficam admiradas. Você é um exemplo de flexibilidade: se tiver de mudar seus planos no último minuto para obter alguma vantagem, você simplesmente o faz. Do rotineiro ao complexo, você está sempre procurando a configuração perfeita. Enquanto as pessoas reclamam do inesperado, você aproveita para criar trajetos mais fáceis e rápidos, imaginando e avaliando inúmeras opções, ou seja, fazendo malabarismos. Para você, sempre existe a possibilidade de haver um caminho melhor e você, cedo ou tarde, vai encontrá-lo.

Pensamento Estratégico – Você tem a capacidade de manter a ordem em meio à confusão e achar a melhor saída. Esta não é uma habilidade que se aprende, pois trata-se de uma maneira diferente de pensar, uma perspectiva especial do mundo em geral. Essa perspectiva permite que você veja possibilidades onde os outros simplesmente não veem. Diante das possibilidades que enxerga, você explora cenários alternativos, sempre se perguntando: "E se isso acontecesse?" E, ao avaliar, levanta mais possibilidades: "Mas e se aquilo também acontecesse?". Essas frequentes questões a ajudam a vislumbrar o que pode estar escondido ao virar a próxima esquina e, até mesmo, se preparar para enfrentar obstáculos em potencial. Antes de agir, você traça sua estratégia, eliminando tudo o que for desnecessário, que atrapalha, confunde e atrasa. Descartando tudo o que não acrescenta nada, suas ações são certeiras. Você elimina o ruim, seleciona o melhor e, então, age.

Positivo – Você é generosa nos elogios, de sorriso fácil e sempre procura o lado divertido das situações. As pessoas a consideram alegre e querem sempre estar próximas a você para que o seu entusiasmo as contagie. Não pode haver uma boa festa sem a sua presença. Você parece sempre achar uma maneira de aliviar as pressões das pessoas, injetando emoções positivas, mostrando o lado bons das situações e celebrando suas conquistas. Tudo o que você faz parece ter um colorido especial. Os céticos podem não valorizar essa capacidade, mas você raramente se deixa vencer pela negatividade dos outros e se mantém firme na sua convicção de que é muito bom estar vivo, que nossa existência pode ser levada de um jeito mais leve e divertido e que, apesar dos contratempos, jamais devemos perder o senso de humor.

Prudência – Você é cuidadosa e vigilante. É uma pessoa bastante reservada, pois sabe que o mundo é um lugar imprevisível. As coisas podem até parecer em ordem, mas sob a superfície, sempre pode haver riscos. Sua prudência não permite negar esses riscos, mas sim, trazê-los à tona para identificá-los, avaliá-los e reduzi-los. Você é uma pessoa séria e que aborda a vida com certa reserva, planejando as coisas antecipadamente para eliminar o que poderia dar errado. Você seleciona seus amigos cautelosamente e é discreta quando a conversa é pessoal. Não faz muitos elogios e agradecimentos, pois sabe que podem ser mal-compreendidos. Você não é uma pessoa efusiva ou calorosa, mas não se importa que os outros sejam assim. Para você, a vida não é um concurso de popularidade, sendo mais parecida com um campo minado: se os outros querem andar nesse campo displicentemente, é uma escolha que elas fazem, mas certamente não é a sua escolha. Sua forma de agir consiste em identificar perigos, pesar seus impactos e, só depois de encontrar um caminho seguro, dar o primeiro passo. Você caminha, mas sempre com cuidado.

Realização – Você possui vitalidade. Sua constante necessidade de realizar coisas faz com que cada novo dia seja um recomeço, às vezes, reiniciando do zero. Ao final do dia, você precisa ter realizado algo tangível para sentir-se bem. Para você, todo dia é dia de realizações, incluindo sábados, domingos e feriados. Mesmo um dia de descanso é um dia para se realizar algo. Após cada realização alcançada, você saboreia a conquista, mas logo segue em direção ao próximo objetivo. Em sua eterna busca em fazer coisas, você deve aprender a conviver com aquela sombra de descontentamento que parece estar sempre sobre a sua cabeça. Você tem energia para trabalhar horas a fio sem se cansar, pois é movida pelo desejo de terminar o dia com mais uma realização. Você também tem energia extra para incentivar outras pessoas. Esse talento a mantém em constante movimento.

Relacionamento – Você preza muito por seus relacionamentos. As pessoas que conhece são, de fato, importantes para você. Talvez você possua outros talentos que a levem a gostar da emoção de fazer novas amizades, porém, seu maior prazer é estar rodeado de amigos mais íntimos. A intimidade não a incomoda, ao contrário, você busca aprofundar suas relações e quer que seus amigos a conheçam bem e você a eles. Você quer entender seus sentimentos, seus objetivos, seus medos e seus sonhos, e quer que eles também entendam os seus. Você sabe que esse tipo de intimidade pode trazer riscos e algumas pessoas podem tirar vantagem disso, mas você aceita os riscos de bom grado, pois um relacionamento só tem valor se for genuíno e houver confiança. Quanto mais coisas são compartilhadas, maiores podem ser os riscos, porém, maior também poderá ser a prova de amizade genuína. Você constrói relacionamentos aceitando prós e contras com boa vontade.

Responsabilidade – Você se apropria psicologicamente de tudo o que se compromete a fazer. Uma vez assumido o compromisso, seja grande ou pequeno, você se obriga a cumpri-lo, pois sua reputação depende disso. Se por algum motivo você não puder cumprir com o prometido, automaticamente começa a procurar maneiras de compensar a outra pessoa. Desculpar-se não é o suficiente. Explicações e racionalizações são inaceitáveis, mas você não sossegará até que recompense a pessoa pela sua falta. Esta consciência quase obsessiva por fazer tudo certo e sua ética impecável se combinam para criar sua reputação de pessoa absolutamente confiável. Para tudo o que requeira responsabilidade, você é a primeira pessoa a ser procurada, pois todos sabem que você fará exatamente o que deve ser feito. Quando as pessoas pedem sua ajuda, o que é bem frequente, você precisa ser seletiva, pois sua boa vontade em atendê-las pode, ocasionalmente, levá-la a assumir mais tarefas do que deveria.

Restauração – Você ama resolver problemas. Enquanto os outros desanimam diante deles, você se sente motivada por eles. O desafio de analisar causas, identificar o que há de errado e encontrar uma solução é combustível para você. Sejam problemas práticos, conceituais ou pessoais, você não foge deles, ao contrário, se empolga com eles. Você tem formas pré-estabelecidas para resolver alguns tipos de problemas, pois já resolveu tantos que adquiriu confiança em resolvê-los. Mas ainda que sejam complexos ou desconhecidos, você vai buscar soluções, pois o que a atrai é poder trazer coisas de volta à vida. A sensação de conseguir identificar fatores prejudiciais, eliminá-los e restaurar sua verdadeira natureza é maravilhosa e indescritível para você. Intuitivamente, você sabe que sem a sua intervenção as coisas podem sair dos trilhos, pois é você quem conserta, ressuscita e restaura. Provavelmente as pessoas dizem que se você não conseguir resolver, ninguém consegue!

Significância – Você deseja ser uma pessoa significante aos olhos dos outros, ter seus esforços reconhecidos, ser ouvida, ser popular, se destacar. Em seu íntimo, você deseja ser apreciada por tudo o que oferece. Você tem necessidade de ser admirada, tanto como pessoa quanto como profissional de credibilidade e sucesso.

DESCUBRA SEUS TALENTOS DOMINANTES

Da mesma forma, gosta de estar associada a profissionais de credibilidade e sucesso. Você também incentiva as pessoas para que construam sua credibilidade e sejam bem-sucedidas, mas se elas não quiserem, você segue em frente. Você deseja que seu trabalho seja muito mais que um emprego, mas um estilo de vida. Para isso, quer ter liberdade para fazer as coisas do seu jeito. Seus anseios são intensos e você honra a cada um deles. Você busca levar uma vida repleta de coisas que deseja, anseia ou ama. Seja qual for o seu objetivo, você quer estar longe do senso-comum, seguindo em direção ao excepcional. Essa é a força que a faz buscar sempre o melhor.

* * *

Uma vez identificados os seus talentos dominantes, pense em formas de desenvolvê-los ainda mais, pois ao reforçar aquilo que você tem de natural, certamente irá se sobressair. Mas lembre-se de que todos os talentos podem ser desenvolvidos, com maior ou menor esforço, e que você tem capacidade para se aprimorar em praticamente tudo o que deseja fazer. Também vale dizer que você só fará as coisas alinhadas aos seus pontos fortes. A vida é cheia de demandas e nós temos de agir de acordo com o que a ocasião pede, quer sejam coisas fáceis ou difíceis para nós. Mesmo que a Empatia, por exemplo, não seja um dos seus talentos, é necessário desenvolvê-la. Mesmo que a Responsabilidade não seja um ponto forte, você precisa se esforçar para trazê-la à sua rotina. Todas nós devemos trabalhar para que a nossa nova versão atualizada seja a melhor possível, sabendo que teremos facilidades na realização de algumas tarefas e mais dificuldade em outras. O importante é sabermos quem somos e quais são os nossos talentos, nos cercando tanto de pessoas parecidas conosco como de pessoas totalmente diferentes. Essa é a verdadeira prática da tolerância, da inclusão e do respeito. Você é talentosa, você é capaz e você pode ajudar outras pessoas a saberem disso também. Compartilhe conhecimento e você colherá os frutos dessa colheita incrível.

> **E os que não deram valor a um começo tão humilde vão ficar alegres quando virem Zorobabel terminando a construção do Templo.**
>
> **ZACARIAS 4:10**

13

CRESÇA 1% TODOS OS DIAS

Esse homem de nome complicado, Zorobabel, foi escolhido para reconstruir o Templo de Deus em Jerusalém. Depois de seus habitantes terem sido levados como escravos para a Babilônia, a cidade foi destruída, queimada e reduzida a escombros. Os muitos inimigos ao redor faziam questão de mantê-la assim: um lugar desolado e sem qualquer resquício da glória e riqueza do passado. Mas quando o povo clamou ao Senhor, Ele ouviu e os atendeu, fazendo com que o rei Ciro permitisse o retorno dos judeus a Jerusalém e que, sob a liderança de Zorobabel, tudo fosse reconstruído. O desafio era tão grande que ninguém acreditava que fosse possível torná-lo realidade, mas dia após dia, um passo de cada vez, a cidade começou a ser reedificada. Porém, como diz a passagem em destaque, muitas pessoas do próprio povo de Deus não deram valor ao início tão humilde. Elas não tinham visão de que Jerusalém e o Templo renasceriam daqueles escombros, mas a certeza do profeta era tão grande que ele já afirmou que, mesmo quem não acreditou se alegraria ao ver tudo pronto. E é isso que pode acontecer na sua vida! Talvez ninguém acredite que você vai alcançar o que quer, talvez debochem por você estar tentando mudar de vida, talvez tenham rido ao vê-la com este livro nas mãos e não tenham dado o menor valor aos primeiros passos que você está dando. Não importa, pois ainda assim, elas irão se alegrar ao verem a "obra pronta". Tudo precisa de um começo e, na maior parte das vezes, sem sabermos como e por onde começar, só conseguimos dar pequenos passos que parecem não significar nada. Mas é através dos humildes começos que mais temos oportunidade de crescer e edificar a melhor obra de todas: nossa nova versão atualizada.

Este capítulo foi organizado como material de consulta, com dicas práticas e rápidas para o seu crescimento diário, divididas em quatro aspectos principais: *finanças pessoais, carreira profissional, empreendedorismo e transformação pessoal*. Uma forma interessante de usar esse conteúdo – entre outras que você pode elaborar – é escolher uma dica por semana, na ordem que a sua necessidade demandar, e trabalhar todos os dias durante esse período para colocá-la em prática. A proposta é simples: diante de tantas coisas que precisamos fazer – e sem saber por onde começar –, acabamos perdendo o foco. O tempo passa e ficamos com a impressão de que não avançamos. Mas quando definimos um objetivo de cada vez e nos empenhamos para alcançá-lo, facilitamos o processo e aumentamos as chances de sermos bem-sucedidas.

Por isso, ainda que você tenha de construir uma cidade inteira e que não tenha forças nem todos os recursos necessários para isso, saiba que é possível se fizer um pouco por dia. No começo, enquanto você lança os alicerces e ninguém vê que tipo de obra será feita ali, muita gente pode criticar e dizer que tudo aquilo não passa de perda de tempo. Porém, no tempo certo, as paredes começarão a subir. Haverá dias em que você conseguirá construir uma parede inteira, talvez duas, quem sabe até quatro; enquanto em outros, vai colocar apenas um tijolinho. Seja como for, seu foco deve se manter firme e, por mais que seus olhos físicos só estejam vendo sujeira, entulho e um monte de materiais esperando para serem utilizados, seus olhos espirituais devem estar fixos no projeto pronto. O que realmente importa é continuar construindo, avançando um pouco a cada dia, trabalhando com constância para que, pouco a pouco, você chegue cada vez mais perto do seu objetivo.

Preparei 52 dicas, uma para cada semana do ano, sem ordem lógica ou cronológica, apenas listando as que me pareceram mais importantes de cada uma das quatro áreas (mesmo sabendo que há tantas outras). Leia cada uma delas com calma e defina a sua estratégia escolhendo quais serão as primeiras a serem implementadas. Importante: mesmo que você não empreenda, não pule as dicas de empreendedorismo, pois elas também servem para a sua carreira profissional, e mesmo que você empreenda, não pule as dicas de carreira profissional, pois elas também servem para o seu negócio.

Para aproveitar as dicas de forma mais efetiva, você precisará definir seu próximo objetivo. Pense no que quer alcançar, que *obra* quer construir e *desenhe* seu projeto. Com seu plano traçado, complete a frase a seguir com a data que dará início (não espere pela segunda-feira ou pelo início do próximo mês, hoje é o melhor dia!), seu nome e o objetivo que irá alcançar. Sim, creia que você irá alcançar!

"E os que não deram valor a um começo tão humilde no dia _____ de _____ de _____ vão ficar alegres quando virem _____ alcançando o objetivo _____

_____

_____."

FINANÇAS PESSOAIS
O melhor investimento

Já dizia o grande filósofo contemporâneo Primo Pobre (Eduardo Feldberg para os mais formais ou Duda para os íntimos): "O inteligente, quando ganha dinheiro, continua sendo inteligente. O burro, quando ganha dinheiro, continua sendo burro. Moral da história: antes de querer ganhar dinheiro, deixe de ser burro." E, ainda de acordo com sua linha filosófica impossível de ser contestada: "Estudar é o melhor investimento, pois elimina de uma vez só tanto a pobreza quanto a burrice."

Todas nós sabemos que precisamos cuidar das nossas finanças, mas para algumas pessoas, isso ainda é apenas um pensamento, não uma ação constante. Por isso, nesta semana você deve se comprometer a estudar algo sobre finanças todos os dias. Ainda que você tenha conhecimento financeiro, veja em que está falhando ou o que precisa ser melhorado e busque conteúdos sobre o assunto. Anote não apenas o que aprendeu, mas como vai implementar esses conhecimentos na sua rotina. Você *precisa* fazer o melhor investimento de todos, mas não se esqueça de que precisa continuar fazendo *depósitos* regulares.

Chega de esmolas!

"Onde eu posso investir uns *troquinhos* pra ter um *dinheirinho* no futuro?" Essa pergunta foi enviada por uma seguidora e acabou vindo parar aqui porque reflete o pensamento – equivocado – de muita gente. A única e melhor resposta é: "Troquinho não se investe. Troquinho é esmola." Você paga o seu aluguel com troquinho? Aquela roupa bacana que você quer custa só um troquinho? Você compra um presente para alguém importante apenas com um troquinho? Não, você não consegue fazer nada que preste apenas com troquinhos. Então, por que na hora de investir no seu futuro você se contenta com troquinhos? Chega de dar esmolas a si mesma! Se você precisasse fazer uma compra urgente e não tivesse todo o dinheiro, certamente compraria a prazo e daria um jeito de pagar os boletos. Logo, você também pode criar um "boleto" para o seu eu do futuro e dar aquele mesmo jeito para pagar. Durante esta semana, você vai anotar todos os seus gastos arbitrários (aqueles que você faz no dia a dia e que não são de primeira necessidade). Observe ao final da semana o quanto gastou e decida diminuir ou eliminar tudo que seja possível. Faça o mesmo com suas contas a pagar e decida economizar um pouco em cada uma (água, luz, gás, restaurante etc.). Isso vai lhe mostrar que você tem condições de investir de forma consistente e ter um futuro mais seguro. Esmola nunca mais!

Não lide com dívidas, elimine-as

Viver pagando dívidas não deve ser encarado como algo normal. Dívidas podem até existir em alguns momentos da vida, por questões justificáveis ou até por imprevistos, mas você não deve aprender a lidar com elas, mas sim, a viver sem elas. Isso não é improvável nem impossível, pois essa é a maneira que devemos viver: sem dever nada a ninguém. Se você está endividada, ou seja, com muitos compromissos a pagar, não encare a situação como normal, mas esteja disposta a se livrar dessas dívidas o quanto antes. Reduza os gastos até quitar os compromissos que já tem. Não faça novas dívidas só porque as parcelinhas cabem no seu bolso (o seu bolso deve estar cheio de dinheiro, e não de parcelas a pagar) e, de preferência, compre à vista. As compras parceladas (sem juros) facilitam a vida e ajudam a organizar o orçamento, mas podem ser uma armadilha para fazê-la gastar mais e comprometer a sua renda futura. Nesta semana, levante as suas dívidas e compromissos, crie um plano para quitá-las antecipadamente (se isso lhe trouxer vantagens) e se empenhe em se livrar delas de uma vez por todas. Não aceite dívidas, aceite apenas dividendos.

Reserva de emergência

Se você não tem, comece nesta semana. Se tem, pense em como fazer um aporte extra. A reserva de emergência é algo que todo mundo *precisa* ter, independentemente de sua renda. Se você não sabe como fazer, aproveite esta semana para pesquisar o que é, para que serve e como começar. E se você já está em um nível mais avançado, pesquise se as aplicações onde sua reserva está alocada são as melhores escolhas. A economia brasileira é uma montanha-russa (às vezes desgovernada), por isso, o que fazia sentido ontem, pode não fazer mais hoje. Cuide da sua reserva para que ela cuide de você quando precisar.

A comida não pode comer seu dinheiro

Segundo o IBGE, os brasileiros gastam cerca de 25% de sua renda com alimentação fora de casa ou delivery. É claro que a alimentação sempre demandará boa parte do nosso orçamento, porém, não é segredo para ninguém que levar comida de casa para o trabalho é mais barato e saudável do que comer fora. E agora, depois do advento do delivery, temos de nos conscientizar também de que trazer comida de fora para dentro de casa não é a melhor opção. É claro que nem todo mundo tem tempo ou condições de levar a própria comida todos os dias, mas fazer isso um ou dois dias na semana já pode representar economia no bolso e mais saúde para o corpo. Com o delivery é a mesma coisa, pois embora seja uma tentação pedir comida pronta e recebê-la em questão de minutos, se deixarmos essa opção apenas para certos momentos, também teremos um ganho nas finanças e na saúde. Nesta semana, procure levar sua refeição para o trabalho nos dias que sejam possíveis. Se você já faz isso, pesquise novas receitas e formas de preparo para variar e não enjoar. Também fique de olho no delivery para não abusar e, mais adiante, ter de cortar de vez. Não deixe a comida comer todo seu orçamento!

Cuidado com a relatividade financeira

O livro *A psicologia do dinheiro* destaca algumas ocasiões em que nossa mente relativiza o dinheiro em determinadas situações. Uma delas é durante as férias: "Quando estamos de férias numa pousada elegante, costumamos não nos incomodar quando nos cobram R$ 8 por um refrigerante, embora custe R$ 5 em outros lugares. Em parte, isso ocorre porque somos preguiçosos e gostamos de relaxar com ostentação na praia. Mas também porque, comparado com os milhares de reais que estamos gastando no restante das nossas férias, R$ 8 parecem um trocado relativamente pequeno."

Essa relativização também acontece nos caixas dos supermercados: "Comparando os R$ 300 por uma semana de alimentos,

R$ 5 por uma caixa de pastilhas ou R$ 8 por uma revista de viagem não perecem grandes coisas.", dizem os autores (lembrando que os valores são apenas referências). A questão é que o dinheiro que sai do nosso bolso continua sendo o mesmo, não importando o local onde estamos ou o que estamos fazendo. Por isso, durante esta semana, você vai ficar atenta ao preço das coisas sem relativizações. Se você vai a um lugar onde uma garrafa d'água custa o triplo, prepare-se e leve a sua garrafinha reutilizável para enchê-la em um bebedouro. Se vai visitar alguém no hospital, não deixe para comprar flores ou lembrancinhas no local, onde os preços dobram. Se vai fazer uma grande compra (móveis, eletrodomésticos etc.), fique atenta às demais coisas de valores menores que os vendedores oferecem e que, comparado ao valor do outro bem, parecem pequenos, mas não são. Relativizar pode representar uma perda de dinheiro sem que você perceba.

Gestão financeira em 4 passos

Nesta semana, você vai fazer algo que precisa ser feito, pelo menos, uma vez por ano: dar uma geral no seu orçamento. Para facilitar, siga estes 4 passos:

1. **Análise** – passe um pente fino em todas as suas despesas e observe quais estão muito altas, quais não fazem mais nenhum sentido, as assinaturas que você tem, os planos de telefonia e internet, as taxas que paga, as contas de consumo (água, luz, gás) e o quanto está gastando em cada segmento de despesas;
2. **Redução e eliminação** – verifique quais despesas podem ser reduzidas e quais devem ser eliminadas. Inclua toda a sua família nessa tarefa, pois provavelmente você precisará da colaboração e anuência deles para poder efetivar essa medida;
3. **Redirecionamento** – os valores economizados devem ser redirecionados para outros fins, como, por exemplo: incrementar a sua reserva de emergência, comprar algo necessário, investir em uma atividade com a família ou o que quer que você julgue fazer

mais sentido. Esse pode ser um incentivo para que sua família embarque nessa com você;

4. **Balanço** – depois de implementar as novas medidas, busque o equilíbrio. Talvez você tenha cortado coisas e percebido que precisa delas, ou tenha apertado demais o cinto em uma despesa e está passando alguma necessidade, ou, ainda, não tenha reduzido algum gasto que poderia ter sido mais bem-redirecionado. Faça os ajustes necessários até encontrar o ponto de equilíbrio.

Débito ou crédito?

Diversas pesquisas mostram que gastamos mais pagando com crédito do que com débito. Isso porque a nossa *sensação* de perda pagando no débito é maior do que no crédito, afinal, o dinheiro já saiu da nossa conta. Por isso, nesta semana você vai fazer o exercício de pagar tudo o que seja possível no débito. De preferência, anote o valor de coisas que deixou de comprar caso estivesse pagando no crédito. Ao final do período, some essas economias e, se perceber que valeu a pena, continue praticando o exercício.

Viva com dinheiro

Essa é para aqueles momentos em que o dinheiro está "dando sopa" no banco e, do nada, aparece aquela coceira para gastar: aprenda a viver com o dinheiro. Ou seja, não gaste! Isso vale para os seus pontos de fidelidade do cartão, dos programas de *cashback* e de outras formas de crédito. Se não estão perto de expirar, para que gastar à toa? Por isso, esta semana você vai se conter e não vai gastar sem necessidade ou "só porque tem dinheiro". Se você quer ter dinheiro, precisa aprender a viver com ele!

Consumir sim, consumir-se não

Quem não ama fazer umas comprinhas? Não é por acaso que comprar também pode se tornar um vício, afinal, nos dá uma sensação de prazer. Consumir é bom, ter sonhos de consumo também, mas viver preocupada com dinheiro ou trabalhando cada vez mais apenas para bancar um estilo de vida incompatível não é nada bom. Nesta semana você vai avaliar o seu estilo de vida e ver se ele é compatível com a sua renda. Você tem um carro que consome demais, com parcelas altas demais (se for financiado), gasta demais em restaurantes, com roupas ou em passeios? Repense seu estilo de vida, pois não vale a pena viver se consumindo apenas para consumir.

Dinheiro x relacionamento

Segundo o IBGE, 60% dos divórcios são causados por problemas financeiros, enquanto uma pesquisa do SPC Brasil e Meu Bolso Feliz aponta que 35% dos casais brasileiros não sabem ao certo o valor da renda do cônjuge. Além disso, 25% dos casais não compartilham seus gastos pessoais. Se o dinheiro é algo tão importante (capaz de desfazer seis de cada dez casamentos), não pode ser negligenciado. A ideia do casamento é a união, portanto, tudo o que separa o casal, incluindo fazer segredo sobre sua renda, não será benéfico. Até mesmo separar as contas, onde um paga as contas de consumo e o outro, o aluguel, não faz o menor sentido. Gustavo Cerbasi, no livro *Casais inteligentes enriquecem juntos*, diz que: "Planos comuns jamais serão construídos de forma eficiente se tudo no relacionamento for dividido. Perde-se em eficiência, em organização e em resultados." Vejo isso da mesma forma. Por isso, se você é casada, mas não sabe a renda do seu marido, ele não sabe a sua, vocês não compartilham seus gastos e dividem contas, use esta semana para repensar esse método. E se está namorando ou noivando, conversem sobre dinheiro para não terem surpresas desagradáveis futuramente.

Qual é a sua moeda?

Se você respondeu que sua moeda é o real, o dólar ou o euro, errou! A sua moeda é a sua hora trabalhada, logo, ela tem um valor diferente da moeda dos outros. A sua missão desta semana é encontrar o valor da sua hora trabalhada, dividindo o seu salário bruto por 220 (para jornada de 44 horas semanais). Achando o valor da hora, você vai calcular quantas horas as coisas custam. Por exemplo: se você quer comprar um sapato de R$ 350 e sua hora trabalhada vale R$ 17,50, será preciso trabalhar 20 horas (quase três dias) para pagar essa compra. Se você empreende, pode usar o seu produto ou serviço como moeda, por exemplo: se você lucra R$ 10 em cada venda, para pagar o sapato de R$ 350 você terá de vender 35 produtos. Sabendo disso, você deverá avaliar se o esforço vale a pena ou não. Valorize a sua moeda!

Economia sim, pão-durismo não

Economizar é uma *necessidade* de todos, mas é preciso ter equilíbrio. Há pessoas que atravessam a cidade para "economizar" R$ 20 sem perceber que gastaram R$ 18 de combustível e mais quarenta minutos de vida. Há quem passe mal de calor, mas não ligue o ar-condicionado do carro para "economizar" gasolina (já adianto que o aumento no consumo é tão irrisório que nunca vai fazer sentido). Ou pessoas que andam vinte minutos debaixo de um sol escaldante (ou tomando chuva, ou carregando um peso enorme) porque se recusam a gastar R$ 12 numa corrida de aplicativo. Economias como essas, além de não serem nada inteligentes, não passam de pão-durismo e definitivamente não valem a pena. Nesta semana, você vai observar se tem se privado de coisas que não valem a pena em relação à "economia" que supostamente trazem. Faça os ajustes necessários e viva com mais conforto.

CARREIRA PROFISSIONAL
Faça o básico bem-feito

Há quem pense que para crescer na carreira será preciso fazer inúmeros cursos profissionalizantes, mais uma faculdade, talvez uma pós-graduação ou um doutorado. Tudo isso é positivo, porém, as empresas hoje em dia estão muito mais focadas no que as pessoas são capazes de fazer do que aquilo que seus diplomas dizem (ainda que sejam muitos). O que está em falta no mercado de trabalho são pessoas que façam o básico bem-feito, para começar. Ser pontual, tratar os clientes educadamente, ter um bom convívio com os colegas, agir com honestidade e disposição são atitudes básicas, mas que estão se tornando difíceis de achar. Tire esta semana para listar as coisas básicas que o bom profissionalismo requer e verifique se você realmente as tem feito. Faça os ajustes necessários e os incorpore diariamente à sua rotina.

Os três Cs

O livro *As regras ocultas do trabalho* se baseia em uma estrutura muito importante para qualquer profissional que queira se destacar no mundo corporativo, os três Cs:

- Competência;
- Comprometimento;
- Compatibilidade.

Nesta semana, você vai responder a estas perguntas da maneira mais franca que puder:

1. "Eu consigo fazer o meu trabalho, tenho *competência* suficiente para exercê-lo ou me falta algo?"
2. "Eu quero fazer este trabalho, gosto de estar nesta empresa, estou *comprometida* com o trabalho ou estou aqui porque não há nada melhor?"
3. "Eu tenho prazer em fazer o meu trabalho ou não tenho *compatibilidade* com o que faço?"

Conforme suas respostas, faça os ajustes necessários.

Tenha sempre um tubarão no seu aquário

Sabe aquele colega de trabalho que tem o dom de apertar todos os botões que acionam suas piores reações? Ou aquele que a persegue, faz intrigas, fala mal de você, ou, ainda, aquele com que você "não vai com a cara"? Essas pessoas são tubarões no seu aquário. A boa notícia é que é sempre bom ter um deles nadando ao seu redor. Isso faz com que você se mantenha alerta, fique mais esperta para não cometer erros e policie mais o que faz e diz. Esse tipo de pessoa que atua para atrapalhá-la pode ser muito útil se você olhar por esse ângulo. Nesta semana, comece a ver os tubarões do seu aquário com outros olhos. Dependendo da situação, você não precisa ser amiga deles, mas em quase todas as situações, precisa aprender a conviver com eles. Portanto, faça com que essa convivência lhe traga bons resultados.

Uma imagem fala mais que mil palavras

Sabe aquela pessoa que é muito competente, mas não *parece* competente? Ela vai trabalhar como quem acaba de sair da cama e passa uma imagem totalmente desalinhada com as suas capacidades, o que acaba jogando contra ela. Se essa pessoa é você, nesta semana você vai virar o jogo! Arrume-se para o trabalho, ainda que você tome ônibus ou caminhe bastante durante o trajeto. Quando morei em Londres, onde a maioria das pessoas caminha muito, era comum ver as mulheres de tênis no metrô ou pelas ruas, mas levando seus sapatos de salto em uma sacola. Chegando ao trabalho, elas trocavam e não comprometiam nem o look e nem o conforto. Pegue a dica! Vista-se sempre de acordo com a imagem que quer passar e jamais pense que isso é algum tipo de futilidade, afinal, a nossa imagem fala muito sem que tenhamos de abrir a boca. E se, ao contrário, você se empeteca a ponto de as pessoas perguntarem frequentemente se você vai a alguma festa, pise no freio. Não permita que a sua imagem fale mal de você!

Você precisa ousar mais

"A vida é uma luta, e a possibilidade de fracasso está sempre presente, mas os que vivem com medo do fracasso, do sofrimento ou da vergonha nunca conquistarão seu pleno potencial. Sem forçar seus limites, sem vez ou outra se lançar sobre um obstáculo de cabeça, sem ousar, você nunca saberá o que seria verdadeiramente possível em sua vida." A citação é de William McRaven, em seu livro *Arrume a sua cama*, e chama a uma reflexão: será que você está deixando o medo do fracasso estagnar sua carreira? Não seria hora de ousar dando aquela sugestão aos seus superiores? Assumir uma responsabilidade que você vem adiando? Fazer amizade com aquela pessoa que pode lhe dar dicas importantes, mas você tem medo de ser mal-interpretada? Nesta semana, você vai pensar em algo ousado que deveria ter feito, mas o medo a tem impedido. Crie uma estratégia para vencer esse medo, ouse e vá em frente!

Ouça ativamente

Chega de "vai falando que eu tô ouvindo"! A comunicação no ambiente de trabalho (e fora dele) se tornou um problema, pois parece que ninguém mais ouve ninguém (às vezes não apenas parece...). É preciso ouvir ativamente, como diz Mark McCormack em seu livro *Isso você não aprende em Harvard*: "A habilidade de escuta, de realmente ouvir o que a outra pessoa diz, tem efeitos comerciais muito maiores do que apenas desenvolver percepções sobre ela. Em vendas, por exemplo, talvez não haja maior trunfo do que esse. Mas o importante é que quase toda situação corporativa será tratada de maneira diferente – e terá resultados diferentes – por alguém que esteja ouvindo e por alguém que não esteja". Eu sei que há pessoas que falam demais, que divagam, que se perdem e que ocupam o seu tempo. Porém, não ouvi-las pode fazer você perder mais do que tempo. Nesta semana, procure ouvir as pessoas atentamente. Pare o que está fazendo, *olhe* para as pessoas enquanto falam e realmente ouça o que estão dizendo. Você poderá perceber que ganhou tempo ao não ter de pedir para as pessoas repetirem e nem terá de corrigir erros por má interpretação de instruções. Ouça. Apenas ouça.

Desempregada, e agora? (Se não está, passe a visão para alguém que esteja!)

Ficar sem trabalho pode representar tantas coisas negativas e tantas restrições financeiras que nem é preciso listar aqui. Porém, o seu foco deve estar em algo bom que só esse momento de "tempo livre" pode lhe proporcionar. Há inúmeros testemunhos de pessoas que tiveram grandes ideias, tiraram seus projetos do papel e começaram atividades que mudaram sua história de vida enquanto estavam desempregadas. E a boa notícia é que nada impede que você seja uma delas! Procure não pensar nas coisas negativas e invista em coisas positivas que você pode fazer com o seu tempo. Em vez de chorar sobre o leite derramado, pense no que poderia fazer para desenvolver alguma atividade que sempre quis fazer e que possa lhe render algum dinheiro enquanto busca outra colocação. Aprenda algo necessário, mas que não tinha tempo, leia e invista em você. Nesta semana, acorde cedo, arrume-se como se fosse para o trabalho e recobre os ânimos sem deixar a peteca cair. Você pode!

O mito da desmotivação

"Estou muito desmotivada e a empresa não faz nada para me motivar!" A exemplo da seguidora que me mandou esta mensagem, você já disse algo assim? Saiba que isso não passa de um mito. A desmotivação é algo que vem de nós mesmas e não há nada que os outros possam fazer para mudar isso. Talvez você *ache* que está desmotivada porque alguém que não *merecia* foi promovido e você não, ou alguém que não trabalha tanto quanto você nunca é chamado a atenção, enquanto você tomou uma baita bronca sem ter feito nada para merecer. A questão é que você não está sabendo lidar com a injustiça (ou com o que pensa ser injusto), esquecendo-se de que isso é uma coisa que *sempre* vai acontecer. Logo, se você for depender de um ambiente justo para manter sua motivação em alta, não estará motivada em lugar algum. A verdade é que não podemos confundir motivação com chateação. Sempre acontecerão coisas que nos deixarão chateadas, mas não devemos nos deixar abater. A nossa motivação deve estar no nosso desempenho, em fazer o melhor e em trabalhar para construir nossa carreira. Nesta semana, pense sobre isso e não busque motivações em coisas e pessoas, mas em si mesma. Creia: isso é libertador!

Faça network hoje, não se arrependa amanhã

A sua rede de contatos deve ser tratada como um *asset*, ou seja, como um bem da empresa "Eu S/A". Nem sempre temos tempo para interagir com todas as pessoas que gostaríamos e, com isso, podemos perder oportunidades de negócio. É comum que as pessoas recebam um e-mail de alguém com quem não falam há séculos ou que o celular toque com alguém que nunca mais telefonou, mas agora está lhe pedindo emprego ou querendo deixar uma cópia do currículo. Raramente esses contatos funcionam, mas muita gente não vê outra forma de tentar outra colocação. Para que você não seja essa pessoa, separe esta semana para tomar algumas providências que podem ajudar: faça uma lista de pessoas-chave, com quem precisa manter contato, e anote na sua agenda os aniversários delas para mandar uma mensagem, um cartão (os de papel enviados pelo correio viraram artigos de luxo) ou fazer uma ligação rápida. Use também datas comemorativas, como o dia de cada profissão, para parabenizá-las. É importantíssimo aproveitar determinadas situações para oferecer ajuda em vez de pedir: quando houver um familiar internado, algum problema que você possa ajudar ou indicar alguém, que possa etc. O networking deve fazer parte da sua rotina, por isso, esteja sempre ligada nas formas de introduzi-lo no seu dia a dia.

Detesto o meu trabalho (ou conheço alguém que detesta o seu)

Chegou a hora de trabalhar e parece que, de repente, uma nuvem carregada apareceu sobre a sua cabeça. De uns tempos para cá, você está se arrastando para o trabalho e já chega esperando a hora de ir embora. Cada vez mais você detesta tudo o que acontece lá: as pessoas a irritam, os colegas de trabalho parecem estar contra você, os clientes estão mais chatos do que nunca e você só pensa em sumir. Se esse é o seu caso, tire esta semana para analisar se as suas sensações correspondem com a verdade. Pode ser que tenha acontecido algo que desencadeou tudo isso e você acabou entrando nessa espiral. A questão é que quando você vê tudo com maus olhos, todo o seu corpo se torna trevas (Mateus 6:23). Tente olhar com outros olhos e faça uma lista das coisas boas que há no seu trabalho, na empresa e até nos colegas irritantes. Será uma tarefa desafiadora, mas certamente muito importante, pois se as suas sensações estiverem erradas, você terá a chance de corrigir a rota. E se estiverem certas, é hora de buscar outra colocação e parar de se estressar. Você só tem a ganhar!

Abaixo a reclamação

Está instituída a Semana sem Reclamação! O quê? Você já está reclamando porque acha que isso é impossível? Ai, ai, ai... Mas vou lhe dar um desconto hoje, aproveite! Nesta semana, você vai se policiar para não reclamar. Nós estamos tão acostumadas a reclamar de tudo e qualquer coisa que essa realmente não será uma tarefa fácil, mas impossível também não é. Vigie as suas palavras e, quando uma reclamação vier à sua cabeça, feche a boca! Se já começou a falar, pare. E se insistirem para você continuar o que estava dizendo, fale claramente: "Eu ia reclamar, mas estou na Semana sem Reclamação, então, não vou reclamar!" Além de você cumprir a tarefa, ainda pode inspirar alguém a participar também!

Costas eretas, ombros para trás

"Preste muita atenção em sua postura. Pare de se curvar e ficar se arrastando. Fale o que pensa. Apresente seus desejos como se tivesse direito a eles – pelo menos o mesmo direito que os outros. Caminhe de cabeça erguida e olhe firmemente para frente.", é o que aconselha Jordan Peterson no livro *12 regras para a vida*. Agora leia o conselho ao contrário e reflita sobre o que você pensaria de alguém que anda curvado e se arrastando, que morre de medo de dizer o que pensa, que deixa as pessoas a fazerem de gato e sapato e ainda caminha de cabeça baixa, olhando para o chão. Eu acrescentaria à lista aquele hábito horrível de, como diz minha mãe, cumprimentar os outros com uma "mão mole". Essa não é a postura e nem o comportamento de um vencedor. Nesta semana, preste atenção na sua postura: você anda, senta-se, fala e cumprimenta as pessoas como uma vencedora? Faça os ajustes necessários e os adote para a vida.

A verdade custa caro

Dizer a verdade já me trouxe vários problemas. Sim, problemas. E, sim, vários e em diversas vezes. Já fui ridicularizada, achincalhada, demitida e, pior, tida como mentirosa, pois enquanto todos mentiam, só eu falava a verdade, logo, acreditaram na maioria. Foi fácil? Não. Se me arrependo? Jamais. A verdade dói, incomoda e, como eu disse, pode nos trazer problemas, mas se há uma coisa certa nesta vida, além da morte e dos impostos, é que a verdade *sempre* irá prevalecer. Por isso, a partir desta semana, você vai levar a verdade a sério, pois não existe mentirinha ou mentirona; se não é verdade, é mentira e pronto. E uma vez que ela sai da sua boca, a mentira é sua (inclusive quando alguém *manda* você dizer). É um preço alto a pagar? Sem dúvida, mas no fim das contas, tudo que tem valor custa caro, não é mesmo?

EMPREENDEDORISMO
Liderar é simples (mas não é fácil)

Esse é o título de um dos livros do almirante McRaven, no qual ele diz: "A liderança parece simples nos livros, mas na vida real é bastante difícil porque se trata de uma interação humana, e nada é mais assustador do que tentar liderar pessoas em tempos difíceis". Apesar da dificuldade da tarefa, o autor nos dá três dicas de como liderar:

1. Aja com integridade e honra em seus negócios. É a única maneira de você e seus liderados deixarem um legado do qual se orgulhar;
2. Nunca minta, trapaceie ou roube, nem tolere quem o faça. A cultura da sua organização começa com você;
3. Assuma seus erros de julgamento. Acontece com todo mundo. Corrija o problema e retome seu bom caráter.

Comece esta semana e não pare nunca mais.

Faça o básico bem-feito (de novo)

Você tem ideias ousadas e mirabolantes para o seu negócio? Excelente! Mas antes de colocá-las em prática, que tal verificar se você está fazendo o básico bem-feito? Será que adianta gastar com divulgação para atrair clientes, se quando eles veem até você o atendimento é péssimo? Será que adianta se esforçar apresentando seu trabalho, se quando o cliente pede o orçamento você demora um tempão para mandar ou envia em um "papel de pão" (ou numa mensagem mal-escrita no WhatsApp)? Será que adianta você insistir para ser recebido por um potencial cliente, se na hora da reunião você chega atrasada? Antes de fazer coisas mirabolantes, foque em fazer o básico bem-feito. Aproveite esta semana para fazer os ajustes necessários e incentive a sua equipe a fazer o mesmo. Reconheça seus erros e os motive a mudar também.

Delegue (ou enlouqueça e não cresça)

Quando somos donas do nosso próprio negócio e, principalmente, quando o criamos do zero, delegar pode ser uma tarefa bem difícil. Nossa tendência é achar que ninguém fará as coisas melhor do que nós, mas isso é um grande erro. Nós temos limites e se nossa empresa depender apenas de nós, vamos enlouquecer ou parar de crescer (ou as duas coisas). Traga para perto pessoas que estejam alinhadas com a sua filosofia de trabalho e, ainda que não façam as coisas tão bem quanto você, ensine-as. Livre-se das coisas que não têm necessidade de serem feitas por você e use o seu tempo para fazer o que só você pode fazer. Comece nesta semana e adote a prática daqui em diante.

Mudanças são incômodas, mas necessárias

Você está em um momento de estagnação no seu negócio? Percebe que se não tomar uma providência as coisas podem descambar e sair do controle? Precisa aumentar a margem de lucro, demitir um mau funcionário ou tomar qualquer atitude difícil? Não adie mais. No livro *Como avaliar sua vida?*, Clayton Christensen diz: "A mudança pode ser difícil, e provavelmente parecerá mais fácil se ater ao que já está fazendo. Esse pensamento pode ser perigoso. Você só está adiando as coisas, e corre o risco de acordar um dia, anos depois, olhar para o espelho e se perguntar: 'O que eu estou fazendo com a minha vida?'" Nesta semana, pense no que vem adiando e faça as mudanças necessárias. Ao tirar essa questão da frente, você vai poder focar no seu crescimento.

Pare de supor e comece a ter certeza

Você supõe que o cliente vai pagar, mas chega o dia e ele não paga. Você supõe que seu funcionário vai fazer o que *está na cara* que ele deve fazer, mas ele não faz. Você supõe que seu fornecedor vai cumprir o prazo de entrega, mas ele atrasa. Você precisa parar de supor e começar a ter certezas. Mas como? Elimine ou diminua as possibilidades que podem fazer as coisas darem errado, por exemplo: não dê chance ao cliente de não pagar, adotando métodos de pagamento que não dependam dele, como passar o cartão de crédito na hora da venda, recebendo o pix ou enviando link de pagamento antes da entrega. Pergunte ao seu funcionário mesmo o que lhe pareça óbvio, pois pode não ser óbvio para ele. Certifique-se das entregas de materiais, deixando claro a importância de receber no prazo e, se possível, só pague depois de receber. Aproveite esta semana para pensar em soluções para diminuir ou eliminar as suposições e aumentar as certezas.

Medo de cobrar

Você ama o que faz, mas detesta a hora de passar o preço. Aliás, muitas empreendedoras atrasam o envio dos orçamentos justamente por terem medo de cobrar. A esta altura da leitura, creio que você já está trabalhando nas crenças equivocadas que podiam estar afastando você do lucro, mas é preciso ir além e criar estratégias para responder as argumentações negativas dos clientes em relação aos seus preços. Quando alguém perguntar quanto custa, não enrole, responda na hora e, ainda que o cliente tenha achado caro, esteja rindo ou pareça que vai desmaiar, com o mesmo tom de voz e sem deixar as emoções falarem mais alto, comece a explicar calmamente os diferenciais do produto ou serviço, enfatizando a qualidade e as vantagens que o cliente terá. Deixe-o pensar, pergunte se ficou alguma dúvida e não ofereça descontos ou se compare com os concorrentes. Mantenha-se firme e acredite no seu produto, até porque, se você não acreditar, como o cliente acreditará? Comece a fazer isso a partir desta semana e siga em frente!

Você não está à disposição!

"Qualquer coisa estou à disposição!" Essa frase está tão ultrapassada que poderia ser aposentada! Ela é de uma obviedade que ninguém liga mais. Em vez de encerrar preguiçosamente o contato, prefira fazer uma pergunta que possa esclarecer o motivo de o cliente não comprar naquele momento, como: "posso ajudar com mais alguma informação para você se decidir?" Isso vai fazer com que o cliente se veja impelido a lhe dar uma resposta e, a partir dela, você pode rebater a objeção. Por exemplo: "não, eu até gostei, mas está fora do meu orçamento". Vendo que a objeção é o preço, fale das condições especiais de pagamento e que você vai ajudá-la a não sair dali sem levar o produto que ela gostou." Você não está à disposição do cliente, você está lá para fazer negócio! Faça uma lista com ideias para rebater objeções e passe a usar a partir desta semana.

Tentando sobreviver com um cliente só?

Você sabe bem que um negócio que depende de um único cliente está fadado ao fracasso, certo? Mas há uma outra forma muito comum de tentar sobreviver com um cliente só, ou um cliente de cada vez. Muitos empreendedores atendem tão mal, têm um produto tão ruim ou fazem uma prestação de serviços tão meia-boca que os clientes fazem negócio uma vez só e desaparecem do mapa para nunca mais voltar. Se no seu negócio é comum que os clientes não retornem e nem a indiquem para outros, alguma coisa está errada. Tire esta semana para analisar o que pode estar acontecendo e, se possível, entre em contato com clientes que sumiram e tente saber deles o motivo. Essas informações podem ser muito preciosas para colocar o seu negócio no caminho certo.

Pule o balcão

Calma, não é para pular de verdade! A expressão pular o balcão tem o objetivo de você responder uma simples, mas muito importante pergunta: *você seria sua cliente?* Ou seja, se você fosse atendida da forma que atende, você seria sua cliente? Se você recebesse um produto da maneira que você envia, você seria sua cliente? Se você recebesse o tratamento pós-venda que você faz (ou nem sequer faz), você seria sua cliente? Se a resposta for "não, eu não seria minha cliente", tire esta semana para melhorar tudo o que você percebe que não vai bem. Fazendo isso, vai dar bom!

Use palavras de força, não de fraqueza

- Troque "simples" por "clássico ou tradicional".
- Troque "produto básico" por "produto essencial".

- Troque "esse é o nosso produto mais baratinho" por "esse é o nosso produto de entrada, para você conhecer nossa linha e testar a qualidade".
- Troque "promoção" por "oferta exclusiva".
- Troque "desconto" por "condição especial".

Vi essas dicas no Instagram da Debora Alves, que dá dicas de confeitaria, marketing e vendas. O perfil felizmente apareceu no meu feed e achei as dicas dela sensacionais (tanto que estão aqui!). Palavras importam, por isso, prefira sempre as que expressam força e firmeza. Tire esta semana para pesquisar outras substituições para o seu negócio e incorpore-as ao seu vocabulário.

Preço errado não está certo

Você vende bastante, recebe, seus clientes voltam e você vive cheia de pedidos mas... nunca tem dinheiro para nada? Se não for uma questão de má administração, o seu preço não está certo. Nesse caso, quanto mais vendas você fizer, mais dinheiro vai perder. Seu negócio não precisa apenas vender muito, viver cheio e as pessoas acharem que você está arrebentando. Seu negócio precisa dar lucro. Por isso, aproveite esta semana para rever todos os seus preços, calcule a margem de lucro e faça os ajustes necessários. Se quiser conhecer um método simples de precificação, busque o vídeo "Seis passos para definir preço de produtos" no meu canal do YouTube.

Cuidado para não ser demitido

Um erro de quem empreende é achar que ninguém pode demiti-lo, mas a verdade é que os seus clientes podem demitir você da vida deles e, dependendo da situação, você mesma terá de se demitir! Quando um negócio não vai bem, todo ecossistema que depende dele está em risco: seus funcionários, seus fornecedores, suas finanças pessoais e o orçamento familiar. Por isso, nesta semana você vai procurar por pontos fracos no seu negócio e buscar soluções para situações que podem colocar sua empresa em risco. Afinal, pior do que demitir os outros é ter de demitir a si mesma.

É perfil no Instagram ou é a casa da mãe Joana?

Hoje em dia, a presença digital é essencial. Se você não está nas redes, você praticamente não existe. O mesmo vale para a sua empresa, pois é lá que quase tudo acontece. Por isso, nesta semana você vai fazer todas as adequações que vive dizendo que precisa fazer, mas não fez até hoje. Provavelmente você já sabe como o perfil de um negócio deve ser, mas aqui vão três dicas fundamentais:

1. O perfil da sua empresa não é seu, é da sua empresa, portanto, lá não é lugar para fotos de família, para expor sua viagem de férias ou a cor do esmalte da semana. Tudo que não traz vendas é um ruído que atrapalha;
2. O perfil da sua empresa não é lugar para polêmicas. Um negócio não escolhe clientes e nem sobrevive se começar a enxotá-los por causa de coisas que nada têm a ver com a relação comercial em si. Não importa em quem seu cliente votou, sua filosofia de vida ou sua religião, importa que você o atenda bem e o respeite desde que ele a respeite também;
3. O perfil da sua empresa não é lugar para bate-bocas e desabafos. As coisas estão difíceis? Guarde para si e trabalhe para melhorá--las. O cliente fez um desaforo? Deu calote? Agiu feito maluco? Resolva no privado, pois discutir, expor e desrespeitar o cliente pode ser um tiro no próprio pé.

TRANSFORMAÇÃO PESSOAL
Critérios para pautar sua vida

Uma das situações mais tristes que passei com uma seguidora aconteceu durante uma *live* falando sobre o quanto a mentira prejudica o ambiente de trabalho. Eventualmente, bato o olho no *chat* para ver se alguém postou algo que possa contribuir com o tema, mas nesse dia, o comentário que me chamou a atenção dizia assim: "Só *mim esplica* uma coisa porque vc acha que mentir é errado *[sic]*". Depois de tantos anos lendo esse "idioma", já consigo identificar que, embora não haja pontuação alguma, trata-se de uma pergunta, que o "me" virou "mim" há muito tempo e que a grafia das palavras não interessa a mínima, vale usar qualquer letra que produza um som parecido. Enfim... Ignorei a pergunta porque achei até que fosse brincadeira, mas ela insistiu e percebi que talvez fosse uma dúvida legítima. Depois de terminada a *live*, respondi com uma pergunta: "Por que você acha que mentir não é errado?" E ela devolveu: "A pessoa tá *protejendo* o trabalho dela ela alimenta a família dela *num* é errado é justo *[sic]*". A foto do perfil era de uma garota de uns 20 anos. Minha tristeza – para além do português – veio de pensar que essa garota, assim como muitos jovens, foram (e estão sendo) ensinados a pautar suas vidas sobre um conceito totalmente deturpado de justiça, colocando o vitimismo acima das virtudes. Muitos nem sequer conseguem entender que mentir, "pegar" o que não é seu ou enganar para tirar algum proveito próprio é algo aceitável. Por mais que isso esteja ficando cada vez mais presente, não podemos esquecer sobre quais critérios devemos pautar nossas vidas, pois a mentira sempre será o contrário da verdade e a injustiça sempre será o contrário da justiça, sem relativismos. Aproveite esta semana para pensar nos critérios que estão pautando a sua vida e procure ajudar alguém a fazer o mesmo.

Você é a média das cinco pessoas com quem mais convive

- Se você conviver com cinco pessoas inteligentes, você será a sexta.
- Se você conviver com cinco pessoas disciplinadas, você será a sexta.
- Se você conviver com cinco pessoas bem-sucedidas, você será a sexta.
- Se você conviver com cinco pessoas barraqueiras, você será a sexta.

- Se você conviver com cinco pessoas mentirosas, você será a sexta.
- Se você conviver com cinco pessoas de caráter duvidoso, você será a sexta.

Nesta semana, avalie com quem você mais tem convivido e, se for o caso, afaste-se das más influências e aproxime-se das boas. Ofereça a elas o seu melhor e todos irão crescer, inclusive você.

Ingenuidade não é uma virtude

Mesmo morando em um país onde há um novo golpe a cada esquina, o brasileiro ainda é extremamente ingênuo quando se depara com uma armadilha (ainda que seja velha e batida). É preciso ser muito ingênua para acreditar que um astro de Hollywood, do nada, entra na rede social de uma brasileira e, escrevendo em português, começa a fazer mil juras de amor até que, inesperadamente, algo acontece em sua conta bancária e ele precisa de dinheiro emprestado da *mulher de sua vida* – em reais mesmo... Quantas não foram as mulheres que já caíram nesse golpe? E quantas não são as vítimas de pirâmides, jogos, "ações entre amigos" e o *novo investimento* que vai deixar todo mundo milionário? É claro que essas pessoas foram vítimas de um golpe, mas antes que o golpista lhe passasse a perna, elas caíram por sua própria cobiça e pela dose cavalar de ingenuidade. Por isso, a partir desta semana, seja mais cautelosa e analise racionalmente o que as pessoas lhe dizem, bem como os e-mails e mensagens que chegam até você. Não creia em tudo o que lhe dizem, mas use seu senso crítico. E lembre-se sempre que ingenuidade não é uma virtude.

Arrume a sua cama

Sabe aquelas pessoas que querem salvar as baleias, os ursos polares e os rinocerontes negros da Namíbia, mas nem sequer arrumam a própria cama? Não seja uma delas! O ato literal de arrumar a cama pela manhã realmente surte um efeito benéfico porque faz com que comecemos o dia com uma tarefa realizada. No sentido figurado, significa que se não damos conta nem do básico, como realizaremos grandes feitos? Reserve alguns momentos nesta semana para avaliar se você tem negligenciado coisas básicas como cuidar de si mesma, da sua casa, da sua família e aproveite para fazer os ajustes necessários. Arrume não apenas a cama, mas tudo o que está precisando dos seus cuidados.

Leia antes de ler e, depois de ler, leia um pouco mais

O investidor bilionário Charlie Munger (1924-2023) afirmou que depois que aprendemos a ler e a fazer contas, um mundo de possibilidades se abre diante de nós. De forma muito inteligente, ele disse que quando alguém nos ensina, três coisas podem acontecer no que se refere ao assunto:

1. Trata-se de algo que não queremos saber;
2. Trata-se de algo que já sabemos;
3. Trata-se de algo muito difícil.

E no que se refere à velocidade, pode ser rápido demais, a ponto de não acompanharmos, ou devagar demais, a ponto de nos entediarmos.

Mas quando sabemos ler, podemos aprender absolutamente tudo o que quisermos e no ritmo que quisermos. E ele arremata: "Ler é um presente de Deus". Por isso, use a leitura para aprender tudo o que quiser, tudo o que for interessante para você e até mesmo tudo o que puder entretê-la de forma inteligente e positiva. Ah! E não só nesta semana, mas sempre! Acompanhe também o Clube da Leitura aos domingos, no meu canal do YouTube, ao vivo, a partir das 16h. É gratuito e sempre será.

Saiba dizer não

Uma frase que sempre digo e quero deixar registrada aqui também é: não é ajuda se lhe atrapalha. Quando alguém lhe pede algo que pode prejudicá-la de alguma forma, não é uma ajuda, mas uma armadilha. E o que nós devemos responder a alguém que nos mostra uma armadilha e nos convida a pisar nela? Seria certo dizer que sim, que vamos fazer isso com muito prazer? Ou, ainda, que apesar de acharmos que vamos nos machucar, vamos pisar para não perder a amizade? Obviamente que a resposta correta é que, apesar da amizade, do parentesco ou do que quer que seja, não *podemos* fazer aquilo porque irá nos machucar, nos afastar do trabalho, criar problemas que podem se arrastar por muito tempo. E é exatamente isso que devemos dizer para quem nos pede o cartão de crédito emprestado ou que façamos um empréstimo no nosso nome, afinal de contas, não é você quem vai pagar, mas quem pediu. As estatísticas dizem que é você quem vai pagar, sim, e eu acrescento que, ainda por cima, vai perder a amizade. Saber dizer não é algo libertador e, se você tem dificuldades, treine! Comece com coisas pequenas, dizendo não a convites que só aceitaria "por educação", por exemplo. Você não tem de fazer tudo que os outros querem, muito menos se prejudicar para fazer o que os outros querem. Comece nesta semana e... não pare mais!

Converse com a pessoa no espelho

Você aprecia a sua presença? Você suporta ficar na sua própria companhia? Ou será que você *precisa* sempre estar com alguém ou fazendo algo para se distrair? Nesta semana, a tarefa é: não fuja de si mesma! Aprenda a passar tempo consigo mesma, perguntando-se quais são seus objetivos, o que você espera do futuro e o que fará para alcançar o que quer. Ouça as suas respostas, anote-as se for preciso, mas não deixe de falar com a pessoa no espelho. Você não vive dizendo que queria alguém que a entendesse, que compartilhasse seus pensamentos e anseios? Pois bem! Quem nesse mundo pode fazer isso melhor do que você mesma?

Durma bem, acorde melhor

Tudo na vida tem de ser aprendido, até dormir. Não vou entrar em questões de saúde e nem listar os benefícios do sono, pois certamente você já os conhece bem. No mínimo, você bem sabe o que acontece depois de uma noite maldormida. Nesta semana, procure fazer a higiene do sono todas as noites: vá para a cama sempre no mesmo horário, não use o celular pelo menos por duas horas antes de dormir, faça uma refeição leve e deixe o quarto escuro e silencioso. Se puder, pesquise mais sobre como fazer isso e pratique. Ao dormir bem, você acorda melhor e o seu dia renderá muito mais.

Seu sucesso depende do silêncio

A dica é tão simples que vou resumir em uma frase curta: não conte às pessoas o que elas não precisam saber. Reserve esta semana para analisar o que você tem contado às pessoas, mas que não lhe traz nada de bom e ainda pode servir de *munição* para os mal-intencionados. Pense sempre que o seu sucesso depende do silêncio, pois como dizem: o que as pessoas não sabem, não estragam.

O ego é seu pior inimigo

"Seja qual for a sua aspiração, o ego é seu inimigo. Seja qual for o sucesso que você tenha alcançado, o ego é seu inimigo. Sejam quais forem os fracassos ou os desafios que você venha a enfrentar, o ego é seu inimigo". As frases são de Ryan Holiday, em seu livro *O ego é seu inimigo*. E é mesmo. Ele vem em embalagens variadas: arrogância, superioridade – ao achar-se melhor do que os outros – ou em reivindicação de "direitos" – ao achar-se merecedor de uma porção maior. O ego é capaz de derrubar as pessoas mais capazes, de jogar na lama as pessoas mais fortes e de fazer de bobas as pessoas mais inteligentes. Não deixe o seu ego derrotar você e não o subestime. Lembre-se sempre que a humildade precede a honra (Provérbios 15:33).

Suba a régua e não a deixe cair

Já percebeu como cada vez mais coisas estão sendo niveladas por baixo? Hoje em dia parece que tudo virou ofensa, até o sucesso. Se você compartilha algo bom que lhe aconteceu, sempre haverá alguém para dizer que aquilo "gerou um gatilho" e a fez sentir-se mal por não ter o que você tem ou não ter conseguido conquistar o que você conquistou. Quem fala corretamente é tachada de esnobe, quem não "fala gritando" é metida a grã-fina e até quem tenta ajudar as pessoas é vista como fingida. Enfim, a *régua* está muito baixa, mas pior do que isso é quererem baixar a nossa *régua*. Nesta semana, policie-se para verificar se você não tem baixado o seu nível para se igualar ao baixo nível dos outros. Nós devemos inspirar as pessoa a subirem as réguas delas, e isso não vai acontecer se baixarmos a nossa.

Como você aprende?

Embora todos nós tenhamos sido conduzidas a aprender as coisas de uma única maneira, pessoas aprendem de formas diferentes. Se você não foi bem na escola, pode ser que a maneira como o ensino é conduzido não seja a mais adequada a você. Por isso, seria ótimo que você explorasse mais a sua melhor forma de absorver conhecimento. Há pessoas que aprendem mais quando leem, outras ao escrever ou ouvindo uma explicação, ou ainda por observação, vendo como outra pessoa faz. Nesta semana, descubra qual forma melhor se adequa a você e invista em aprender algo novo utilizando a melhor técnica.

Qual foi a última vez que você fez uma coisa pela primeira vez?

Vou lhe contar algo interessante: na madrugada de hoje eu havia terminado de escrever este livro, mas em vez de enviá-lo ao meu editor (que o aguardava ansiosamente), algo me dizia que eu precisava incluir *uma coisa*. O problema é que eu não tinha a menor ideia de que coisa era essa... Mas como hoje também foi o dia da minha primeira aula de natação da vida, meu foco ficou um pouco dividido. Por décadas adiei aprender a nadar, pois até onde eu sabia, sempre tive medo de água. Para me "encorajar", meu marido foi à academia, comprou um pacote semestral e me deu de presente com uma linda frase de amor: "Agora você vai ter de ir, custou uma nota!" Ele também me levou à loja de esportes para comprar maiô, touca, óculos e tudo mais. Ao chegar lá, eu estava inexplicavelmente calma, pensando que o máximo que iria acontecer seria fazer um tremendo papelão e me tornar, em tempo recorde, a pior aluna de toda a academia. Paciência. Ao final da aula, a primeira coisa que descobri é que eu não tenho medo de água. A segunda, que eu realmente levo jeito para a coisa. A terceira, que não é bom ficarmos muito tempo sem fazer uma coisa pela primeira vez. A quarta: essa é *a coisa* que estava faltando no livro! Voltei da academia, agradeci ao meu marido pelo presente (o que não havia feito até então!), tive três reuniões seguidas e não via a hora de reabrir o arquivo do livro e incluir esta pequena provocação: *Qual foi a última vez que você fez uma coisa pela primeira vez?* A minha foi hoje e não vejo a hora de saber qual será a próxima.

Chegamos ao fim ou estamos apenas no começo?

Acredito que as duas coisas! Chegamos juntas ao fim desta jornada e espero que a sua leitura tenha sido tão prazerosa quanto foi para mim escrever. Todos os dias que me sentei diante do computador, olhando para a tela em branco com o cursor piscando à minha espera, minha mente era inundada por uma enxurrada de questões:

- O que posso dar de melhor a essa pessoa que, neste momento, tem este livro nas mãos?
- Como entregar respostas se não sei quais são suas perguntas?
- Como ajudá-la se não sei quais são seus problemas?
- Como atender suas expectativas se não a conheço e, talvez, nunca a conhecerei?
- Como escolher as palavras certas para reter sua atenção, sabendo que tantas coisas tentarão distraí-la e que seu tempo é escasso?

Como fazer com que, ao fim da leitura, ela se sinta – e de fato seja – uma pessoa melhor, mais bem preparada para enfrentar seus desafios, mais confiante, mais bem informada, mais motivada a vencer e a alcançar a prosperidade?

Embora sejam muitas perguntas (bem mais do que estas que descrevi aqui), a resposta foi uma só: "você não pode fazer isso!" Essa é a mais pura verdade: jamais seria (ou serei) capaz de atender todas essas expectativas. Não porque não seja uma pessoa talentosa, capaz, hábil ou diligente, mas porque ninguém pode. Por isso, todos os dias, diante da tela em branco com o cursor piscando como se dissesse: "vamos, estou esperando!", busquei a direção que vem do Alto. Insistentemente consultei o Eterno para que Ele me orientasse, me mostrasse as referências de que precisava, os dados necessários para fundamentar conceitos e comprovar percepções e, mais do que tudo, respondesse às suas questões, não necessariamente as minhas.

Este livro foi pensado, da primeira à última palavra (que neste momento ainda não sei qual será), para que você se torne uma pessoa melhor, que saiba lidar com seus sentimentos e emoções, que melhore a sua relação com o dinheiro, que se conheça melhor, que descubra qual é o seu propósito neste mundo e que esteja acima da média em todos os sentidos. Se você vislumbra essas possibilidades, meu objetivo foi alcançado e todos os esforços valerão a pena.

Nossa vida é como essa tela em branco, o cursor piscante são as demandas, tarefas, escolhas e ações que aguardam um posicionamento nosso e cobram a todo instante alguma coisa de nós. E, por mais que cada dia apresente um novo desafio para o qual nem sempre nos sentimos prontas ou capazes de enfrentar, há um Deus que tudo pode e que anseia, diariamente, que venhamos reconhecer que, sem Ele nada podemos fazer (João 15:5). Creio que este livro trouxe algumas respostas que podem melhorar a sua vida e ajudá-la a começar sua nova jornada, mas entre todas as mensagens que procurei passar aqui, fica a mais importante: o Criador do Universo possui todas as respostas. Pergunte, e Ele certamente responderá.

CONCLUSÃO

O CAMINHO PARA UMA VIDA FINANCEIRA EQUILIBRADA

Chegar ao final de *Economia emocional* é apenas o começo de uma jornada de autoconhecimento e transformação. Ao longo desta obra, exploramos como nossas emoções influenciam profundamente nossas decisões financeiras, muitas vezes nos conduzindo a escolhas que sabotam nossos objetivos de longo prazo. Mas também vimos que é possível mudar essa realidade, equilibrando a mente c o coração para tomar decisões mais sábias e ponderadas.

A economia emocional é, na verdade, um convite para um novo olhar sobre nossas finanças. Ao dominar suas emoções, você se torna protagonista de sua vida financeira, deixando de lado impulsos que geram arrependimento e abraçando uma postura consciente e controlada diante do dinheiro. A chave está em aprender a identificar os gatilhos emocionais que comprometem seu orçamento e a cultivar hábitos que levem à prosperidade com serenidade.

Por mais desafiador que seja, o caminho para um equilíbrio entre emoções e finanças começa com pequenas atitudes. Organize suas finanças, defina metas claras e mantenha a disciplina necessária para atingi-las. Acima de tudo, aprenda a ouvir seu lado racional sem ignorar suas emoções, mas também sem permitir que elas dominem suas decisões. Prosperidade financeira é resultado de escolhas consistentes e equilibradas, de autocontrole e de sabedoria.

Este livro ofereceu ferramentas para que você possa dominar suas emoções e, assim, construir uma vida financeira mais saudável. Agora, cabe a você trilhar esse caminho com confiança e determinação. Lembre-se: o equilíbrio emocional não só trará estabilidade financeira, mas também uma sensação de realização e paz que transcende qualquer número em sua conta bancária.

Que sua jornada continue próspera e que você possa desfrutar não apenas de uma economia financeira, mas de uma verdadeira economia emocional.

BIBLIOGRAFIA

Capítulo 1

PLATÃO. *A República, livro VII, o Mito da Caverna.*

SILVA, Ana Beatriz Barbosa. *Felicidade: Ciência prática para uma vida feliz.* Rio de Janeiro: Principium, 2022.

Capítulo 2

HOLIDAY, Ryan. *O chamado da coragem.* Rio de Janeiro: Intrínseca, 2023.

Capítulo 3

GALVÃO, Lucia Helena. *Vontade: O poder humano de transformação.* YouTube, Canal Nova Acrópole. Disponível em: https://youtu.be/h5XI-9xx9EI0?si=MrMtt0ZmCq5KQ22G. Acesso em: 21 out. 2024.

Capítulo 5

ROWE, Mike. *Não siga a sua paixão.* EUA: Prager University, 2016. Disponível em: https//www.youtube.com/watch?v=CVEuPmVAb8o. Acesso em: 21 out. 2024.

Capítulo 6

PIAZZI, Pierluigi. *Aprendendo Inteligência.* São Paulo: Goya, 2014.

LAGES, Patricia. *Alunos suecos usam livros impressos pela primeira vez para não se tornarem analfabetos funcionais.* Portal R7, 2024. Disponível em: https://entretenimento.r7.com/vivaavida/patricia-lages/alunos-suecos--usam-livros-impressos-pela-primeira-vez-para-nao-se-tornarem--analfabetos-funcionais-28022024/. Acesso em: 21. out. 2024.

VALERI, Juliana. *Pesquisadoras alertam para equívocos em diagnósticos de TDAH em crianças: Especialista aponta que o uso excessivo de medicamentos no tratamento do TDAH e defende um cuidado com intervenções psicossociais.* Jornal USP, 2024. Disponível em: https://jornal.usp.br/campus-ribeirao-preto/estudo-revela-equivoco-em-diagnosticos-de-tdah-em-criancas/. Acesso em: 21. out. 2024.

Ritalina: o que é, para que serve, efeitos colaterais e mais. Site Toxicologia Pardini. Disponível em: https://www.exametoxicologico.com.br/ritalina--metilfenidato/. Acesso em: 21 out. 2024.

LAGES, Patricia. *Diga-me quem são teus heróis e te direi quem serás.* Portal R7, 2024. Disponível em: https://entretenimento.r7.com/vivaavida/patricia-lages/diga-me-quem-sao-teus-herois-e-te-direi-quem-seras-21032024/. Acesso em: 21 out. 2024.

Capítulo 9

RUDOLPH, Nicole. *How much clothing did they actually have back then?* You Tube, 2024. Disponível em: https://www.youtube.com/watch?v=jR-BAqA8YXcY. Acesso em: 21 out. 2024.

HORVATH, Kathryn. *How many clothes are too many?* Part of the Public Interest Network (PIRG), 2024. Disponível em: https://pirg.org/articles/how-many-clothes-are-too-many/. Acesso em: 21 out. 2024.

Capítulo 11

Áudio e vídeo acelerados podem afetar capacidade de reter informação. Agência Brasil, 2023. Disponível em: https://agenciabrasil.ebc.com.br/saude/noticia/2023-09/audio-e-video-acelerados-podem-afetar-capacidade--de-reter-informacao. Acesso em: 21 out. 2024.

INÁCIO, Lívia. BBC News Brasil. *'Speed watching': o que você perde quando acelera a velocidade do filme?* Curitiba, 2021.

Disponível em: https://www.bbc.com/portuguese/geral-56368238. Acesso em: 21 out. 2024.

GATTO, John Taylor. *Emburrecimento Programado: O currículo oculto da escolarização obrigatória.* Campinas: Kírion, 2019.

Programa Nacional de Proteção do Conhecimento Sensível, PNPC. *Engenharia social: Guia para proteção de conhecimentos sensíveis.* Agência Brasileira de Inteligência, Departamento de Contrainteligência, 2021.

BIBLIOGRAFIA

LAGES, Patricia. *Controlar a fala para controlar o pensamento*. Portal R7, 2020. Disponível em: https://entretenimento.r7.com/vivaavida/patricia-lages/analise-controlar-a-fala-para-controlar-o-pensamento-02072023/. Acesso em: 21 out. 2024.

SILVA, Maria Conceição e SERRA, Vera. *A filosofia do pensar no falar, escrever e dialogar: O que há em comum?* Nova Acrópole.

Cientistas descobrem por que mulheres amadurecem antes dos homens. Portal Terra, 2013. Disponível em: https://www.terra.com.br/vida-e-estilo/comportamento/cientistas-descobrem-por-que-mulheres-amadurecem-antes-dos-homens,084e6776fa013410VgnVCM4000009bcceb0aRCRD.html

TRINDADE, Rodrigo. *Pouco conhecido, navegador é figura fundamental do rali*. Portal Terra, 2014. Disponível em: https://www.terra.com.br/esportes/automobilismo/pouco-conhecido-navegador-e-figura-fundamental-do-rali,fac96f6bf5e18410VgnVCM4000009bcceb0aRCRD.html?utm_source=clipboard. Acesso em: 21 out. 2024.

Nearly 4 in 10 employers avoid hiring recente college grads in favor o folder Workers. Intelligent, 2013. Disponível em: https://www.intelligent.com/nearly-4-in-10-employers-avoid-hiring-recent-college-grads-in-favor-of-older-workers/. Acesso em: 21 out. 2024.

Capítulo 12

CARDOSO, Renato. *40 Pensamentos de Jesus em quarenta dias: A sabedoria do Mestre para hoje*. São Paulo: Unipro Editora, 2024.

RATH, Tom. *Descubra seus pontos fortes 2.0*. Rio de Janeiro: Sextante, 2019.

DUCKWORTH, Angela. *Garra*. Rio de Janeiro: Intrínseca, 2016.

Capítulo 13

FELDBERG, Eduardo. *Deixe de ser pobre!: Os segredos para você sair da pindaíba e conquistar sua independência financeira*. São Paulo: Maquinaria, 2023.

ARIELY, Dan. KREISLER, Jeff. *A psicologia do dinheiro: Como tomar decisões financeiras mais inteligentes*. Rio de Janeiro: Sextante, 2023.

CERBASI, Gustavo. *Casais inteligentes enriquecem juntos*. São Paulo: Editora Gente, 2004.

NG, Gorick. *As regras ocultas do trabalho*. Rio de Janeiro: Sextante, 2022.

McRAVEN, William. *Arrume a sua cama*. São Paulo: Planeta, 2019.

McCORMACK, Mark. *Isso você não aprende em Harvard*. Rio de Janeiro: Intrínseca, 2023.

PETERSON, Jordan. *12 regras para a vida: Um antídoto para o caos*. Rio de Janeiro: Alta Books, 2018.

McRAVEN, William. *Liderar é simples (mas não é fácil)*. Rio de Janeiro: Intrínseca, 2023.

CHRISTENSEN, Clayton. *Como avaliar sua vida? Em busca do sucesso pessoal e profissional*. Rio de Janeiro: Alta Books, 2012.

HOLIDAY, Ryan. *O ego é seu inimigo*. Rio de Janeiro: Intrínseca, 2017.

SEMPRE FAÇO ANOTAÇÕES E REFLEXÕES NAS PÁGINAS
DOS LIVROS QUE LEIO. POR ISSO, PREPARAMOS
ESTE ESPAÇO PARA QUE VOCÊ POSSA ANOTAR
SUAS ESTRATÉGIAS E OS PRÓXIMOS PASSOS PARA
MELHORAR A SUA RELAÇÃO COM O DINHEIRO.

**ANOTAÇÕES
REFLEXÕES
ESTRATÉGIAS
PRÓXIMOS PASSOS**

**ANOTAÇÕES
REFLEXÕES
ESTRATÉGIAS
PRÓXIMOS PASSOS**

**ANOTAÇÕES
REFLEXÕES
ESTRATÉGIAS
PRÓXIMOS PASSOS**

**ANOTAÇÕES
REFLEXÕES
ESTRATÉGIAS
PRÓXIMOS PASSOS**

**ANOTAÇÕES
REFLEXÕES
ESTRATÉGIAS
PRÓXIMOS PASSOS**

**ANOTAÇÕES
REFLEXÕES
ESTRATÉGIAS
PRÓXIMOS PASSOS**

Sua opinião é importante para nós.

Por gentiliza, envie-nos seus comentários pelo e-mail:

editorial@hagnos.com.br